胡哲敷著

老莊哲學

无量署

蔣序

自來研究古籍者，往往以其心之所得，移易古人之意；同一古人之書，經後人研求而大相逕庭者有之，全相剌謬者有之，載籍愈古而愈失其眞者，殆比比然也。老莊之書，垂二千餘年矣，研究之者，何慮百數？而老莊之道，卒未大明於世，甚且以老子爲權謀術數之徒，莊子爲放浪形骸滑稽亂俗；不然，則又以老莊爲消極遯世，無補於社會而少之。嗟乎！是豈知老莊之道者哉！蓋自韓非以法家解老喩老，而老子乃蒙權術之譏；張道陵假老子以爲教主，而老子乃濫入方仙之道；晉人雅尙淸談，不拘禮法，於莊子之道，何啻霄壤？乃後人亦以其過歸之莊子，於是老莊面目沉淪浩刼而不復，非一日矣！夫老莊之道，自然之宗也，凡背乎自然妄求去取者，皆老莊之所不言。老莊以淸靜自正，無爲物化；其心固未嘗一日忘天下也。老子曰：「爲而不有，長而不宰。」莊子謂「君臣之義無所逃於天地之間，」是其徵矣。是故妄以老莊爲權謀術數放浪形骸滑稽亂俗者，固失之矣；即謂老莊爲消極遯世者，又豈得哉？胡君哲敷，好學之士也，自幼喜讀老莊，間嘗從吾學佛，輒以佛理相印證。今者本其歷年研究之所得，著成老莊哲學，余取而讀之，覺其搜羅浩博，而取材精審，凡前此假借老莊以惑世，或矯誣老莊以濟其私者，皆能廓而淸之，使無比附攀援之餘地。蓋此書不獨於老莊面目，表露無遺，且以見道家全體之精神焉。至於條理清晰，文章流暢，又其末焉者也。今世研究老莊者夥矣，而整理老莊之書，精審賅博如此者，尚未多覯，故樂爲序而歸之。民國二十二年六月蔣維喬序於因是齋。

老莊哲學目次

老莊哲學

第一章 緒言

老莊哲學，已在世界哲學中佔很重要的地位，古今中外研究他們學說的學者，更是指不勝屈，單就中國言，雖然自漢以來，儒家統於一尊，但是研攻老莊的，仍是代不乏人，而近世紀來，西方學者之研究老莊，更是日益增多。我以爲此中緣故，固寓有環境需求，然其哲學本身富有偉大攝引力，要爲重要原因：

大概喜統一而惡紛亂，爲人類特有的天性，試看宗教則自多神而趨於一神，哲學則自多元論而趨於一元論，都可見着人類統一性的表現與進步；然所謂統一性者，並非如漢武罷黜百家，統於儒家的一尊，更不是如歐洲中古時代，把一切文獻細納在宗教範圍，使人類思想，囿於一隅，使社會文化，趨於單軌，此種統一，爲學術思想之障礙，只能造成社會黑暗，絕非哲學園地裏應有的現象。此處所謂統一性者，係就其哲學本身有系統，有方法，有目標，首尾一貫，自成一家者而言。譬如古代印度哲學，有主張天地萬物，皆成於地、水、火、風、四大元素，中國陰陽家哲學，主張天地萬物皆成於金、木、水、火、土、五大原質，其持論又何嘗不能自圓其說？惟是頭緒紛繁，主倡者雖自有其條理方法，從而研究之者，將苦於多門歧路，愈演愈離，底於訛舛駁雜，而莫由會通，此其弊卽因其哲學本身缺乏統一性的緣故。故衡量一家哲學的價值，將視其本身之統一性如何而定其高下。準此，我們可以觀察老莊哲學，所以偏古今中外，愈久而愈新的理由了。他們主張天地萬物生於有，有生於無，故一切事理，都應該根據自然順應自然，澈始澈終爲整個的系統，爲極純粹的一元論，最合人類心理，最適學者研求，這是我所謂其哲學本身富有偉大攝引力的第一點。

哲學就是要解決社會上不能解決的問題，或指破人間偶像而求進步曙光，故世界任何舊有的事物理論，舉不得爲哲學家探討的阻隔，一切的事物理論，均待哲學家評定，其價值乃得顯著；故哲學的立場，應該是無挂無礙，以澈底的言論，判斷一切，中國古代學術，足以當此者，只有道家。墨家是帶有宗教性的救世派，本無意於高深的哲學，儒家是純正救世派，而處處要守中庸之道，所謂中庸之道，朱子註是「不偏不倚，無過不及，」自救世的立場來說，自然是所謂「恰到好處」「不爲已甚者，」然自哲學的立場看來，便叫做不澈底，並且他們既以不偏不倚無過不及爲救世信條，故對於古先聖王之大經大法，始終不敢逾越，所謂「祖述堯舜，憲章文武，」所謂「遵先王之法而過者未之有也，」都是同樣的家法。道家便不是如此。看老子抨擊當時的禮教曰：「夫禮者忠信之薄，而亂之首；」又曰：「絕聖棄智，民利百倍，絕仁棄義，民復孝慈；」莊子更謂「塵垢粃糠，猶將陶鑄堯舜者也。」凡此一類，都是儒家學者絕不敢說的大膽言論。蘇東坡說他們是「猖狂浮游之說，」（見所著韓非論）自然，拿他們與循循規矩的儒家相比，當然是猖狂了。故儒家言論，處處見維持世道的苦心；道家言論，則處處有撥雲霧尋眞理的態度。爲維持世道，則中庸之理，確爲至當；爲尋求眞理，則言論不厭其澈底。我們看老莊言論，處處皆吾輩心中之所欲言而不能吐者，輒爲他們一語道破，讀了他們的言論，有如醇醪之入心脾，不自知全身毛髮的熨貼，此何以故？就是他們言論澈底，先得我心的緣故。這是我所謂其哲學本身富有偉大攝引力的第二點。

由上所述，似乎老莊哲學，是超然物表，與世無關了，是又不然。淮南子謂各家學說，皆起於時勢的需求，固未必能括盡各家學說的成因；但是他所謂「言道而不言事，則無以與世浮沈，言事而不言道，則無以與化遊息。」（淮南要略）這兩句話，確是至理名言。老子莊子誰都知是言道之書，然苟其言道而不言事，則直與世無關，尚復有何意義？他們書中固然是談天道者居多，但其表現仍落在人事上；不過他們都從事物的源頭說起罷了。所以我們翻開他們的書，不但未嘗超然物表，並且是一切事物的總原理。如曰：「不尙賢，使民不爭，不貴難得之貨，使民不爲盜，不見可欲，使心不亂。」豈不是說盡天下爲爭爲盜爲亂之原理嗎？莊子曰：「物無非彼，物無非是，自彼則不見，自知則知之，……是亦彼也，彼亦是也，彼亦一是非，此亦一是非。」豈不是說盡天下是非之原理嗎？我覺得老莊之書，沒有一句不能拿人間事物爲之參驗，讀了他們的書，不由得會令人懷想到世事人情，舉不出其理論。昔人謂「三日不讀道德經，便覺舌本間强，」於此可見其感人之深，有如此者！苟非其書的深切著明，徧載天下事物之理者，何能至此？這便是我所謂其哲學本身富有偉大攝引力的第三點。

由上以觀，老莊哲學既具如此的偉大攝引力，故研究之者極衆；但是研究的人過多了，就不免有仁者見仁智者見智的偏蔽。或得其一體，而認爲其全，或得其皮毛而認爲精蘊，或標榜老莊而全失其意；自來疏解老莊之書，幾乎汗牛充棟，其能免於偏蔽者，殆不多覯。於是老莊之眞面目全失，老莊之書便難讀了。其最著者如：(一)以老子爲權詐，(二)以莊子爲清談放蕩，消極厭世，(三)以老莊爲神仙之術。其他牽强傅會，援引他家之學，以蒙蔽老莊者，更是不一而足。

攻擊老子爲權詐的，要以有宋學者爲最厲害。程明道曰：「老子語道德而雜權詐，本末舛矣。」又曰：「予奪翕張，理所有也，而老子之言非也。予之之意，乃在乎取之，張之之意，乃在乎翕之，權詐之術也。」(二程粹言論道篇)王應麟曰：「老子曰：將欲翕之，必固張之，將欲奪之，必固予之，此陰謀之言也。范蠡用之以取吳，張良本之以滅項，而言兵者尙焉。」(見所著漢書藝文志考證)他如眞德秀，陸九淵，朱晦庵皆於言詞之間，流露着老子「任術數」的意味。按老子所以蒙此惡名者，就是因爲將欲翕之，必固張之，將欲弱之，必固强之，一章的語意。實則此數語爲天地間固有之原理，老子自原理言之如此，豈得認爲權謀術數？豈有「衆人皆有餘，而我獨若遺，衆人皆有以，我獨頑且鄙」的人，而爲權詐之理嗎？蓋自韓非子以越王勾踐入事於吳，解釋此章，於是此章爲權詐，遂不可移。不知韓非本人爲權詐之尤，其所解喩如此，未必是老子的眞意。況國策任章告魏桓子引周書「將欲敗之，必姑輔之，將欲取之，必姑予之。」然則此理爲天地間固有之理，而此語又爲自古以來流行之語，老子原天地之理，述古人之言，乃竟以此召世詬病，亦曰寃哉！

以莊子爲清談放蕩，消極厭世者，蓋自王弼、何晏、阮籍、劉伶之流，爲之作俑。他們以老莊之道，爲清談資料，清談之不足，更益之以放浪形骸，不拘繩墨，鄙棄社會國家之事爲不足爲，不屑爲，而自視超然，以爲是效法莊子，其實莊子何嘗如是？他說：「辯也者有不見也。」又曰「大辯不言。」他對惠施的堅白之論，每有諷刺。曰：「天選子之形，子以堅白鳴！」又曰：「以堅白之昧終。」都可知他不但未嘗清談放蕩，並且主張沈默寡言以養天眞。至於所謂消極厭世，則更是不知莊子者。莊子願爲狐豚，而不願爲犧牛，似厭世矣，而不知其所以爲此言者，係明知楚威王以霸王之資，決不足以施己長才，與其供彼犧牲，而又無益於己，無益於民，就不如「遊戲汙瀆之中以自快」了。他明明說：「當今之世僅免刑焉，」更那裏能談到做事？繕性篇說：「古之所謂隱士者，非伏其身而弗見也，非藏其知而不發也，時命大謬也。」不是明明自下註解嗎？然而正不能因此遂說他厭世。他書中如人間世應帝王均時時表現他的政治主張，尤其是人間世一篇對於世故人情，描摹得何等透澈？他說：「大下有大戒二：其一命也，其一義也，子之愛親命也，不可解於心，臣之事君義也，無適而非君也，無所逃於天地之間，是之謂大戒。是以夫事其親者不擇地而安之，孝之至也；夫事其君者，不擇事而安之，忠之盛也。」此又何嘗有意於厭世？故我以爲凡認莊子爲清談放蕩，消極厭世者，蓋誤認王弼、何晏、阮籍、劉伶等爲莊子，而未嘗認識眞莊子也。

以老莊哲學爲神仙之術者，蓋自張道陵以後一班方術之士，假託道家名號，以爲騙竊名利的工具，他們何嘗懂得老莊之道？只是剽竊名義，創爲清淨無爲派，修練丹砂派，呼吸吐納派等，要其義不外講求延年長生，以致神仙之術。此輩既以愚己，又欲愚人，吾將於十四章中詳述其顚末，此處不過是略引端緒。莊子刻意篇不是明明說的：「吹呴呼吸，吐故納新，熊經鳥申，爲壽而已矣，此道引之士，養形之人，彭祖壽考者之所好也。」雖老子有善攝生之語，莊子有養生之篇，然而他們所養者爲神，決不是熊經鳥申的養形。莊子深恐後人誤會他們的意思，故特於刻意篇鄭重聲明如此。縱莊子外篇雜篇，我們不必深信爲莊子手筆，刻意篇云云，亦不必是莊子本意，然此處至少都應該是他嫡派學者所爲。余意神仙之術，在秦漢以前，已有講求之者，且時時與道家之言相混，故道家學者，見所師承之學，漸流於熊經鳥申的養形學派，或爲養形學派所摽竊，且漸至於宣賓奪主，遂爲此言以辨明之。故所謂「吹呴呼吸吐故納新，」至少都不是老莊學派的正宗。

昔人云道惡多門久矣！老莊之道，旣爲後世摽竊離異，至於如此；且各家各派均自謂眞老莊，老莊不復生，老莊之道，便從此若隱若見的隨仁者智者各得一隅以去。我以爲研究老莊，應先決定我們的態度。在消極方面：不可落於形器，不可囿於成見。在積極方面：應明修養與應用的分別，和精神生活與物質生活的利弊。以老子讀老子，以莊子讀莊子，庶不致强老莊以就今人，亦不致强今人以就老莊。

何謂落於形器？形是形狀，器是器皿。形如「一受其成形不亡以待盡」之形，器如「君子不器」之器。有了一定的形器，就要拘泥固執，窒礙難通。研究哲學的第一步工夫，我以爲最要有「好學深思心知其意」的境界，然後才能講到有所領悟會通。我相信天下確有「一入言詮便不是不二法門」的道理。我又相信有些道理，確是「不可思議」，而其理在宇宙間，自是不可磨滅。蓋研究哲學，重能得到「境界。」孟子曰：「君子深造之以道，欲其自得之也；自得之則居之安；居之安則資之深；資之深則取之左右逢其源。」所謂「深造，」「自得，」「居之安，」「資之深，」「取之左右逢其源，」都是一層層的境界，而不可方以形器。研究老莊哲學，尤其要明白他們都有「不可思議」的境界，才能認識他們的面目。譬如他們所說的「道，」拿形器來說：是道路嗎？是道理嗎？是道德嗎？都不足以說明牠的表性牠乃是一種視之不見，聽之不聞，搏之不得的似有形似無形的虛體。六通四闢，小大精粗，其運無乎不在。莊子所謂道在螻蟻，道在稊稗，道在屎溺，亦是說道不可以形器論。我們看老子書中凡論道處，都是恍恍惚惚，捉摹不定。且如他第一章所謂「道可道，非常道；名可名，非常名。」就是叫人讀他書者，不可落於形器。意者老子本不欲將此一入言詮便不是不二法門的道，抒寫出來；爲關尹所強，不得已而著五千言，故開口卽告之曰：道可道，非常道；名可名，非常名。意謂雖著此五千言，仍不可認爲是道，眞正的道，還在不可道不可名的境界中，可名可道者，已不是常道了。莊子著書，亦特地聲明是「寓言十九，重言十七，卮言日出。」從可知研究老莊應該求之於形器之外，而不可求之於形器之中。

何謂囿於成見？就是在未研究老莊之前，自己心中早存了一個規矩準繩，認爲是天經地義，不可逾越；於是更以此規矩準繩，衡量一切，合者卽謂之是，不合卽謂之非。又或明明不與相合，而必欲強以納入我之繩墨而謂之曰相合。從沒有拿純客觀的眼光研究老莊的哲學，而同時把門戶之見，又看得很嚴。所謂「吾儒廣大精微，本末備具，不必他求。」程子語以此態度去研究哲學，安得不失之遠矣？我嘗說中國從前學者往往有一種矛盾，就是一方面好爲調和論，而同時又丟不開門戶之見。自孟子闢楊墨，韓愈闢佛老，明清程朱派的學者反對陸王派的學者，乃至近世遺老遺少之反對西洋文化，都免不了這種矛盾意味。在他們口頭上，原是要求所謂一貫的道理，然而胸中的成見，終不能豁免。自己是儒家的立場，就硬說老莊學者與儒家相表裏（兩宋以來的儒家學者多持此論）自己是佛家立場，或是長於佛學的學者，就會說老莊之道與佛理同出一轍（明釋德清有影響論近人楊仁山有道德經發隱、南華經發隱、章太炎有齊物論釋、都是以佛學解老莊、）胡適且謂「老子是革命家，莊子是生物進化論者，」竟未免是拿西洋大禮服，披在老莊身上，總覺得有些不合體。我說各家學說，確有相通之處，不過都各有其面目，即以老莊而論，亦自有其分野，（見第三章）正不能輕率的說他們是完全一致。我以爲在研究一家學說之先，應該把自己心胸洗滌一下，務使不留絲毫他家學術的成見，一若胸中空無所有，未曾讀他書然。讀老莊書的時候，就要恍如置身於老莊之時，老莊之地，與他們聚談一室，然後才不致增損他們的分量。

修養與應用，原是一件事的兩面，只是做起來有次序上的本末先後。拿儒家學問來說，齊家治國平天下，是屬於應用的；格物致知誠意正心修身，是屬於修養的。擴大一點，儒墨之道，多半屬於應用，道家則多半屬於修養。再擴大一點，西方學問，多屬於應用，東方學問，多屬於修養。此不過舉其大要，不能算是精密。且我嘗懷疑這兩個名詞，在中國幾乎不能並立，因中國古代學者，總是不願意去說應用，一開口就落到修養上面。所謂「不患無位患所以立，不患莫己知求爲可知也。」「古之學者爲己，今之學者爲人。」「正其誼不謀其利，明其道不計其功。」「毋望其速成，毋誘於勢利。」都是屬於正己一方面，即是屬於修養一方面。對應用之學，係抱「功到自然成」的態度。『子張學干祿，子曰：「多聞闕疑，言寡尤，行寡悔，祿在其中矣。」』可知儒家最後目標，雖然在齊家治國平天下，是屬於應用，然其學究竟是與前半截格物致知誠意正心修身是連成一片，不能分爲兩橛。決沒有那家學者，是專做前半截的功夫而遺了後半截；亦決沒有那家學者，是專做後半截的功夫，而不根據於前半截。譬如顏子像是專做前半截者，禹稷像是專做後半截者；但是孟子就說：「禹稷顏回同道，」「禹稷顏回易地則皆然。」則仍是一貫的。故凡屬於個人修鍊者爲修養的學問，凡屬於涉世治人者，爲應用的學問。所謂「內聖」要算是修養的極則，所謂「外王」要算是應用的極則。老莊之道，固然是要包舉內聖外王之道，然畢竟是修鍊者多，應用者少，卽是律己者多，律人者少。律己與律人在原則上雖一貫，在方法上確有些不同，孔子所謂「有諸己而後求諸人，無諸己而後非諸人，」「躬自厚而薄責於人，」與韓愈所謂「古之君子其責己也重以周，其待人也輕以約，」都可見得律己與律人是有多少分辨。假如把這種方式弄舛誤了，責人重以周，待己輕以約，豈不要處處鬧出亂子？老莊之道，是從個人修鍊處做起，他們的意思是說人人都能如此，天下就沒有問題了。後人急於應用，而忽於修鍊，覺得老莊之道，不能卽刻兌現，自然要咒他是消極，是厭世，是阻礙進化，是守舊祖師。

老莊哲學所以爲世詬病，而尤爲今人詛咒者，就是因爲他們太藐視物質生活的緣故。現在物質進步，一日千里，所以極人間視聽之娛者，惟恐不至其極，而老子偏偏要說：「五色令人目盲，五音令人耳聾，五味令人口爽，馳騁田獵令人心發狂，難得之貨令人行妨。」（老子十二章）現在正是爭強鬭智，競尙賢能的時代，他們偏偏要說「不尙賢使民不爭；」（老子三章）「絕聖棄智，民利百倍，」（老子十九章）「知止於所不知至矣，」「山木自寇也，膏火自煎也，桂可食，故伐之，漆可用，故割之。人皆知有用之用，而不知無用之用也。」（俱見莊子人間世）現在正是要有主張，有政見，有領袖羣倫的手腕，他們偏偏要說「挫其銳，解其紛，和其光，同其塵；」（老子四章）「彼且爲嬰兒，亦與之爲嬰兒，彼且爲無町畦，亦與之爲無町畦，彼且爲無崖，亦與之爲無崖。」（莊子人間世）現在對於社會設施，正要求滿足人類欲望，而個人服務社會，尤應該犧牲負責，而他們偏偏要說：「常使民無知無欲，使夫知者不敢爲也。」（老子三章）「汝不知夫螳螂乎？怒其臂以當車轍，不知其不勝任也。」（莊子人間世）故以物質文明，科學萬能，物競天擇，優勝劣敗的眼光來評價他們的學說，他們自然要處處碰釘子，處處見得是開倒車，落伍者。不過我們若把腦筋冷靜些，揭開平常膚淺的見解，尋根究柢的想一想，看這種極端物質生活，是不是靠得住呢，在唯物論者，否認人類的心靈，謂一切的精神狀態，都是物質的變化與刺激。他們說：思想是腦筋的分泌。又謂思想和腦的關係，如同肝與膽汗的關係。不錯，凡人外界受何等刺激，內部就會發生何等變化，吃了酒會興奮，受了刲刺會覺疼痛，住洋房，坐汽車，擁愛人，吃大菜，會使精神煥發，一簞食，一瓢飲，居陋巷，除少數中之少數，能遏抑自制外，恐怕最大多數都要感覺不快。這的的確確是物質勢力可以左右人類的精神。東方學者，也很明白此中道理，但畏懼物質欲望，一縱而不可收拾的厲害，不得已乃採取節欲主義與寡欲主義爲的就是要防備物質之窮，而其禍將不可遏止；於是盡量發展其精神生活，結果乃造成今日科學落後，受人宰制的國家。西方學者，則盡量發揮物質生活，而求精神的舒展，其弊亦造成今日互相侵滅，互相吞噬的滿天殺機。老子莊子好像早已見了此種禍亂，出於物質之窮，而欲望無已；故極力主張超物質的生活，以求消弭爭患。由今觀之，到像是他們有先見之明了。

大概極端唯物論，與極端唯心論，都不 有一偏之蔽。我們相信人類決沒有脫離物質生活之一日，如莊子所謂「吸風飲露，不食五穀，乘雲氣，御飛龍，而遊乎四海之外，」則物質生活，終不能不見重於人類；不過我總覺得物質生活，若定要左右人類的精神，操縱人類的意向，終是危險多而幸福少。且以人類的自我人格，而役役於物質之下，是不獨縮小了自我範圍，恐亦非人類之所甘吧？譬如熊掌是味中之美者，我們當然不必反對；但是要我們竭畢生之力以求得熊掌之味，便要成爲妄人了。故人苟終其身惟宮室之美，飲食之奉，狐貉之溫等物質生活是求，則不但此無窮慾壑，終無填滿之一日，且必有相反的苦痛。孟子曰：「所欲有甚於生者，所惡有甚於死者，」便見得人生自有更高尚的目標，決不能役役於物質生活的生死。且吾嘗試之，物質所以能煥發人類精神者，其效力全在於刺激性，人類精神，過於疲苶，則思物質爲之刺激，以求興奮；興奮到刺激力失所效用的時期，便不得不折回頭來求精神上的韻養。愈韻養便愈充足，愈刺激便愈衰苶。受物質刺激慣了的人，非多量刺激不足以過癮，自然要反對精神生活。因為他們的精神已失了韻養的效能，如同抽大煙的人，決不能一日不抽。吾為此言，並不是要反對物質生活，我且相信要求現在社會——尤其是中國社會進化，只有依靠科學以求物質文明；不過我更相信科學發達到任何程度，都應該受精神的指揮，人類才得安息。十九世紀以來，為科學長足進步的時期，亦為人類慘殺最激烈的時期，近來世界頗有和平運動，非戰運動的呼聲，此種呼聲當然是離開現在事實相去甚遠，然其意義確是要運用全人類精神，妥置全世界物質，不使以養人者害人，這種呼聲未來的世界，終有實現的一日，即是精神生活指揮物質生活成功的一日。

以現代論世界任何國家，其國人名利心太重了，其國必不能安；世界人類的競爭心太重了，世界必不能平。老子所謂為天下谿，為天下谷，就是要消弭這個不安不平的現象。現在西方諸國，漸有提倡精神生活的聲浪，對吾國老莊哲學，亦很重視，德人雷赫完氏(A. Reichwein)所著十八世紀中國與歐洲文化交通史略，其緒論（吳宓譯為孔子老子學說對於德國青年之影響，載在學衡雜誌五十四期）中有云：「歐洲之青年，其為今世種種精神問題所困擾者，一遇東方聖賢安樂之教，則其所受之影響為尤深而能久。……夫今世青年之所感受者，乃全世人之所同，特青年之感受較為銳敏而深切耳！」又曰：「若輩青年已常結合少數同志，成為團體，以從事於精神之修養，而以近十年中創痛巨劇（原注云指歐洲大戰）之後為尤多，咸奉老子為宗師，以求智慧。道德經一書，已成今世東西文化溝通之樞紐。二十世紀開幕以來在德國翻譯道德經出版者，已有八家之多，此其故可深長思！」我以爲此種現象，正是他們精神疲苶，渴求韻養的表徵，然則老莊之道，正未可以中國科學落後，遂以一偏之見而概論之。

第二章　老莊與老莊書

我們現在要考究老莊生平事蹟，及其著書，其惟一史料，自然是司馬遷的老莊列傳；不過司馬遷是以文學眼光著史，又兼他有那滿肚皮的「憤懣」「鬱積」，故所著書中往往帶弦外之音，更加上他這部書的取材，極其龐雜，故全書之中令人可疑者不少；老莊列傳就是一個顯例。茲先錄其全文如下：

老子者，楚苦縣厲鄉曲仁里人也。姓李氏，名耳，字伯陽，諡曰聃，周守藏室之史也，孔子適周，將問禮於老子，老子曰：「子所言者，其人與骨皆已朽矣！獨其言在耳！且君子得其時則駕，不得其時則蓬累而行，吾聞之良賈深藏若虛，君子盛德容貌若愚，去子之驕氣與多欲，態色與淫志，是皆無益於子之身，吾所以告子，若是而已！」孔子去，謂弟子曰：「鳥吾知其能飛，魚吾知其能游，獸吾知其能走，走者可以爲罔，游者可以爲綸，飛者可以爲矰，至於龍，吾不知其乘風雲而上天，吾今日見老子其猶龍耶？」老子修道德，其學以自隱無名爲務，居周久之，見周之衰，迺遂去，至關，關令尹喜曰：「子將隱矣，强爲我著書！」於是老子乃著上下篇，言道德之意五千餘言而去，莫知其所終。或曰：「老萊子亦楚人也，著書十五篇，言道家之用，與孔子同時云。」蓋老子百又六十餘歲，或言二百餘歲，以其修道而養壽也。自孔子死之後，百二十九年而史記周太史儋見秦獻公曰：「始秦與周合而離，離五百歲而復合，合七十歲而霸王者出焉。」或曰：「儋即老子，」或曰：「非也。」世莫知其然否。老子隱君子也，老子之子名宗，宗爲魏將，封於段干，宗子注，注子宮，宮玄孫假，假仕於漢孝文帝，而假之子解爲膠西王卬太傅，因家於齊焉。世之學老子者，則絀儒學，儒學亦絀老子，道不同不相爲謀，豈謂是耶？李耳無爲自化，清靜自正。

莊子蒙人也，名周，周嘗爲蒙漆園吏，與梁惠王齊宣王同時，其學無所不窺，然其要本歸於老子之言。故其著書十餘萬言，大抵率寓言也。作漁父盜跖胠篋，以詆訿孔子之徒，以明老子之術，畏累虛亢桑子之屬，皆空語無事實，然善屬書離辭，指事類情，用剽剝儒墨，雖當世宿學不能自解免也。其言汪洋自恣以適己，故自王公大人不能器之。楚威王聞莊周賢，使使厚幣迎之，許以爲相，莊周笑謂楚使者曰：「千金重利，卿相尊位也，子獨不見郊祭之犧牛乎？養食之數歲，衣以文繡，以入太廟，當是之時，雖欲爲孤豚，豈可得乎？子亟去！無汚我！我寧游戲汚瀆之中以自快，無爲有國者所羈，終身不仕，以快吾志焉。」

這兩篇傳是如此簡單而縹渺，致使我們現在對於這兩位大哲學家的生卒年代，都摸不清楚，而老子傳則更是虛無恍惚，不可捉摸。一個「莫知其所終，」又加一個「世莫知其然否。」中間又插入老萊子太史儋一段，遂使後人更墮入五里霧中，把老子變成半神人的資格，後世一切神話的附會，都從此處發芽。莊子傳到是稍稍具體些，我們知道莊周是與梁惠王齊宣王同時，又曾卻過楚威王的聘，但亦未註明年月。他自己的書，又大率皆寓言也，所以考證起來，總難免以意爲之，茲以諸家之意，參以個人之見，疏陳老莊事蹟如左：

老子姓李名耳，字聃，今本史記云：「字伯陽，謚曰聃，」大概是後人據列仙傳文改竄的。史公說他是「楚苦縣厲鄉曲仁里人，」考苦縣在春秋時，原是陳國的地方，楚惠王十年楚滅陳而縣之，是時孔子已沒，想老子更是早沒了，則是老聃生時，苦縣並未屬楚，當從禮曾子問疏引史記作陳國苦縣。意者後人見苦已屬楚，遂據以改陳字爲楚字。今人更有據楚字而斷定老子爲楚滅陳之後的人，即謂孔子死後，才有老子，就未免近於好奇了。

老子的時代問題，誠然是有些煩絮，司馬遷的老子傳，既未註明老子的生卒年代，只記載他曾做過周朝守藏史的官，及其與孔子見面的兩件事，尙可捉摸；然而他篇中又插入老萊子與太史儋一段惝怳迷離的文字，遂使後人根本懷疑著五千言之老子，與孔子問禮之老子非一人。蓋自張橫渠朱晦庵（見朱子語類一二五）葉適已懷疑「敎孔子者，必非著書之老子，而爲此書者，必非禮家所謂老聃，妄人訛而合之爾。」（學習記言卷十五）至清汪中作老子考異，謂『史記孔子世家云：「南宮敬叔與孔子俱適周問禮，蓋見老子云。」老莊申韓列傳云：「孔子適周，將問禮於老子。」按老子言行，今見於曾子問者凡四，是孔子之所從學者可信也。夫助葬而遇日食，然且以見星爲嫌，止柩以聽變，其謹於禮也如是，至其書則曰：禮者忠信之薄而亂之首也。下殤之葬，稱引周召史佚，其尊信前哲也如是，而其書則曰：聖人不死，大盜不止。彼此乖違甚矣。故鄭註謂古壽考之稱，黃東發日鈔亦疑之，而皆無以輔其說。』最後他斷定著五千言之老子即本傳所稱之太史儋，而非孔子問禮之老子。即是把孔子問禮之老子，與著五千言之老子，分爲二人梁啓超更疑老子書爲戰國時產品（張煦有梁任公提訴老子時代問題一案判決書可參）似乎都是一脈相承的根據其用意只在懷疑謹於禮者，必不肆意攻擊禮教實則惟其明於禮謹於禮者，始能深知禮中之弊，攻之始能中的，而況當他躬與禮事的時候，自然應該守禮勿失，及見周室以繁文縟禮，至於衰亡，自己已經是棄官歸隱之人了，則將此世亂之源的禮教，抒寫出來，以示世人，抑又何傷？正不能因此而誤認著五千言之孔子，非孔子問禮之孔子。更以文體而論，戰國時代文章，大都是大氣磅礴，一瀉無遺，沒有如老子這種幽玄奧妙含蓄不盡的韻文。故拿中國文學史的眼光看來，老子書亦決不是戰國時的文字。

既明白了著五千言之老子，卽孔子問禮之老子，則老子時代問題，可由孔子見老子的時代而推知之。關於孔子見老子事，蓋有三種記載可供研求：一爲史記，二爲小戴記之曾子問篇，三爲莊子。史記、老子傳未載年代，孔子世家，此文在年十七與年三十之間，高士傳遂妄稱孔子年十七見老子，是不獨如索隱云：孔子見老聃云：「甚矣道之難行也！」此非十七之人之語也，乃既仕之後言爾！且此文之前，明明有「及長嘗爲季氏史」與「已而去魯，斥乎齊，逐乎宋衞，困於陳蔡之間，於是反魯」的明文。安得據爲年十七呢？小戴記曾子問篇，載有這樣一段：『曾子問曰：葬引至於堩，日有食之，則有變乎？且不乎？孔子曰：昔者吾從老聃助葬於黨巷，及堩，日有食之，老聃曰：丘！止柩，就道右，止哭以聽變，既明，反而後行。曰：禮也。』閻若璩遂據此文日有食之一句，斷爲昭公二十四年五月乙未朔的日有食之，當孔子三十四歲，遂謂此年爲孔老相見之年。實則小戴記之不足信，前人多有言之者，此處不過借孔老之辭說葬遇日食的變禮，何嘗眞有其事？一定要固執這日有食之四字以强求相合，就未免太拘滯了。顧鐵僧先生謂孔子年七十一見老子，並以哀公十四年五月庚申朔的日有食之當曾子問篇的日有食之。（見所著孔子老子相見年月考）余謂孔子晚年思想頗有轉向道家的趨勢，觀其贊堯贊舜一則曰：「蕩蕩乎民無能名焉！」再則曰：「無爲而治者其舜也歟！」而門人且以老子書中的「以德報怨」爲問，都可見得孔子受老子之影響必在晚年以前。且更足以證明老子一書決不會在孔子之後。如謂孔子七十一歲以後始受老子影響。此時孔子去死之年，只有三載，則孔子晚年思想轉變的時間，就嫌太促了些。故余於顧先生之言，亦不敢强同。莊子天運篇云：孔子行年五十有一，而不聞道，乃南之沛，見老聃。林春溥梁玉繩均主此說，顧先生亦云：「依世本、孔子世家，孔子生於魯襄公二十二年，則孔子年五十一，正當定公九年，今史記於九年云：孔子年五十者誤也。惟孔子自齊歸，久不仕，世家記定公九年，陽虎奔齊，公山不狃以費畔，據左傳當均在是年之夏，而孔子則尙未仕也。則孔子於是年之春夏，循泗流而南之沛，非不可有之事。」然而顧先生却不主此說，無非累於曾子問篇。蓋自來學者，多目莊子爲寓言，而不敢信，實則養生主中所載老聃死，秦佚弔之，可算已經公認爲老聃死的信史，則莊子亦何嘗全屬寓言？余意莊子原不是信史，然亦嘗有一部分確爲事實。（范禕有由讀莊子而考得之孔子與老子載在學衡二十九期曾此理頗當茲不具引）此處所云孔子五十一歲見老子，其事實既如上言，而證之孔子之言，亦似有脈絡可尋。孔子自述云：「五十而知天命。」言五十自然是舉其成數，蓋儒家重人事，道家重天命，孔子自見老聃之後，始深明天命之理，自是著書言論，均帶道家色彩，其晚年思想變化，蓋非一朝一夕之故了。故我以為孔子五十一歲見老子，當為無疑之事實。至於「之沛」「之周」「訪道」「問禮」「藏書」等名詞的不同，則莊子順筆為之，初無異意。

孔子於五十一歲時見老子，假定老子比孔子大二十歲，則老子之生，當在周靈王初年，西曆前五七〇年左右。他的死我們雖不知在何年代，但莊子養生主明載老聃之死，可知什麼「西渡流沙化胡」「入關仙去」等神話，都是謠傳，或者老子因為善養生的原故，比平常人多活幾年，遂引出許多神話。

至於老萊子太史儋，自然都另有其人，不容相混，梁玉繩曰：「老萊子與老聃判然二人，弟子傳序分別言之，而此忽疑為一人，路史因附會其辭云老子邑於苦之賴，賴乃萊也，故又曰老萊子，何其誕哉？」（史記志疑二十七）以老子與太史儋為一人者，有畢沅（見所著老子道德經考異序）汪中。（見所著老子考異）近人馬夷初云：「畢氏徒以聃儋音可通假，而不覈其年之相去遠也，亦將以為老子果二百餘歲耶？」又曰：「汪氏以著上下篇者為儋，殊無確據，而聃與儋為二人，則固以年可推而知也。」（見所著老考）且史公原文，對此亦已指明，殊無懷疑之必要，他把老萊子太史儋之上，輒加一個「或曰」，可知在當時已有這樣的謠傳，把這兩段謠傳寫出來之後，他便下個斷語說：「老子隱君子也，」並不異於常人，並且他是世系相傳，至於現在，「家於齊焉。」可謂證據確鑿，不容誤會。

莊子生平的事蹟，大概很少；據本傳只是早年曾經做過漆園吏，後來就「終身不仕」了。並且他的志趣又離開當時的社會很遠，恐怕除了惠施之外，連朋友也不甚多，所以他只是過那理想的精神上的生活。「獨與天地精神往來，」而與世人很少往還；故我想他生平事蹟，根本就不甚多，又加以載籍不詳，就更難考求了。

本傳說他是「蒙人也，名周。」而未註明他的國籍。索隱引劉向別錄曰：「宋之蒙人也。」高誘淮南鴻烈解修務訓註亦曰：「宋蒙人也。」張衡髑髏賦曰：「吾宋人也，姓莊名周。」近人馬敘倫作莊子宋人考有云：「惟宋亡後，魏楚與齊爭宋地，或蒙入於楚，楚置為蒙縣，漢則屬於梁國歟？莊子之卒，蓋在宋之將亡，則當為宋人也。」（見所著莊子年表）均可為莊子宋人之證。他做漆園吏的時代，史記未曾注明，劉汝霖周秦諸子考謂：「莊子是生於蒙，隱居於漆園，史記所載為吏的話，是錯的。」他的論據是「既已為吏，還說什麼終身不仕？」我說這個論據是靠不住的。蓋莊子早年做蒙漆園吏，後來愈看社會愈不對了，遂對楚使者曰：「吾將終身不仕，以快吾志焉。」史記稱「周與梁惠王齊宣王同時，」又曰：「楚威王聞莊周賢，使使厚幣迎之，」馬夷初曰：「梁惠王九年，齊宣王始立，又三年，為楚威王元年，威王立十一年卒，其聘周不知在何年。傳言周却聘，而韓非喻老篇曰：楚威王欲伐越，莊子諫曰：臣患智之如目也。是莊子於威王時嘗至楚。其能致楚聘，必已三四十歲，是周之生，或在魏文侯武侯之世，最晚當在惠王初年。」按史記魏世家魏瑩生於周安王二年，魏文侯二十五年，文侯三十八年，武侯立十六年，魏瑩即位爲惠王，其時惠王三十歲。惠王之二十九年，爲齊宣王元年；齊宣王四年，爲楚威王元年。威王聘周，雖不知在那一年；但威王元年，魏瑩已是六十多歲。余意史記以梁惠王齊宣王並舉，蓋莊子壯盛之年，適當二王並立之際；若楚使來聘時，當莊子三四十歲，則莊子當小於惠王二十歲，當生於武侯初年，西歷前三八〇年左右。馬氏既認致楚聘必已三四十歲，而又把他生的時間性，放寬至五六十年，（自文侯元年至惠王十年計六十四年）蓋彼誤以齊宣王元年，爲梁惠王九年，（馬君所列年表不誤此處恐係大意）相差二十年，故計算上不免舛訛；然亦不應把生的時間性，放寬至五六十年。而況史記明明說與梁惠王齊宣王同時？尋六國年表，二王並立之時，爲紀元前三四一年至三三四年，前後才八年間耳！即終齊宣之世，亦才十八年。總之吾以爲莊子之生，定在魏瑩之後，不然，莊子若與魏瑩同年，則楚使來聘之時，已是快七十歲人，而終齊宣之世，已是八十歲左右了。又馬君莊子年表：「莊子之卒，蓋在宋之將亡。」則莊子享年爲百二十歲，恐未必有如此高壽吧？故吾以爲莊子之生，當在紀元前三八〇年左右，則梁惠王齊宣王之世，及楚使來聘之時，均爲莊子壯盛之年，於事或較近理，而終於宋亡之際，（西元前二八六年）莊子爲九十歲左右的人，於理亦無不合。

老子書　史記老子傳載老子著書上下篇，言道德之意五千餘言。漢書藝文志不錄老子本書，錄老子鄰氏經傳四篇，傅氏經說三十七篇，徐氏經說六篇。今鄰氏傳，傅氏徐氏經說皆不傳，其人亦不詳爲何時代人。今所通行之本稱河上公注。按史記樂毅傳贊，謂「樂臣公學黃帝老子，其本師號曰河上丈人，不知其所出。河上丈人教安期生，安期生敎毛翕公，毛翕公教樂瑕公，樂瑕公教樂臣公，樂臣公教蓋公，蓋公教於齊高密膠西，爲曹相國師。」此處所言道家師承之跡很顯明確實，惟所謂河上丈人者，有「不知所出」一句，大概是戰國時修黃帝老子的學者。神仙傳乃謂「河上丈人者，莫知其姓字，漢文帝時，公結草爲庵於河之濱，帝讀老子經頗好之，勅諸王及大臣皆誦之，有所不解數事，時人莫能道之。聞時皆稱河上公解老子經義旨，乃使齎所不解決之事以問。公曰：道尊德貴，非可遙問也。帝卽幸其庵，躬問之。帝曰：普天之下，莫非王土，率土之濱，莫非王臣，域中四大，王居其一，子雖有道，猶朕民也，不能自屈，何乃高乎？公卽撫掌坐躍，冉冉在虛空中，去地數丈，俛仰而答曰：余上不至天，中不累人，下不居地，何民臣之有？帝乃下車稽首。……公乃受素書二卷與帝曰：熟研之，此經所疑皆了，不事多言也。余注此經以來，一千七百餘年，凡傳三人，連子四矣，勿以示非其人。言畢失所在。」皇甫謐高士傳曰：「河上丈人著老子章句，當戰國之末，諸侯交爭，馳說之士，咸以權勢相傾，惟丈人老而修道，老而不虧。」（太平御覽五〇七引）如此牽連，則史記河上丈人與神仙傳之河上公併爲一人，遂鑄成河上公註老子的謠傳。馬夷初曰：「河上本蓋出於王本亂訛之後，爲張道陵學者所爲，而大行於梁世。」余意章句之學，盛於漢世，或古本老子不分章節，漢人取而分之，復爲傳註，借河上公之名，以見重於世，故王弼註時，猶本其分章之舊。至於現在所行的河上公本則更贋品之贋品，證之晁以道跋王弼老子曰：「弼題是書不析乎道德而上下之，猶近於古」之語，尤可無疑。今號稱河上本分爲上下經，合計八十一章，於每章之前冠以章題。（如上卷首章曰體道，下卷首章曰論德）上經三十七章，謂天數奇，用以法天；下經四十四章，謂地數偶，用以法地。嚴遵更謂陰道八，陽道九，以八行九，故七十二章；上四十章，下三十二章，皆極荒謬可笑。元人吳澄作道德眞經註，合八十一章爲六十八章，比河上本勝得多了；然究竟難免「代大匠斲」的傷痕，還是不必分章，讓讀者自己去尋脈絡的好。

至於本書稱經，則始自漢景帝。吳書闞澤對孫權曰：「漢景帝以黃帝老子義體尤深，改子爲經，始立道學，勅令朝野悉諷誦之。」於此可見漢景以前，只稱老子，無所謂經，更無所謂道德經。證以藝文志所載鄰氏經傳與徐傳經說，亦才稱經，而未以道德二字冠之。吳幼清曰：道德經云者，各以篇首一字名篇，後人因合二篇之名而稱爲道德經，故太平御覽寰宇記引揚雄蜀王本紀曰：老子爲關尹喜著道德經。隸釋引邊韶老子銘曰：見迫疑言，道德之經，玉海藝文引列仙傳曰：老子著書，作道德經上下二卷，葛玄老子序曰：作道德經二篇，五千文上下經。然均未言始自何時。意者景帝稱經之後，學者復見史記老子傳謂「老子著書二篇，言道德之意，」遂相習以道德爲名，則以道德經三字連用，當在西京之季。董逌藏書志曰：唐玄宗既注老子，始改定章句爲道德經，凡言道者類之上卷，言德者類之下卷；實則晉宋以來，已經如此，董逌之言，殊不足據。北齊書杜弼傳云：杜弼上老子注，言竊維道德二經。賈公彥周禮疏引老子道經，（師氏疏引老子道經云、道可道、非常道、）顏師古漢書注，李賢後漢書注，皆引老子道經德經（漢書魏豹傳注、引老子道經云、國家昏亂有忠臣、田橫傳注引老子德經云、貴以賤爲本、高以下爲基、楚元王傳注引老子德經云、知足不辱、西域傳注引老子德經云、天下有道、却走馬以糞、又酷吏傳注、俱稱老子道經之言、後漢書蘇竟傳注、引老子道經云、魚不可脫於泉、）然則玄宗御注道德經分老子道經卷上，德經卷下，正是襲前人之舊，那裏算是始創？

莊子書　史記莊子傳只載其著書十餘萬言，未注明篇數。漢書藝文志載莊子五十二篇，陸德明曰：「漢志莊子五十二篇，即司馬彪孟氏所註是也。言多詭誕，或似山海經，或類占夢書，故注者以意去取。其內篇衆家並同，自餘或有外而無雜。惟郭子玄所註，特會莊生之旨，故爲世所貴。」司馬氏孟氏之書，今已不存，現在所通行的，惟郭注三十三篇。計內篇七外篇十五雜篇十一，無以足五十二篇之數，亦無以足史公所謂十餘萬言之數，知已亡失很多了。這亡失的原因大概就是因爲「言多詭誕，或似山海經，或似占夢書，故注者以意去取。」所幸「內篇衆家並同，」還能保存一部分的眞正面目。

內篇以外的外篇雜篇，其言論與文筆，都很有與內篇不類的地方；大概全書之中，除內七篇確爲莊子手筆外，外篇雜篇就有很多是莊子弟子，或莊子學派的學者所爲。然則今本以外所亡失諸篇，如經典釋文引郭象言有閼奕、意修之首、危言、游鳧、子胥，史記本傳謂畏累虛、亢桑子。（索隱云，亢桑子即庚桑楚，今本莊子有庚桑楚篇。）又北齊書杜弼傳言弼曾注莊子惠施篇，而後漢書、文選注、藝文類聚等書引莊子語，亦多不見今本。馬夷初輯有莊子佚文，都可見今本莊子，不是莊子的原璧。但猶幸所亡失者，率爲言多詭誕的一類！

胡適云：「天下篇是一篇絕妙的後序，却決不是莊子自作的。」（哲學史大綱二五四頁）我對這一句話有點懷疑，胡先生既未給我們證據，就確確實實的說「決不是莊子自作的，」未免近於武斷吧？古人著書往往自作後序，論語堯曰咨爾舜章，與孟子由堯舜至於湯五百有餘歲章，都是本書的後序；更顯著的，是淮南要略與史記太史公自序，不都是一篇自作的後序嗎？以此例推，莊子天下篇又安能斷言「決不是莊子自作的」呢？而況天下篇中把各家學說，尤其是莊子的學說性行，體貼得那樣透澈入微，非莊子自身，何能道出？於此即更不能說天下篇「決不是莊子自作的」了？

莊子註家甚多，最古而最通行者，莫如郭象註本；但郭象所註，據晉書郭象傳，及世說新語所載，尚有一段公案，附誌於此。「先是註莊子者數十家，莫能究其旨統，向秀於舊註外，而爲解義，妙演奇致，大暢玄風；惟秋水至樂二篇未竟而卒，秀子幼，其義零落，然頗有別本遷流，象爲人行薄，以秀義不傳於世，遂竊以爲己注。乃自註秋水、至樂二篇，又易馬蹄一篇，其餘衆篇，或點定文句而已。其後秀義別本出，故今有向郭二莊，其義一也。」晉書與世說新語均載此段惟今本所存，則惟有郭註，向註蓋自宋代已不傳矣。

第三章　老莊哲學源流及其分野

居今日而緬想邃古鴻荒之世，計惟有一些赤裸裸的人類，蟄居於山谷叢林之間，和一些惡狠狠的野獸，奔騰咆哮於原野大地之上，空中的飛鳥，林間的水源，年年代代，奏其不絕的嚶嚶汩汩的歌聲。在這種環境之下，固沒有騷人雅士，欣賞領略，臨清流而賦詩，亦沒有人工修造，矯揉妝賊，利用之以養人類。這種世界，可名之曰大自然的世界；所謂大自然的世界，就是一切人工未施，萬物各任其原來，人類惟溱溱狉狉，渾渾噩噩，雜處於毒蛇猛獸之間，優游老死於此自然力中，故曰大自然的世界。

何謂自然力？陰、陽、風、雨、晦、明、霜、雪、雷、電、日蝕、星變、地震、山崩，莫之致而致之，無所爲而爲之，是謂自然現象。由自然現象施於人物，能使人物發生變化，如少壯老死，榮枯代謝者，便叫做自然力。這種自然力在原人時代，莫明其所以然之理，忽而光天麗日，忽而陰霾密布，忽而萬竅怒號，忽而衆竅爲虛，當然要驚惶恐懼，以爲萬物之外必更有一物爲主宰宇宙間一切動作，這便是一切神道的由來；實則何所謂神，宇宙間自然力在那裏施展牠的作用罷了！

人事日繁，人智亦進，圖存圖安的欲望，一天一天的多起來了；知道這種純自然的勢力有許多是可以化育萬物，使萬物碩茂繁滋，有許多是可以殺戮萬物，使萬物萎枯老死。我們假定此化育萬物者叫做「生機，」又假定此殺戮萬物者叫做「殺機，」則一個整個的自然勢力之中，包含「生機」與「殺機」兩個元素。此兩個元素交相施展其作用，社會乃生生死死，不過剩亦不絕滅，而成永世常新的世界。然而好生惡死，好安逸而惡勞苦，是乃萬物之情，自整個的世界流轉以觀，則勞苦老死乃自然勢力中所不能免，然自苦死的一刹那間觀之，總有若干悲啼宛轉爲含生賦氣之倫所不能堪者，於此乃有大仁大智之聖人爲衆生求度此厄，冀避免殺機而享用生機，於是生出兩種說數：其一見盈天地之間者，莫非自然勢力，渺小的人類，暫寄於天地之間，何啻海洋中一沫之影？無論自空間自時間言，都不足與自然勢力相抗，因把整個的「我」貢獻到自然勢力的長流，而順應其支配享用其化育；及殺戮既至，（就自然勢力言，意謂老死非眞殺戮）則亦歸於自然無可避免之勢力，而無所尤怨。又一派則謂人配天地而稱三才，天地爲冥冥無知之物，人性最靈，主宰天地而參贊天地之化育者，自屬人類無可卸之職責，自然界一切狀況，都要靠人類替牠整理修文，然後才能顯其效用。故自然界的一切，都應該以人事爲標準；所以他們要主張利用自然，甚至要征服自然，爲的就是要使自然狀況適於人類生存。這兩種說數，一種是把自然勢力看得太大了，故竭力崇拜自然順應自然。一種是把人類自己看得太大了，故力言征服自然，利用自然。

儒家道家，就是繼承上面這兩條路綫而演成兩大思潮。道家思想爲要暢導自然界的生機，儒家思想爲要消弭自然界的殺機。故一尙天道，一重人事，儒家集成於孔子，而發揚於孟荀；道家集成於老子，而發揚於莊列。茲篇以性質所限，對儒家略而不言，道家所可言者惟老莊，列子僞書，不足爲據。漢書藝文志道家在老子之前，尙有伊尹、太公、辛甲、鬻子、管子數家，然其書或亡或闕，均非原物。於此我們可以斷定道家思想係至老子而始純粹精鍊，集其大成，而並非由老子創始。在老子以前那些眞的書籍，現在雖然不可獲見，以理推之，要不外大自然的寫照，與當時仁者智者對此大自然的理想。且爾時雖各家共鳴，亦不如後世學者之分爲派系，如所謂儒家道家……者，各以所見所思，筆之於書而已。同一學者，有時可以爲道家言，有時可以爲儒家言，又有時可以爲陰陽家方技家言，自今觀之，其學未免太不純一，然初期的學者，類皆如此。我們看西方前五世紀愛奧尼亞(Ionia)的那班學者，如泰來斯(Thales 624—545 B.C.)畢泰過拉斯(Pythagoras 582—506 B.C.)等，他們究竟是神學？是哲學？是文學？是史學？嚴格說起，都有點似是似不是。這並不是他們的學問不純，蓋其時的社會簡單，學者所見所思，悉以此簡單社會爲出發點，故亦不暇分門別類，釐然劃分其界綫。今人言道家之祖，輒以黃老並稱，老卽老子，黃係黃帝，實則黃帝何嘗純爲道家之祖？檢漢書藝文志，道家錄黃帝四經四篇，黃帝銘六篇，黃帝君臣十篇，雜黃帝五十八篇。陰陽家錄黃帝泰素二十篇。兵書略錄黃帝十六篇。術數略錄黃帝五家曆三十三卷，黃帝陰陽二十五卷，黃帝諸子論陰陽二十五卷。方技略錄黃帝內經十八卷，外經三十七卷，神農黃帝食禁七卷，黃帝三王養陽方二十卷，黃帝雜子步引十二卷，黃帝岐伯按摩十卷黃帝雜子芝菌十八卷，黃帝雜子十九家方二十一卷。以上各家所錄黃帝書，在漢時已或亡或闕，而十九以上，都是後人僞造，然後人既以一家之學託之黃帝，至少必與黃帝思想有些關係。然則黃帝非純爲道家之祖明矣。以此類推，孔老以前的學者，大概都是如此。今人頗思尊崇道家，遂謂道家爲百家所從出，（見江瑔讀子卮言第十章）又謂道家係集各家之大成。（見馮友蘭中國哲學史第八章）其言皆未免過當。謂道家爲百家所從出，蓋堅執黃帝爲道家之祖，又見後世各家託於黃帝者頗多，遂謂道家爲百家所從出。謂道家集各家之大成，係本於司馬談論六家要旨列道家於各家之後，遂謂道家起於戰國之末，而爲各家之殿；又闢老聃李耳爲二人，以自圓其說，理由都不充足。余意各家學說，悉起於遠古混雜的學說中，遠古的學說，好像是鑛物在山，而未經提鍊，即黃帝亦只是這樣一位混雜的學者，故太史公稱「其言不雅馴，縉紳先生難言之。」（五帝本紀贊）「不雅馴」，正是未經提鍊的意思。這固然是無書可考，近於猜度，即號稱曾經孔子所删定的六經，其思想也就混雜不清，忽而崇尙自然，忽而尊重人事，忽然崇拜鬼神，可知遠古載籍，大率如此。衰周而降，百家爭鳴，始「各引一端，崇其所善。」故曰：「其言雖殊，譬猶水火相滅亦相生也，仁之與義，敬之與和，相反而皆相成也。」（漢書藝文志諸子略）然則道家亦只是由遠古混雜學說中，提鍊出的一部份，並不是各家所從出，亦不是集各家之大成。

關於老莊學術源流，最有力的論據，約分兩派：其一謂出於史官，其一謂出於救時之弊。謂出於史官者，本於漢書藝文志「道家者流，蓋出於史官，歷紀成敗存亡禍福古今，然後知秉要執本，淸虛以自守，卑弱以自持，此君人南面之術也。」謂其出於救時之弊者，首出於淮南要略，而胡適力主其說。淮南「以爲諸子之學皆起於救世之弊，應時而興，故有殷周之爭，而太公之陰謀生，有周公之遺風，而儒者之學興，有儒學之敝，禮文之煩擾，而後墨者之教起，有齊國之地勢，桓公之霸業，而後管子之書作，有戰國之兵禍，而後縱橫修短之術出，有韓國之法令，新故相反，前後相繆，而後申子刑名之書生，有秦孝公之圖治，而後商鞅之法興焉。」原文不如此胡適節引如此 胡適謂「諸子自老聃、孔丘至於韓非，皆憂世之亂而思有以拯濟之，故其學皆應時而興，與王官無涉。」見所著諸子不出於王官論 這可算是研究諸子學的兩大界域，我則以爲這兩大界域，很有調和合作的必要。古者學在世官，秦朝令民以吏爲師，猶是師古之意，春秋戰國以前，非無聰明睿哲之士，而所以不能各樹一幟以成一家之言者，蓋皆有官以司，平民旣莫由窺其蘊奧，亦無從自由研究。自周室衰微，世官失守，百家爭鳴，這便是班固九流出於王官的根據，自亦源源本本，何能一概抹煞？不過所謂出於某官？猶謂師承某家某派的學術，並不要一如其所出的形狀，如製造廠中所出的物品那樣絲毫不訛。師承一派的學術往往將所師承者擴大其範圍，精密其性質，驟然看去，誠有如胡適所謂「墨者之學，儀態萬方，豈淸廟小官所能產生？」然以原來的王官所守，加上了時勢激發，與個人研究的心力，就不難青出於藍，而勝於藍了而所謂個人研究心力，又須看各個學者的個性，才能詳察他成就的趨向。老莊學術的形成，自亦不能出於此例。茲分言之如下。

準上所言，老子哲學的淵源，應不出歷史的背境，與環境的要求，及其個人的理想。所謂歷史的背景，蓋老子爲周柱下史官，得徧閱遠古祕藏，「歷紀成敗存亡禍福古今之道，」故其對於事事物物都能用老吏斷獄，毫不游移的態度，製成一切原理。我們驟看他說：「大道廢，有仁義，智慧出，有大僞，六親不和有孝慈，國家昏亂有忠臣；」與所謂「失道而後德，失德而後仁，失仁而後義，失義而後禮，夫禮者忠信之薄而亂之首。」總覺得老子立言，何以如此的大膽?熟讀他的全書，才知道他是出於歷史的經驗。他說：「執古之道，以御今之有，能知古始，是謂道紀。」他有了這「執古之道，以御今之有」的祕鑰，所以他能把天地間一切事物之理，歸納到他的哲學見解裏去。他說：「以正治國，以奇用兵，以無事取天下，吾何以知其然哉以此。」又曰：「吾何以知衆甫之狀哉以此。」「吾何以知天下之然哉以此。」我覺這幾個「以此，」都含有「執古之道以御今之有」的意思在內。

他除了歷史的經驗以外，全書之中，引用前人的語句，更是不一而足，試看他所謂「聖人云。」「古之……者，」「以聖人……」等，都見得他「述而不作」的精神。只可惜這些古籍，現在都失傳了，使我們研究老子學說淵源的，少了許多論據。今將其書中引用前人之語之最著者，略引如左，以見

般

古之所謂「曲則全」者，豈虛語哉？二十一章

故聖人云：「我無爲而民自化，我好靜而民自正，我無事而民自富，我無欲而民自樸。」五十七章

是以聖人方而不割，廉而不劌，直而不肆，光而不耀。五十八章

是以聖人欲不欲，不貴難得之貨；學不學，復衆人之所過，以輔萬物之自然而不敢爲。六十四章

是以聖人欲上民，必以言下之；欲先民，必以身後之。是以聖人處上而民不重，處前而民不害。六十六章

是以聖人爲而不恃，功成而不處。七十七章

是以聖人云：「受國之垢，是爲社稷主；受國之不祥，是爲天下王。」七十八章

這些句子雖然是無從稽考其來源，而所稱爲「聖人」的又不知究指何人。全書之中亦未提及任何古人名字，故亦無從推測。僅使我們得知此是老子學說一部分歷史的背境。此外則在他思想上，亦可尋得一些歷史的背景，如天道觀念和柔德觀念，都可於詩書經中檢得先例。

關於天道者：

明明上天，照臨下土。詩小明

上天之載，無聲無臭。詩文王

明明在下，赫赫在上天難忱斯，不易維王天位殷適，使不挾四方。詩大明

皇矣上帝，臨下有赫監觀四方，求民之莫。詩皇矣

帝謂文王，予懷明德，不大聲以色，不長夏以革，不識不知，順帝之則。同上

敬天之怒，無敢戲豫；敬天之渝，無敢馳驅，昊天曰明，及爾出王；昊天曰旦，及爾游衍。詩板

天生蒸民，有物有則，民之秉彝，好是懿德。詩蒸民

敬之敬之，天命維思，命不易哉！詩敬之

天敘其典，勅我五典五惇哉；天秩有禮，自我五禮有庸哉；……天命有德，五服五章哉；天討有罪，五刑五用哉。書皋陶謨

天聰明，自我民聰明；天明畏，自我民明畏。同上

惟天陰騭下民，相協厥居。……我聞在昔，鯀陻洪水，汨陳其五行。帝乃震怒，不畀洪範九疇，彝倫攸斁，鯀則殛死。禹乃嗣興，天乃錫禹洪範九疇，彝倫攸敘。書洪範

爽惟天其罰殛我，我其不怨，凡厥罪無在大，亦無在多，矧曰其尚顯用於天？書康誥

天既遐終大邦殷之命，茲殷多先哲王在天。書召誥

關於柔德者：

柔遠能邇，以定我王。詩民勞

敬爾威儀，無不柔嘉。（詩抑）

視爾友君子，輯柔爾顏，不遐有愆。（同上）

荏染柔木，言緡之絲，溫溫恭人，維德之基。（同上）

申伯之德，柔惠且直。（詩崧高）

仲山甫之德，柔嘉維則。（詩蒸民）

柔遠能邇。（書舜典）

柔而立。（書皐陶謨）

三曰柔克。……燮友柔克。……高明柔克。（書洪範）

徽柔懿恭，懷保小民。（書無逸）

柔遠能邇，安勸小大庶邦。（書顧命）

柔遠能邇，惠康小民。（書文侯之命）

以上略引詩書經中關於天道與柔德者，足見老子思想在前已有先導。天之觀念，固是初民社會所共有，柔弱的觀念，世人固認爲老子所特具，實則詩書經中，凡言柔者，多屬美好之德。而「柔遠能邇」一句，一見於詩經，三見於書經，可見爲周代以前之口頭常語。而皐陶謨九德之第二項，爲「柔而立，」意者當時以柔道相尙已相習成風，寖至流弊，故欲以「立」字矯之。至周朝尙文，柔風益甚，柔道且尊爲美德。老子蓋承襲此種思潮，而益發揮之耳！凡此都可見得老子哲學，是確有歷史的根據。

其次他的哲學的形成，便要看當時環境的要求。老子生當周末天下分崩離析之際，强凌弱，衆暴寡，「師之所處，荆棘生焉，」「朝甚除，田甚蕪，倉甚虛，服文采，帶利劍。」而當時階級制度，又最森嚴，左傳云：「王臣公，公臣大夫，大夫臣皁，皁臣輿，輿臣隸，隸臣僚，僚臣僕，僕臣臺。」可見層層剝削，正是「損不足以奉有餘」的社會。小民無以爲生，則鋌而走險，爲不畏死之盜賊。在上者更繁其法令以治之，如此揚湯止沸，何怪老子說：「法令滋彰，盜賊多有」呢？我們再看春秋一書，處處見得君不君，臣不臣，父不父，子不子的現象，而口頭上還離不了仁義禮智。這種名存實亡仁義禮智的軀殼，簡直變成惡人的幌子，而繁文縟禮，苛細瑣屑的形式，猶不稍替。老子目覩周室衰微，直由於此，而社會紛亂，更日甚一日，而無所底止；故對當時的文物制度禮教法令，均起很大的懷疑。我們苟不審察當時的情勢，而驟讀老子之書，誠然要覺得他的言論未免偏激，審察了當時的情勢，才曉得我們所認爲偏激之處，都是補救當時的良劑。譬如季氏以八佾舞於庭，三家以雍徹，形式上何嘗不是禮樂？實際上却爲僭位的嘗試。一世之人都把禮樂當做這種剽竊名位的工具，安得不爲「忠信之薄而亂之首？」假如將這種假面具，完全揭開，依老子的理想，直截了當把一切欺惑愚衆而自隱其惡的工具，完全廢掉，使人類都赤裸裸地現其天眞以造成一個理想的新村以相生相養，寧不勝於當時汚濁社會之相劘相劑，這是老子哲學出於當時環境的一部。

愈溯古代，則迷信的色彩愈重，這大概是各民族共有的現象吧？中國自上古至殷周，爲鬼道最發達的時期。試看周秦以前的書籍，處處見鬼神的意味。山海經固爲吾國神話的淵藪，卽號稱正名分的春秋左傳，亦幾成爲「鬼神叢話。」其間所謂吉凶妖祥，幾成全書之主體。蓋自古以來，卽有鬼神五行之說，而用巫史卜祝等法以推測之，且雜之於學問政治之間。至殷周之際，則更變本加厲，幾乎人類的一舉一動，均不出乎鬼神的照臨，所謂「洋洋乎如在其上，如在其左右，」正是形容鬼神之力無所不在。其時在天除昊天上帝之外，更有日月星辰，司中司命，風師雨師，在地則山川土地均各有神；在人則死而爲鬼，寃鬼則厲；（如左傳公子彭生等）在物則魍魎妖怪，均足以大顯神通，受人敬畏。這種思潮，早有一部分人持反對態度，如左傳引史嚚曰：「國將興，聽於民，國將亡，聽於神。」（莊三十二年）子產曰：「天道遠，人道邇，非所及也，何以知之？」（昭十八年）仲幾曰：「薛徵於人，宋徵於鬼，宋罪大矣！」這都可爲反對鬼神的先導；然於舉世所崇尚的傳統思想，決非此數語，所能轉換。及老子倡自然之道，乃一洗古人之面目。夏曾佑曰：「老子之書，於今具在，討其義蘊，大約以反復申明鬼神術數之誤爲宗旨。「萬物芸芸，各歸其根，歸根曰靜，靜曰復命，」是知鬼神之情狀，不可以人理推，而一切禱祀之說破矣。「有物混成，先天地生，」則知天地山川五行百物之非原質，不足以明天人之故，而占驗之說廢矣。「禍兮福所倚，福兮禍所伏，」則知禍福純乎人事，非能有前定之者，而天命之說破矣。』大概老子是要以自然之理，代替當時所認爲可以禍福人類的一切天神地祇鬼物妖怪。以宗教的立場，則自多神論而趨向於泛神論者，自哲學的立場，則是自多元論而歸於一元論者。故老子的自然哲學，自遠者言，是遠古社會之遺形，自近者言，則由於當時社會情狀的激成。這是老子哲學出於當世環境的又一部。

既有了史的學識，又受了環境的激刺，老子個人的新理想，遂由之而生。說到他的新理想，自然誰都要認是小國寡民的那一段。其實那一段雖然是老子的理想國，實際只算是迴復到古代簡單社會的境界，不能算是他的特創。我所認爲他的新理想者，要算是不矜不伐的道理。余追憶古籍，在老子以前，言及此理者絕少。詩人美仲山甫之德，可算是無微不至，亦只說他「柔亦不茹，剛亦不吐，」却未說到不矜不伐。書經堯典舜典之贊美堯舜，儘可說他「光被四表，格於上下，」却亦未言及此。惟僞古文尙書大禹謨有「汝惟不矜，天下莫與汝爭能；汝惟不伐，天下莫與汝爭功。」說命中有「有其善，喪厥善；矜其能，喪厥功。」絕似老子思想，然決是後人竊取老子思想而僞造者。意者老子以爲古今天下大亂之源，悉出於爭，而爭的原因，則在於各人都自矜其德，自伐其能，故老子反覆申明「不自伐故有功，不自矜故長；夫惟不爭，故天下莫能與之爭。」「果而勿矜，果而勿伐，果而勿驕。」「自伐者無功，自矜者不長。」全書之中言及此意者凡四五次。即其對孔子所云：「良賈深藏若虛，君子盛德容貌若愚，去子之驕氣與多欲，態色與淫志。……」歸納其意，亦不過是教他勿自矜伐而已。苟一世之人，都能不自矜伐，則爭無由起，而老子理想新村，不難達了。所以我覺得眞正算是他的理想者，應推此不矜不伐之理。小國寡民之烏託邦，只算是此理的實現。然苟非「以自隱無名爲務」的君子，又何能想出這千古常新的道德根源？二千年來眞能領會老子之道，而加以發揚光大者，惟莊子一人。

莊子之學，出於老子，而以個性不同之故，於老子面目，頗有改變，然溯其本質，則「要歸於老子之言。」故筆乘有云：「老之有莊，猶孔之有孟。」明釋德清註莊子內篇亦云：「莊子一書，乃老子之註疏，予嘗謂老子之有莊，猶孔之有孟；若悟徹老子之道，後觀此書，全從彼中變化出來，以其人宏材博辯，其言洸洋自恣，故觀者如捕風捉影耳！直是見徹他立言主意，便不被他瞞矣。」細觀他的全書，殆十九以上都是發明老子的旨趣；不過時至戰國，社會的紊亂無辦法，又復甚於老子之時，而百家爭鳴，思想混雜，雖各家皆有其救世主張，然枝枝節節，反愈加紛擾。最甚者如儒墨之是非，以是其所非而非其所是，終不能有良善的解決方法。莊子深覺如此做去，猶治絲而棼之，故採用快刀理亂麻的辦法，主張擯棄一切人爲，因任自然。所以他說：「不以心捐道，不以人助天。」（大宗師）又曰：「物不勝天久矣！」（同上）而外篇雜篇，則言更激烈。天道篇曰：「夫子若欲天下無失其牧乎？則天地固有常矣，日月固有明矣，星辰固有列矣，禽獸固有羣矣，樹木固有立矣，夫子亦放德而行，循道而趨已至矣，又何偈偈乎揭仁義若擊鼓而求亡子焉？意夫子亂人之性也！」故莊子與老子同爲崇尙自然的學者，但老子的崇尙自然，是要在自然力中奮鬭，故無爲而無不爲。莊子的崇尙自然，竟是無條件的受自然支配，故以無所可用爲大用。這實在是受環境的激成。他眼見列國紛爭，策士縱橫，天下沈淪不返，决非少數人所能挽救，故一面寧自遊戲於汚瀆之中，一面感覺「手無斧柯，」雖奮一人之力，直等於螳螂當車之不自量，故以保守天眞爲根本救濟，意者人類能現出天眞，則凡虛僞浮囂之氣，均可汰除，天下爭端庶乎少息。這是莊子於無可挽救之中，想出這救世的辦法。若認此爲莊子個人主義的表現，就大錯了；假如他眞是個人主義者，他又何必筆之於書，以傳後世？

莊子哲學的形成，除了老子爲其學所從出，與環境予以影響外，他自己的個性，殆有極大的關係。吾意老子是一位深厚沈默謹飭言行的學者，莊子則係雄才博學，不可繩檢的才士。其文章洸洋自恣，如天馬行空，都是他性情的表見。他「以天下爲沈濁不可與莊語，」「故以謬悠之說，荒唐之言，無端崖之辭，時恣縱而不儻，不以畸見之也。」他要「獨與天地精神往來而不敖倪於萬物，不譴世非，以與世俗處。」他的目的是要「上與造物者遊，下與外死生無終始者爲友；」因此他的學問，雖然出於老子，他自己却好像並未承認。天下篇以關尹、老聃爲一宗，自己另爲一宗，已不承認是老子一派，其記關尹老聃只云「澹然獨與神明居」其自記則曰：「天地並歟？神明往歟？」又曰：「上與造物者遊，下與外死生無終始者爲友，」而養生主篇所記老聃之死，謂「是遁天倍情，忘其所受，古者謂之遁天之刑，」都見得他自己是高出老聃一等。蓋以性情論，他與老聃誠然是截然兩派，老聃所云多爲應世之方，莊則往往超人事而上之。朱晦庵曰：「老子之學，大抵以虛靜無爲沖退自守爲事，若曰旁日月，扶宇宙，揮斥八極，神氣不變者，乃莊生之荒唐，老子曷嘗有是哉？今世人必欲合二家之似而一之，非老子之意矣。」又曰：「老子猶要做事，在莊子都不要做了，又却說道他會做，只是不肯做。」俱見朱子語類卷一百二十五江瑔讀子卮言亦曰：「莊子之學，雖淵源於老子，而究未大同。老子之所謂清淨無爲者，非枯坐拱手之謂也，蓋以靜制動，以柔制剛，以牝制牡，先自勝而後能勝天下。故其言曰：以身治身，以家國天下治家國天下。又曰：我無爲而民自化，我無事而民自富。又曰：知清靜以爲天下正。是老子之言未嘗舍天下家國而獨善其身，未嘗損民以利己，其所謂清靜無爲者，正其所以安民治國平天下之術，其無爲卽所以大有爲也。若莊子則純持放任之義，民可不必安，國可不必治，天下可不必平，世之治亂，漠然無以關其心，豈得與老子同？後世之治天下得老子之術者，如漢之文景是也；得莊子之術者，如晉之王何是也。文景致刑措之治，王何開淸談之弊，此老莊之所以分矣。」我以爲諸家批評老莊之分野，都未免以世間法做標準，同時又想到晉朝那班學者的放蕩形骸，而藉口於莊生，遂把淸談放蕩之罪加於莊子，莊子乃成爲

「滑稽亂俗」的罪人；不知莊子是「游方之外」的人，若定要拿「游方之內」的那些見解去評價他，是不獨莊子要說「仁義之端，是非之途，樊然淆亂，吾惡能知其辨！」卽論者的本身亦應該自覺其文不對題吧！

老子哲學在明世間一切現象均由相對而形成，如曰「天下皆知美之爲美斯惡矣，皆知善之爲善斯不善矣；故有無相生，難易相成，長短相形，高下相傾，聲音相和，前後相隨。」「禍兮福所倚，福兮禍所伏。」「正復爲奇，善復爲妖。」翻開老子全書，關於這一類的形容詞，大概都是正負對舉，意謂天下事無非由比較而形成，「所謂有無相生，難易相成，長短相形，高下相傾……」這幾個「相」字最爲重要，蓋「有」「易」「長」「高」都要待對方的「無」「難」「短」「下」才能顯其效用。由此類推，苟有能知無，易能知難，長能知短，高能知下，福能知禍，……天下不平之事，就要省得多了。老子的意思是要叫人在此正負之間，做些警惕自省的功夫；因爲這些相對的名詞，根本上就不能成立，不過因時代與環境的關係，暫維持其現狀，而根源則出於一時之假設。這些假設，旣是「自古及今，其名不去，」自亦無從盡廢，則我們只有恬淡些爲是。所以他自己是知雄守雌，知白守黑，知榮守辱的。

莊子便不然了，他認定是「天地與我並生，萬物與我爲一，」人也只是萬物中之一，故人世間一切對待的名詞，都沒有存在的必要，卽存在亦不必加以注意，較老子在這上面做工夫的，爲更進一層。他覺天地間一切善惡是非姸媸美惡……等都無大分辨，不過是成虧的關係。譬如行路者向南方行了一百里，與向北方行了一百里，雖然方向不同，而所用的力量都是一樣。「故爲是舉莛與楹，厲與西施，恢恑憰怪，道通爲一。……凡物無成與毀，復通爲一。」他說：「與其譽堯而非桀，不如兩忘而化其道。」（大宗師）故一切名相在莊子眼中都認爲不值一盼。「呼我以馬者馬應之，呼我以牛者牛應之。」老子猶繫念於道德仁義的興廢而未免歎息於其間，莊子則謂道德不廢，安取仁義？性情不離，安用禮樂？老子猶謂生之徒十有三，死之徒十有三，與善攝生云云，莊子則置死生於度外，他說：「古之眞人，不知說生，不知惡死，其出不訢，其入不距，翛然而往，翛然而來而已矣。」（大宗師）又曰：「適來夫子時也，適去夫子順也，安時而處順，哀樂不能入也。」（養生主）這種「以死生爲一條，以可不可爲一貫」（德充符）的精神，都是從他根本思想「天地與我並生萬物與我爲一」流露出來。這是莊子獨具的精神，亦即其所以異於老子的地方。李石岑曰：「莊子人生哲學的影響，重的可以養成一種深造有得的學問家，藝術家，輕的也會造成一種不蠅營狗苟的高潔之士，」這幾句話，要算莊子的知音之言。

第四章 宇宙觀

宇宙問題，原是極渺茫精微的問題，同時又是決無解決的問題；所以儒家很聰明，他們對宇宙問題，好像是採取「存而不論」的態度，他們把宇宙間事完全集中到人事身上，一切言論都以人事爲中心，過此以往，便要認是「空言。」故儒家哲學自社會觀點看來是很切實很具體，然自宇宙觀點看來，便要感覺很粗淺，很平凡。在先秦諸子中，對宇宙問題，最有貢獻的，莫如老子、莊子。他們全書之中至少有十分之九，是研究宇宙問題，縱有時論及人事與萬物，亦是從宇宙問題推衍出來的。他們二子之中，老子論宇宙，最精微而玄玅；莊子論宇宙，最具體而明暢；合而觀之，則有很多地方，莊子爲老子註疏，可見老子、莊子有合而研究的必要。

何謂宇宙？宇宙就是天地萬物所寄存的時間與空間？三蒼云：「四方上下謂之宇，古往今來謂之宙。」蓋宇以言其廣，宙以言其長，宇以言空間，宙以言時間。此爲宇宙二字的通釋。老子書中，對宇宙二字，無指明的解釋；莊子庚桑楚篇中，有一段解釋宇宙二字很明顯，今錄如左：

出無本，入無竅；有所出而無本者有實，有所入而無竅者有長。從馬夷初校本 有實而無乎處，有長而無乎本剽。剽、末也、本亦作摽、盧文弨曰、摽當作標、哲按剽摽皆標之借字、有實而無乎處者宇也，有長而無本剽者宙也。有乎生，有乎死，有乎出，有乎入，入出而無見其形，是謂天門。天門者，無有也。萬物出乎無有。有不能以有爲有，必出乎無有，而無有一無有，聖人藏乎是。

這一段可算是莊子替宇宙二字下的定義精確明暢，得未曾有。蓋宇有四方上下，而四方上下，未有窮處，宙有古今之長，而古今之長無極，故曰「入出而無見其形，是謂天門。」他又怕人誤認宇宙是一個空虛無物的理想境界，所以又說「有所出而無本者有實，有所入而無竅者有長。」意謂宇宙雖然是出無本入無竅，却是有實質的實體，並且是萬古不息的長存。不過這種實體是充塞天地之間而不可以一方體論其地位，故曰「有實而無乎處。」而這種萬古不息的長存，更是來不知所始，去不知所終，故曰「有長而無乎本剽。」這種出入而不見其形之「天門，」乃爲天地萬物生滅之總匯，與老子所謂「衆妙之門」同一境界。老莊哲學之出發點，蓋在於是。故曰「聖人藏乎是。」他們哲學是以宇宙爲起點的，將其宇宙見解研究清楚了，對他們哲學就可以思過半矣。

一、宇宙來源

所謂宇宙來源，換句話說，就是要追問天地萬物是怎樣來的。這個問題，古代哲學家頗多異議，希臘學者泰來斯(Thales)說「水」是一切萬有的根源，亞尼斯密斯(Anaximenes)說「空氣」是一切萬有的根源，赫來克利透斯(Heracleitus)以「火」爲宇宙萬物的本源，此三人皆以唯一之物爲萬有之源，在哲學上名曰單元論。更如印度順世外道謂「地、水、火、風生一切有情，」中國陰陽家學者謂「五行化生萬物，」是認多種元素，爲萬有本源，在哲學上名曰多元論。然而他們——單元論與多元論的學者，都是要解決宇宙來源的問題，却是一致的信念。蓋宇宙來源，誠然是玄玅而神祕的問題，無端而有天地而有山川，有萬物，有人類，已經是很神祕的了；而於此神祕之中，更無端而忽生忽滅，忽榮茂，忽凋零，忽而飄風驟雨，忽而酷暑嚴寒。自其變者觀之，眞是瞬息萬變，自其不變者觀之，則又終古以來，未嘗稍變。而變與不變之中，其次第又不稍淩亂，寧非神祕中之神祕？苟非有一原理爲其本源，則其動作就未免太離奇了。老莊對此宇宙本源的原理，認爲是：

天下之物生於有，有生於無。老子四十章

這一句雖然是老子提議，莊子却完全贊同。茲且按住，先解明這個提議的內容。他說「天下之物生於有，」看起來還容易明白。怎樣又是有生於無呢？這「無」究竟是虛體，是實體，是有形，是無形呢？牠如何有偌大能力，可以生天下之物？則質而言之，在老莊思想中，「無」就是一切萬有的根源了。所以老子說：「無」名天地之始，「有」名萬物之母。這「有」「無」二字並不是通常所謂有無的意思，可以說是老子書中兩個代名詞。梁啓超說：『老子書中許多「無」字，最好作「空」字解，「空」者像一面鏡，鏡內空無一物，而能照出一切物象，老子說的「無，」正是這個意。』我說在這「空」字上面，還要加上一些機能的意味才是。因爲牠是天地之始，是可以化生萬物的，假如沒有生萬物的機能，何以爲天地萬物的本源？老子說：「道之爲物，惟恍惟惚，惚兮恍兮，其中有象；恍兮惚兮，其中有物；窈兮冥兮，其中有精，其精甚眞，其中有信。」又曰：「無狀之狀，無物之象，是謂恍惚。」這可算是他自爲無字下解說。他恐怕人以爲無字既是可以生天下之物，自然是一個具體的實物了；所以他反覆申明是惟恍惟惚，窈兮冥兮，可以想像而不可捉摸的虛體。同時又恐人誤認此境界爲純粹空無所有，故又曰：「其中有精，其精甚眞，其中有信。」譬如合圍大樹，自常人視之，自然發生於一粒之核，實則此一粒核，並不一定能生出合圍大樹。合圍大樹之所以生成，全是核中具有生機的緣故。同是一粒果核，或則碩茂繁滋，或則永不發生，就可以斷定其一有生機，一無生機。這種生機，便是老子所謂其中有精的「精。」這種生機，是視之不見，聽之不聞，搏之不得的虛靈之體，然有種必生，從未失信，便是其中有信的「信。」此精與信便是無的機能。他更說明無的效用道：「三十輻，共一轂。當其無，有車之用。埏埴以爲器，當其無，有器之用。鑿戶牖以爲室，當其無，有室之用。故有之以爲利，無之以爲用。」（老子十一章）其意就是說凡物都是以其空虛處而發生效用，因以知道「無」是一切效用的本源，也就是老子以「無」爲天地萬物來源的根本原理。然何以知道莊子是完全贊同此意的呢？他說：

萬物出乎無有。（庚桑楚）

泰初有無，無有無名，一之所起，有一而未形。（天地）

有始也者，有未始有始也者，有未始有夫未始有始也者。有有也者，有無也者，有未始有無也者，有未始有夫未始有無也者。俄而有無矣，而未知有無之果孰有孰無也。（齊物論）

看這幾段意思，可知莊子對宇宙來源的見解，是與老子完全相同。他雖然在「有始也者」之前，加上未始有始，與未始有夫未始有始的兩重境界。在有無也者之前，加上未始有無，與未始有夫未始有無的兩重境界。然而他究竟是以「始」與「無」做標準的，始與無以前的境界，不過是究極之論，與老子首章玄同的境界，與玄之又玄的境界正同。今以式比列如左：

玄之又玄→玄→無→有（老子）

未始有夫未始有無→未始有無→無→有（莊子）

於此可見老莊對於天地來源的見解，都是拿一個無字做一切萬有的根源。但是這「無」又從什麼地方來的呢？固然在上列式中，可以看得無是從未始有無來的，未始有無是從未始有夫未始有無來的。再向上推，也未嘗不可以衍出若干層次；不過太抽象了，自己也難以立言，只好渾然的說：「迎之不見其首，隨之不見其後，」就可見天地來源，是徹古徹今而無終始。所以說：

道沖而用之或不盈，淵兮似萬物之宗。……湛兮似或存，吾不知其誰之子，象帝之先。（老子四章）

谷神不死，是謂玄牝；玄牝之門，是爲天地根。緜緜若存，用之不勤。（老子六章）

有物混成，先天地生，寂兮寥兮，獨立而不改，周行而不殆，可以爲天下母。（老子二十五章）

自本自根，未有天地，自古以固存，神鬼神帝，生天生地，在六極之先而不爲高，在六極之下而不爲深，先天地生而不爲久，長於上古而不爲老。（莊子大宗師）

這所謂「象帝之先，」所謂「天地根，」所謂「先天地生，」所謂「未有天地，自古以固存。」都可見得爲宇宙本源的「無，」是在天地之先的。各家論宇宙，往往以天地爲標準，自道家視之，將認爲第二三義了。且謂有物混成，先天地生，更明明是說未有天地之前，確有一物爲萬象之宰。——神鬼神帝，生天生地。不過這種混成之物，是一種淵兮湛兮，寂兮寥兮，或存或亡的虛體，是可以爲天下母而不可以「高」「下」「久」「老」等形器之論擬其形態。因爲在這種境界之中，原無一物，過此以往，始有天地，故只可認作天地萬物的一種原理，而尙未及天地萬物，正是宇宙本源也。

二、宇宙本體

老莊既以「無」爲宇宙本源，而「無」又是淵湛寂寥的虛靈之體，從可知他們之所謂「無」與所謂「道，」並無多大差異。老子說：「天下之物生於有，有生於無。」又曰「道生一，一生二，二生三，三生萬物。」由此兩條參互觀之，便可明白「無」與「道」實無分辨。故以上所引老子論宇宙來源的地方，有時指明是無，（如天下之物生於有，有生於無）有時又指明是道。（如道沖而用之或不盈）蓋以源頭而論，原是不可名不可道的空無之體，這種空無之體，本不可加以名相，不得已而名之則『字之曰「道，」强爲之名曰大。』

既說明了無與道爲一事，就可以進一步序述他們的宇宙本體論了，我以爲他們論宇宙來源時，多用無字爲代表，自本體論以下，就通以道字爲代表。所以他們的宇宙本體論，與宇宙來源論，是一貫相銜，不相錯亂；只一個是就源頭說，一個是就本體說罷了。

老子莊子，都是主張宇宙本體爲道的一元論。他們認整個宇宙，都在道的涵煦覆育之中，故自宇宙內面觀之，則無處不是道的散布流行，即宇宙之外，亦無不爲道所包容。因爲道是一切萬物化生之母，宇宙之外，假若有物，當然仍在此道化之中，不過「六合之外，聖人存而不論」罷了。我們看莊子與東郭子論道的一段，就可知「道」爲宇宙本體的意義。

東郭子問於莊子曰：「所謂道惡乎在？」莊子曰：「無所不在。」東郭子曰：「期而後可。」莊子曰：「在螻蟻。」曰：「何其下耶？」曰：「在稊稗。」曰：「何其愈下耶？」曰：「在瓦甓。」曰：「何其愈甚耶？」曰：「在屎溺。」東郭子不應。莊子曰：「夫子之問也，固不及質。正獲之問於監市履狶也，每下愈況。汝惟莫必，無乎逃物。至道若是，大言亦然。周、徧、咸、三者異名同實，其指一也。嘗相與遊乎無何有之宮，同合而論無所終窮乎？嘗相與無爲乎？澹而靜乎？漠而淸乎？調而閒乎？寥已吾志，無往焉而不知其所至，去而來不知其所止；吾已往來焉，而不知其所終；彷徨乎馮閎，大知入焉，而不知其所窮。物物者與物無際，而物有際者，所謂物際者也。不際之際，際之不際者也。謂盈虛衰（疑當作隆下同）殺：彼爲盈虛非盈虛，彼爲衰殺非衰殺，彼爲本末非本末，彼爲積散非積散也。」（知北遊）

這一段論宇宙本體，最爲具體詳盡，老莊書中，凡論道處總是說得很高遠玄妙，獨此段因東郭子要指名所在，故歷言之如此。在這一段中，有三個意思應該注意的，就是：（一）至道是周徧萬物而無高下貴賤之分的。——其實談到高下貴賤，已入名相邊去，而非本體內事。談本體原不應談名相，要談名相，則宇宙間一切名相，均在本體包庇之中，若謂高者貴者始足稱道，下者賤者則爲非道，則所謂道，就未免太狹隘了，尙何足以爲宇宙本體？此處所謂在螻蟻，在稊稗，在瓦甓，在屎溺，正是舉穢賤以見淸高，最足以表明宇宙本體的眞象。（二）至道是要靠自己體驗出來的，枝枝節節在物上尋求，總是得不着周徧之義。到自己體驗出來之後，則天下之物，均在道中：故曰「汝惟莫必無乎逃物。」雖然，此種境界，亦何易易？須置身於「無何有之宮」，恍然天地並生萬物爲一，忘己忘境，然後「往來焉而不知其所終，彷徨乎馮閎，大知入焉而不知其所窮。」此豈是在名相上逐物務外，所能得其萬一？（三）世間萬物所以有差別，有崖畔，都是萬物自生妄心，非本體內所有。故曰：「物有際者，所謂物際者也。」「物際」自本體看來，原是無際，然物自觀之，確是「有左有右，有倫有義，有分有辯，有競有爭，」故曰：「不際之際，際之不際者也。」更顯著者，如常人所認爲盈虛隆殺，有盈者隆者則引以爲喜，虛者殺者則引以爲憂。自本體觀之，所謂盈虛隆殺本末積散，直如春夏秋冬之四時代謝，何所恩怨，亦何用喜憂？然而物自喜憂，正見「物際者也，」非本體內事。

本體原是「不可致詰」的渾然妙諦莊子此論，是就東郭之問，而為此先列舉後渾含的解說。實則一入言詮，已非本體。老子第十四章云：「視之不見名曰夷，聽之不聞名曰希，搏之不得名曰微，此三者不可致詰，故混而為一，其上不皦，其下不昧，繩繩兮不可名，復歸於無物。是謂無狀之狀，無物之象，是謂恍惚。迎之不見其首，隨之不見其後。」意謂本體原是超乎聲色名相思議之表，不可以有形之物方其體態，故視之不見，聽之不聞，搏之不得，上之日月不足以增其明，下之幽暗不能以昏其體，而又緜緜不絕，正見本體的玄然妙境，楞嚴所謂「罔象虛無微細精想」正是此意。此為解釋本體最精確最玄奧的言論。西方古代學者，往往以神為宇宙本體，雖其說未盡當，然其認宇宙本體為不可思議，則未嘗誤。

老莊所謂「道，」為其全書之綱領，而尤為其宇宙論之中心。這種道他們稱之為「微妙玄通，深不可識。」然自今日觀之，只是宇宙間自然之理耳。老子曰：「人法地，地法天，天法道，道法自然。」則所謂自然者，正是此宗歸宿之點。「自然」是有變化，有力量，自人事言之，且為災祥禍福主宰萬類的原動力。老莊千言萬語，無非要明此自然之理。蓋自然現象，為人人所見所聞，惟此自然之理，則知者鮮。彼宗不言理而言道，就是要從此大自然中，指出一條道路，使世人得所遵循。今世號稱科學萬能的時代，然一切科學的原理，莫不本乎地心吸力，與聲光化電。此地心吸力，與聲光化電，猶是自然之理；違此自然之理。科學卽不能成立。此自然之理的本身，雖然是行其固然，無心而成化。及施到萬物身上，便有災祥禍福之異。譬如風雷雨露，原是自然現象，而萬物受之，或枯或榮，此中之理，卽非盡人能知之事了。老莊卽將此自然之理，尋出通則，故驟視之，似爲有神論，實則他們所謂「天道」，所謂「神人」，所謂「眞宰」「眞君」都是指此自然之理。他們決不是主張有神論者，有之則此自然之理耳。

三、宇宙現象

因爲道是宇宙的本體，故宇宙現象，卽是道的現象，亦卽是自然現象；此自然現象，果如何呢？在他們的思意，就是宇宙森羅萬象於變化無常之中，求其常道，便是宇宙現象。故老子首章卽以「非常道」「非常名」爲可慮。五千言中，對「常」字可算是三致意焉。

知常曰明；不知常，妄作凶；知常容，容乃公，公乃王，王乃天，天乃道，道乃久，沒身不殆。十六章

「常德不離，」「常德不忒，」「常德乃足。」二十八章

道常無名樸。三十二章

道常無爲而無不爲。三十七章

是謂襲常。五十二章

知和曰常，知常曰明。五十五章

這許多常字都是一樣意思。兪樾曰：「常與尙古通，尙者上也，言道可道，不足爲上道，名可名不足爲上名，卽上德不德之旨也。」馬夷初據莊子天下篇「建之以常無有，」謂「常者遮絕有無而爲言，非上義也。」二說皆未能深得老子之意。吾謂常如尋常之常，卽常住不變，有普遍永久之義。譬如飄風驟雨，六月飛霜，所謂天道之變，卽是天道的失常；然而暴風不終朝，驟雨不終日，四時行，百物生，亙古如斯，未嘗稍變，是乃天道之常。人類亦然，無論地面上有若干族類，各族類之性行習尙亦儘可有很顯著的差異，然而其中必有其共同之理性。此共同之理性，則名之曰常。天時人事，皆於變動不居之中，有不變之理，卽老子之所謂常。老子書中凡言道字都屬自然，凡言德字都屬人事。故言道則曰「道常，」言德則曰「常德。」意謂天道原來是常住不變，人事則必須做「襲常」（畢沅曰、襲、河上王弼作習、紀昀曰、習各本作襲、馬敍倫曰、襲習古通、此常作習、是。）的工夫，始能常德不離，常德不忒。知此然後才明白他「知常曰明，」「知常容」的眞義。蓋人能明白了宇宙間之常道，然後可以執「常」以御天下之變。然後可以「不出戶知天下。」如此還能不謂之「明」嗎？既對天下事理都能明達，則知所謂善惡是非窮通得失，都是本體上所本無，不足以累此心。然後能天地同根，萬物一體，民胞物與，全不見有我之私。故曰：「知常容。」所以「常」竟是宇宙現象的總原理，不知道這種原理，自然要倒行逆施的妄作，其凶自不待言。

這種宇宙之常，也並不是另外有什麼主宰，他是道的表現。道是法自然的，是「莫之命而常自然」

的，故儘可萬物紛然雜陳，總可於紛然之中，觀其常態，自人事觀之，這種常態眞象是另有主宰在那裏消弭人間不平之事者，實則宇宙無知現象原來如此，認其能主宰萬物的原故，殆由於人事與自然相遇之後，所生之結果。譬如雷電擊人本是毫無意志的偶然之事，愚夫愚婦誤認天道眞能福善禍淫，從而敬之畏之而不敢於為惡，智識分子亦利用此種心理，為立教之基，天道權威，遂成牢不可破的冥冥中主宰。實則何謂天道？宇宙間自然現象「行所無事」而已！老子的天道觀念，就是認為宇宙間「行所無事」的自然現象。他說：

> 天地之間，其猶槖籥乎？虛而不屈，動而愈出。五章
>
> 天長地久，天地所以長且久者，以其不自生，故能長生。七章
>
> 飄風不終朝，驟雨不終日。孰為此者天地，天地尚不能長久，而況於人乎。二十三章
>
> 天之所惡，孰知其故？是以聖人猶難之。天之道不爭而善勝，不言而善應，不召而自來，繟然而善謀，天網恢恢，疏而不失。七十二章
>
> 天之道其猶張弓乎？高者抑之，下者舉之，有餘者損之，不足者補之。天之道損有餘而補不足。七十七章
>
> 天道無親，常與善人。七十九章
>
> 天之道利而不害。八十一章

這些天道的現象，都是自然界的現象，即是宇宙間的現象。在這些現象之中，我們都可以拿人事

做標準，去尋出牠的通則。宇宙是一個猶橐籥的虛而不屈動而愈出的虛體，這是宇宙現象的總綱。這種現象在一定的常態之中，可以絕對的長久，「不自生」便見得無私好，無私惡，行所無事的自然現象。這是自然現象的常態，故能長久。若飄風驟雨，則為宇宙現象的非常態，故雖天地亦不能長久，此可見天地只在其常態之中，運行不已，所謂「莫之命而常自然，」當然談不到權威與好惡。惟其應於人事，則確似有權威與好惡。譬如雷電原是自然界一種現象，但是人衝犯了牠，就會立即召禍而致死。推之其他人類百行，莫不有其自然之理，太勉强了，太造作了，太用心機了，都是不自然，都是違背自然原則，都免不了要受禍亂。故凡事物之帶勉强者，則此勉强之點，即是將來破裂之點。所以自然之理，是萬萬衝犯不得的。其七十三章，七十七章，七十九章，八十一章，所論天道，即是就人事的結果而言。這幾章的言論，並沒有絲毫神祕性，句句可以人事解釋明白的。譬如「天道無親，常與善人，」即是易經所謂「積善之家，必有餘慶，積不善之家，必有餘殃。」與詩經所謂「永言配命，自求多福」的意思。所謂不爭，不言，不召，繟然，都是自然界的自然現象，所謂「高者抑之，下者舉之，有餘者損之，不足者補之，」則是積人事自然趨勢之結果，而歸納之以成此理，雖驟視之似有天意為其主宰，苟細索抑之舉之損之補之的種種原因，殆莫不由於人事的作為；故就其應於人事者言，眞是天網恢恢，疏而不失，然在天道則行所固然而已！蓋禍福無門，由人自召，老子曰：「禍兮福所倚，福兮禍所伏，」可知老子雖然把天道說得如此生動，仍是就人事立言，天道不過爲其自然原則的代表罷了。

老子的天道觀念，就是其宇宙現象的註脚。現今研究老子哲學的，關於其天道觀念，頗有爭議，而集中之點，則在「天地不仁，以萬物爲芻狗；聖人不仁，以百姓爲芻狗」的四句。大概此四句中，最召異議者厥惟「不仁」與「芻狗」這幾個字。先把這幾個字解釋清楚，問題就容易解決了。胡適說：「仁卽是人的意思。天地不仁，卽天地不與人同性的意思。」這樣解釋，下面兩句就不通了。有些人拿詩的眼光解釋老子，謂兩個「不」字，都應該作豈不解。謂天地豈有不仁，以萬物自奉的麽？聖人豈有不仁，以百姓自奉的麽？並且引詩大疋「有周不顯，帝命不時，」兩個不字比證。信如這樣解釋，則詩大疋「亹亹文王，令聞不已，」也應該說「令聞豈不已哉」了。可知「不」字雖在詩中也有時不作「豈不」解。我覺他們都是把「仁」字看得太拘泥了，以爲不仁便是不慈善，便是惡德，便不能不另求解釋。莊子曰「韲萬物而不爲義，澤及萬物而不爲仁。」又曰「大仁不仁」不都是明明說天地不仁，大仁不仁嗎？老子說「大方無隅，大器晚成，大音希聲，大象無形，道隱無名。」也是這個意思。僞列子仲尼篇『子夏問孔子曰：「顏回之爲人奚若？」子曰：「回之仁賢於丘也。」曰：「子貢之爲人奚若？」子曰：「賜之辯賢於丘也。」曰：「子路之爲人奚若？」子曰：「由之勇賢於丘也。」曰：「子張之爲人奚若？」子曰：「師之莊賢於丘也。」子夏避席而問曰：「然則四子者何爲事夫子？」曰：「居，吾語汝。夫回能仁而不能反，賜能辯而不能訥，由能勇而不能怯，師能莊而不能同，兼四子之有以易吾，吾弗許也。此其所以事吾而不貳也。』這簡直是以不能「不仁」爲病。然則天地不仁，聖人不仁，正是天地聖人蕩蕩乎民無能名的意思，談到「仁」「不仁」已落到第二義了。此處所謂不仁，若照字面解釋，即是天地聖人，無意於爲仁，——不施小恩小惠的煦煦之仁，而普渡衆生，使四時行焉，百物生焉，不仁正見其大仁。因爲仁的第一義是無所謂仁，無所謂不仁；第二義始有仁與不仁的對待，然已非天地聖人之事矣。

芻狗二字，王弼照字面解：「地不爲獸生芻而獸食芻，不爲人生狗而人食狗。」這是王弼的誤解。莊子天運篇「夫芻狗之未陳也，盛以篋衍，巾以文繡，尸祝齋戒以將之；及其已陳也，行者踐其首脊，蘇者取而爨之而已。」然則芻狗者，係結草爲狗，巫祝用之以祭神者。明釋德清曰：「芻狗本無用之物，而祭者當用，不得不用，雖用而本非有也。故曰：天地不仁，以萬物爲芻狗。聖人雖是愛養百姓，不是有心要愛，蓋由同體當愛，不得不愛，雖愛而無心，譬如芻狗雖虛假之物，而尸之者當重不得不重，雖重而知終無用也。故曰：聖人不仁，以百姓爲芻狗。」此言深得老子之意，所謂以萬物爲芻狗者，譬如春夏之間，萬物繁榮；秋冬之間，萬物凋敝，物雖有盛衰之變，天地則行所固然。所謂以百姓爲芻狗者，謂聖人之於百姓，亦猶天地之於萬物，輔其自然而不忘不助，使養生送死無憾，不知「帝力於我何有哉？」

如此解釋，於下文天地之間，其猶槖籥乎的語意，亦正相合。蓋此章是發揮天地無心而成化，故曰：

「多言數窮，不如守中。」至謂天道是惡是善，我總覺得不是天道範圍內事。天道有意志，已經是就人事立言，已經是第二義；更要說牠是善是惡，恐怕就要失之彌遠了。

綜合老子的天道觀念，可成下列的幾項：

一、天是法自然的，故自然現象，就是天道。

二、自然現象，是無意志的，行所無事；故天道亦是無意志的行所無事。

三、行所無事，是天道之「常，」人物違背了這天道之「常，」便要召禍。

四、故就人事立言，天道是有意志的，所謂天網恢恢，疏而不失，故人物必須力求順天。

莊子雖把天看得很重，所謂「人不勝天久矣，」所謂「眇乎小哉所以屬於人也，謷乎大哉，獨成其天。」荀子譏他「蔽於天而不知人。」其實他所謂天，仍只是自然現象，不過把自然力看得過大些，人力幾乎無施展的餘地。所謂眞宰眞君，都是一個「自然。」試看他齊物論篇把人物的形態，寫成種種有聲有色的現象，而歸結則在於「天籟。」天籟就是自然的化名，再看他天運篇中說：

> 天其運乎？地其處乎？日月其爭於所乎？孰主張是？孰綱維是？孰居無事推而行是？意者其有機緘而不得已耶？意者其運轉而不能自止耶？雲者爲雨乎？雨者爲雲乎？孰隆施是？孰居無事淫樂而勸是？風起北方，一西一東，有上彷徨，孰噓吸是？孰居無事而披拂是？敢問其故？巫咸祒曰：「來！吾語汝，天有六極五常，帝王順之則治，逆之則凶，九洛之事，治成德備，監照下土，天下戴之，此謂上皇。」

在這一段中，看出他並不主張天地萬物是另有一個主宰。他發了許多問題，就是要問天地萬物的動作，是不是另有主宰。他最後的答案是：「天有六極五常，帝王順之則治，逆之則凶。」六極五常，解者不一其說。有謂六極卽是六合，——上下四方。五常卽是金木水火土。俞樾曰：「六極五常，疑卽洪範之五福六極也。」皆不像莊子的意思。郭象曰：「夫事物之近，或知其故，然尋其原，以至乎極，則無故而自爾也；自爾則無所稍問其故也，但當任之。」蓋亦天道自然之理。故曰：「順之則治，逆之則凶。」是莊子對宇宙現象的見解，殆與老子同。惟老子還在人事方面着想，故要人去做些順天的工夫，莊子則完全在天道方面着想，故不免把人事看得太渺小，天道看得太偉大，認宇宙間一切現象，完全在自然力支配之下，寖成聽天由命的思想，不能不說是莊子的作俑！

第五章　人生觀

在未寫老莊人生觀之前，有幾句話須要聲明的，就是通常研究老莊人生觀的，往往把他們的養生論和死生論，都納在一起，當做他們的人生觀。這樣說法，固亦未嘗不可，不過就會把他們那一部最有功於世的人生見解，掩沒了許多。並且他們的養生論和死生論，都自成一個片段，不應該與人生觀相攪纏的。他們人生觀的功效，在推進人類的進步，消弭人類的私心，自蠅營狗苟急功近利者觀之，他們將不免被咒為消極厭世；但自人類進步的正當途徑看來，他們確是人類的救星。無論這種思想，是否眞能實現，或若干年後才能實現，其價值却是常存天地之間，不容磨滅。他們對人生的見解，可分四項述之如左：

一、保眞

保守天眞，是老莊人生哲學的根本見地，也可以說是研究他們人生哲學的第一道門徑，有些人誤認老莊是講個人主義的。大概就是未能深明他們這保眞的意義。保眞是要保持人類原有的天眞，勿虛偽，勿矯揉，勿鑿喪，勿機巧變詐，勿權謀術數，推赤心置人腹中，都是保守天眞的含義，在老子書中，有兩種名詞，是描寫天眞的：一是「樸，」二是「嬰孩。」他說：

見素抱樸，少私寡欲。十九章

……常德乃足，復歸於樸。樸散則爲器，聖人用之，則爲官長；故大制不割。二十八章

化而欲作，吾將鎭之以無名之樸。三十七章

我無欲而民自樸。五十七章

樸與天眞有什麼關係呢？說文曰：樸，木素也。書梓材馬融注：樸，未成器也。然則樸就是未成器的木頭，與未琢成玉器的璞，同一意義。故在玉曰璞，在木曰樸，在人則是渾然元善的天眞。這是就字義分別言之如此。記曰：「人生而靜，天之性也；感於物而動，性之欲也。」此處有兩重境界：第一重是寂然不動的性，第二重是感而遂通的欲。老子所說的樸，是指第一重境界；所以他說樸，總是與欲對稱。樸是欲念未起的天眞，欲是天眞上所起的欲念。人能永遠抱着樸的境界，自然就可以少私寡欲。即或天眞已經搖動，苟能做工夫使常德足，仍是可以復歸於樸。樸與欲互爲消長，這面多一分，那面就會少一分，故於欲念大作的時候，即可以鎭之以無名之樸；而爲民望者，苟能以清靜無爲自持，人民將相率從風，歸到純樸的地位。蓋樸好像是一盆澄然不動的清水，常保持着這個澄然不動，自然沒有外物羼雜進來。到「化而欲作」就是外物羼雜進來了。即如一盆清水雜了許多灰塵，仍只有用澄然不動的方法以鎭定之，庶可恢復原狀；故見素抱樸，是保守天眞的方法，鎭之以無名之樸，亦是保守天眞的方法。不過見

素抱樸是元始天眞的境界，鎭之以無名之樸，是天眞斵傷之後，恢復原狀的境界，二者些須之別耳。

老子所以不直名之曰天眞，而名之曰樸者，我以爲有兩種意思：其一，他的哲學並不是偏於人的一方面，人不過是天地萬物中之一體，故立名不能專爲人類。樸是可以偏指萬物的，天眞則只可以指人類，而不可以指別物。其二，老子是主張無名的，他雖然立一個樸的名，他却自註釋叫做「無名之樸，」此與宇宙論中的「無，」同一用意。

以上是說明樸的性質與樸的效用，至於其在人類性行上的表現，則最具體而最純正的，應莫如嬰孩。有人說，老子以嬰孩爲人生模範，其實亦未必是老子的眞意。他不過是借嬰孩的渾然元善，以說明天眞的本質罷了。他說：

> 專氣致柔，能嬰兒乎？十章
>
> 衆人熙熙，如享太牢，如登春台，我獨泊兮其未兆，如嬰兒之未孩。二十章
>
> 聖人之在天下，歙歙爲天下渾其心，百姓皆注其耳目，聖人皆孩之。四十九章
>
> 含德之厚，比於赤子，蜂蠆虺蛇不螫，猛獸不據，攫鳥不搏，骨弱筋柔而握固，未知牝牡之合而朘作，精之至也；終日號而不嗄，和之至也。五十五章

凡此都是就本體說嬰孩是渾然元善，不爲外物所傷，而尤以五十五章說赤子之德爲最完具。蓋

言所養之厚，不爲外物搖奪，一如赤子之純自然而無少斲傷；至於所謂毒蟲不螫，猛獸不據，攫鳥不搏，亦不過是充類至盡之辭，極言人能如赤子之無機心，則不忤於物，物亦未有能傷之者。釋德清曰：「毒蟲猛獸攫鳥，皆能傷人之物，至於赤子，則毒蟲雖毒而亦不螫，猛獸雖惡而亦不據，攫鳥雖梟而亦不搏，何也？以其赤子不知不識，神全而機忘也。所謂忘於物者，物亦忘之。入獸不亂羣，入鳥不亂行，彼雖惡而不傷，以其無可傷之地。此言聖人神之王也。」誠然，我們看見社會上許多富於機械心的人，處處都感覺不適然，其實並不是社會的不適然，實是他的心胸太不適然了；故看去處處像是荊棘，處處都有窒礙，到是那些坦然率然天眞暴露的人們，於世無傷，於物無忤，何思何慮，始終不覺得有什麼不適的地方。

老子拿樸與嬰孩說明人類的天眞，是再恰當沒有的了。所謂天眞，重在未曾斲傷，樸與嬰孩，都是渾然元善而無絲毫物欲之私，假如斲傷了這種境界，則將如莊子所言：

> 大知閑閑，小知閒閒，大言炎炎，小言詹詹。其寐也魂交，其覺也形開，與接爲構，日以心鬭，縵者，窖者，密者，小恐惴惴，大恐縵縵其發若機栝，其司是非之謂也。其留如詛盟，其守勝之謂也。其殺如秋冬，以言其日消也。其溺之所爲之，不可使復之也。其厭也如緘，以言其老洫也。近死之心，莫使復陽也。喜，怒，哀，樂，慮，歎，變，慹，姚，佚，啓，態，樂出虛，蒸成菌，日夜相代乎前，而莫知其所萌。（齊物論）
>
> 一受其成形，不亡以待盡，與物相刃相靡，其行盡如馳，而莫之能止，不亦悲乎？終身役役而不見其成功，苶然疲役，而不知其所歸，

可不哀耶？人謂之不死奚益？其形化，其心與之然，可不謂大哀乎？（同上）

此是保守天眞的反面，把人類的機心，刻畫得何等盡致？在這兩段之中，我們尤該注意的，就是他所謂「終身役役而不見其成功，苶然疲役而不知其所歸，可不哀耶？人謂之不死奚益？其形化，其心與之然，可不謂大哀乎？」這正是莊子不朽的人生觀，他又說：

牛馬四足是謂天；落馬首，穿牛鼻，是謂人；故曰：毋以人滅天，毋以得殉名，謹守而勿失，是謂反其眞。（秋水）

有機械者，必有機事；有機事者，必有機心；機心存於胸中，則純白不備；純白不備，則神生不定；神生不定者，道之所不載也。（天地）

吾子使天下無失其樸，吾子亦放風而動，總德而立矣，又奚傑然若負建鼓而求亡子耶？夫鵠不日浴而白，烏不日黔而黑，黑白之樸，不足以爲辨；名譽之觀，不足以爲廣。泉涸，魚相與處於陸，相煦以溼，相濡以沫，不若相忘於江湖。（天運）

凡此都與老子保眞之意相脗合，他最重要的意思，就是毋以人滅天，就是胸中不要存着機心，個個人胸中都沒有機心，就是「天下無失其樸。」人人都在極純正的天眞中生活，不須防範，不須機詐，也就無所謂善，無所謂不善，卽是「魚相忘於江湖」的境界。到此時期，不但仁義禮智均無所用，有了還要覺得是附贅縣疣呢！

二、淡泊

老莊人生觀以保守天眞爲第一要義，既如上述；但是怎樣才能達到保守天眞的目的呢？則以「

恬淡為上。」他們所謂恬淡，就是要對外來事物淡泊些，不要以人滅天，以身殉物。因為我們凡對外物太重視了，天眞就難免於損傷。大學所謂「身有所忿懥，則不得其正；有所恐懼，則不得其正；有所好樂，則不得其正；有所憂患，則不得其正。」此處所謂忿懥，恐懼，好惡，憂患，都是外物攪擾，而損傷天眞之意。儒家很重視喜怒哀樂未發以前的那種渾然氣象，這種氣象，正是老子書中之所謂樸，所謂嬰孩，即是所謂天眞。故凡不得其正，就要損傷天眞，要想保守天眞，則第一步須把那些不應有的欲望，如富貴，功名，是非，善惡之念汰除。所以老子主張少私寡欲，去甚去泰去奢。他不是絕對禁欲者，他知道私與欲，是不可以完全戒絕的，只可以使之少與寡，不少不寡，便是甚，泰，奢了。去甚，去泰，去奢，正是淡泊的事實。他也不是絕對反對物質生活的，他是主張「甘其食，美其服，安其居，樂其俗」的，不過所謂甘，美，安，樂，都不能達到甚泰奢的程度。他的目的在「為腹不為目，」故亦不是「以自苦為極」的。平常人總以淡而無味為不足，實則惟淡為能永久，不淡則極五色五音五味耳目口舌之娛，而無止境，其結果將如何呢？他說：

> 五色令人目盲，五音令人耳聾，五味令人口爽，馳騁田獵令人心發狂，難得之貨令人行妨。是以聖人為腹不為目，故去彼取此。（十二章）

自表面看起來，此處很像是反對我們現在的文化；實則句句是眞理。所謂五色，五音，五味等，其作用全在刺激。愈刺激愈失知覺，最後則欲樂反苦。譬如每日酒食徵逐，輒思淸淡之味，就是一個明證，人所以不安於淡泊，就是因爲把自己身子看得很重，並且又不能知足的緣故。故終身溺於苦腦之中而莫能自拔。老子曰：

寵辱若驚，貴大患若身。何謂寵辱若驚？寵爲下，得之若驚，失之若驚，是謂寵辱若驚。何謂貴大患若身？吾所以有大患者，爲吾有身，及吾無身，吾有何患？故貴以身爲天下，則可寄於天下；愛以身爲天下，乃可託於天下。十三章

此處把我們身累說得如此透澈，人之所以貪求寵貴，不甘淡泊者，不過爲的耳目之娛，口腹之好，宮室之美，妻妾之奉。而說到最後目標，則又集中在自己一身。故此身乃爲大患之源。既有此身，固不能使之不有，但當「外其身」「後其身」，即可無患了。故個人的一切願望，都應該以淡泊爲上，能淡泊自然就能知足。他說：

知足不辱，知止不殆，可以長久。四十四章

罪莫大於可欲，禍莫大於不知足，咎莫大於欲得，故知足之足常足。四十六章

這幾句可算說盡天下禍亂之源了。軍閥官僚，有了十萬銀子的家產，便想百萬，有百萬想千萬，有千萬想萬萬，越多越想，越想越作惡，不到身敗名裂，家產蕩然的時期，是不知自止的。袁世凱做到大總統了，還想做皇帝；秦皇漢武，已經做皇帝了，更想長生不老。我以爲世界所以繚擾不安，莫非就是幾個

野心家在那裏「欲得」與「不知足」所造成的吧！他們這種野心，還要美其名叫做志向。老子叫人要「弱其志，」或者就是指此一類。假如袁世凱個人志向小些，或者中華民國已經上軌道了。假如威廉第二志向小些，一九一四年的大戰，決不會成功，世界無形中少了多少損失。唉！眞是罪莫大於可欲，禍莫大於不知足，咎莫大於欲得了！到是那些鄉下老農，自耕自織，無所謂志向，無所謂可欲，他們到能長生久視，無災無害，不可得而親，不可得而疏，不可得而利，不可得而害，不可得而貴，不可得而賤。此何以故？就是能知足的緣故。知足自然就淡泊，淡泊就能保眞，這是一貫的道理故凡有所繫念於心者，不管是積極，是消極，都不免要內傷其心，卽不能保全其淡泊。莊子刻意篇說此意至爲詳盡，茲錄其一段如左：

刻意尙行，離世異俗，高論怨誹，爲亢而已矣；此山谷之士，非世之人，枯槁赴淵者之所好也。語仁義忠信，恭儉推讓，爲脩而已矣；此平世之士，敎誨之人，遊居學者之所好也。語大功，立大名，禮君臣，正上下，爲治而已矣；此朝廷之士，尊主彊國之人，致功幷兼者之所好也。就藪澤，處閒曠，釣魚閒處，無爲而已矣；此江海之士，避世之人，閒暇者之所好也。吹呴呼吸，吐故納新，熊經鳥申，爲壽而已矣；此道引之士，養形之人，彭祖壽考者之所好也。若夫不刻意而高，無仁義而修，無功名而治，無江海而閒，不道引而壽，無不忘也，無不有也，澹然無極，而衆美從之，此天地之道，聖人之德也。故曰：夫恬淡寂寞，虛無無爲，此天地之平，而道德之質也。故曰：聖人休休焉，則平易矣，平易則恬淡矣，平易恬淡，則憂患不能入，邪氣不能襲，故其德全而神不虧。故曰：聖人之生也天行，其死也物化，靜而與陰同德，動而與陽同波，不爲福先，不爲禍始，感而後應，迫而後動，不得已而後起，去智與故，循天之理，故無天災，無物累，無人非，無鬼責，其生若浮，其死若休，不思慮，不豫謀，光矣而不耀，信矣而不期，其寢不夢，其覺無憂，其神純粹，其魂不罷，虛無恬淡，乃合天德。故曰悲樂者德之邪，喜怒者道之過，好惡者德之失。故心不憂樂，德之至也。一而不變，靜之至也。無所於忤，虛之至也。不與物交，淡之至也。無所於逆，粹之至也。

此一大段的主要目標，就在「無不忘也，無不有也，澹然無極，而衆美從之。」上面所說的幾種人，都不是莊子的理想人物。這種聖人之德，其工夫只在「平易恬淡」四個字。能做到了，則可以「無天災，無物累，無人非，無鬼責，……虛無恬淡，乃合天德。」所以悲樂喜怒好惡……都是不能恬淡所致，都是他們人生觀中所不取。其實喜怒哀樂原是人情之所固有，必欲禁絕，實無是理；故儒家主張其發而皆中節，而不能使之不起作用。老莊則以爲無論其中節與否，總是內傷天眞的工具，故主張澹然忘己忘物，保守天眞，獨與神明居，這是老莊淡泊人生觀的眞義。

淡泊並不是糊塗，亦並不是對人間世事，都以馬馬虎虎的態度去敷衍應付；更不是見他人富貴榮華，而我不能有，遂唱此高論。他是用哲學眼光，估定富貴榮華的最後價值，覺得古今來有幾人不是「金玉滿堂，莫之能守？」有幾人不是「富貴而驕，自貽其咎？」自常人視之，當榮華寵幸的時期，誠然是極一時之逸樂；然而趙孟之所貴，趙孟能賤之，富貴功名之際，能全始全終者，古今能有幾人？秦相李斯臨刑，顧謂其子曰：「吾欲與若復牽黃犬，出上蔡東門，逐狡兎，豈可得乎？」這樣拿三族的生命安全，換得一剎那間的逸樂，又何值得之有？怪不得莊子對楚便曰：「千金重利，卿相尊位也；子獨不見郊祀之犧牛乎？養食之數歲，衣以文繡，以入太廟，當是之時，雖欲爲孤豚，豈可得乎？」且所謂一剎那間的逸樂，其究竟又如何呢？五色啦！五音啦！五味啦！馳騁田獵啦！難得之貨啦！其結果均不爲樂而爲苦，然則所謂富貴榮華，澈始澈終就與人生不利，人又何樂而不淡泊視之？推老莊之心，對富貴貧賤，自然絲毫無所動於中；即富貴來了，亦是以去甚去泰去奢的淡然態度處之，他們的淡泊人生觀，實因參透了一切事物的最後價值，覺得凡是有形方面，物質方面，加一分重視，就是加一分苦腦，整個社會人士，都爲個人打算這有形物質，社會就無寧息之望了。

三、戒矜與無用

我在第三章中曾說及老子哲學之特色，當以戒矜爲首；所以在他書中，關於「自見者不明，自是者不彰，自伐者無功。自矜者不長」一類的意義，蓋屢見而不一見。因爲自矜其德，自伐其功，是平常人最易犯的毛病，而又爲敗事的惟一根源；故他發揮此義，最爲詳盡。譬如有了智慧，有了欲望，就不免要炫耀其智慧，求達其欲望，則其勢必出於爭。故他主張棄智去欲，主靜，守柔。人到柔靜的地位，則不趨勢，不慕外，外物不得而侵，然後「挫其銳，解其紛，和其光，同其塵」，不爲物先，不爲物後，渾然與萬物同體，根本就不自覺有什麼長處，或有什麼異於他人的地方，更何有於矜伐呢？此義至莊子則發揮更爲充足，他人間世一篇，可算完全爲戒矜的註脚。他說：

> 汝不知夫螳螂乎？怒其臂以當車轍，不知其不勝任也，是其才之美者也，戒之愼之，積伐而美者而犯之幾矣！（人間世）
>
> 天下有道，聖人成焉；天下無道，聖人生焉。方今之時，僅免刑焉。福輕乎羽，莫之知載；禍重乎地，莫之知避。已乎已乎！臨人以德；殆乎殆乎！畫地而趨。迷陽迷陽，無傷吾行；吾行卻曲，無傷吾足。山木自寇也，膏火自煎也。桂可食，故伐之；漆可用，故割之。人皆知有用之用，而莫知無用之用也。（同上）

老子雖然說自伐者無功，自矜者不長，像是從結果方面，戒人不要矜伐；但尙未如莊子所云積伐而美臨人以德者，命之曰「菑人。」（見人間世篇）因爲要避這「菑人」之禍，故把戒矜之義，推演至無用之用。雖越乎老子戒矜的範圍，然其根源，確本乎老子戒矜之義。莊子之所謂無用，並非要做廢物，他之所謂無用，殆如孔子之所謂「君子不器；」而平常人之所謂有用，在莊子視之，殆如孟子眼光中之盆成郭。——其爲人也小有才，未聞君子之大道也。只足以召殺身之禍。莊子之所謂無用，乃是不矜之極境，其胸懷簡直等於天地，要達到民無能名的境界，才是「無用」的正義。顯出任何方面的長處，固然是要不得，即使客觀方面的人們，未能忘懷，他們也要引爲不安，或竟要引以爲戒呢！看莊子說：

> 老聃之役，有庚桑楚者，偏得老聃之道，以北居畏壘之山，其臣之畫然知者去之，其妾之挈然仁者遠之，擁腫之與居，鞅掌之爲使。居三年，畏壘大穰，畏壘之民，相與言曰：庚桑子之始來，吾洒然異之，今吾日計之而不足，歲計之而有餘，庶幾其聖人乎！子胡不相與尸

而祝之社而稷之乎？庚桑子聞之，南面而不釋然。弟子異之。庚桑子曰：弟子何異於予？夫春氣發而百草生，正秋而萬寶成。（從俞樾校）夫春與秋，豈無得而然哉？天道已行矣。吾聞至人尸居環堵之室，而百姓猖狂，不知所如往。今之畏壘之細民，而竊竊焉欲俎豆予於賢人之間，我其杓之人耶？吾是以不釋於老聃之言。（庚桑楚）

庚桑子所以不釋於老聃之言，意謂未能如老聃所云：「功成事遂，百姓皆謂我自然。」畏壘之民，既欲尸而祝之，社而稷之，即是其德未能如天地之「春氣發而百草生，正秋而萬寶成。」四時運行，而民莫之知。故曰：「我其杓之人耶？」意卽謂倘未能免於有用，卽是自己的德養尚未能至。蓋莊子所謂無用，最好是拿天地來比喻。天何言哉？四時行焉，百物生焉；然而要指出天地有何用處，則又確乎指不出來。故惠子謂莊子曰：「子言無用。」莊子曰：知無用而始可與言用矣。夫地非不廣且大也，人之所用容足耳，然則廁足而墊之致黃泉，人尚有用乎？惠子曰：無用。莊子曰：然則無用之爲用也亦明矣。」（外物）其實所謂有用與無用，猶是落於形器之言，說到至處，則渾然無所謂有用與無用，無譽無訾，與時俱化，乃爲道德之極。

莊子行於山中，見大木枝葉茂盛，伐木者止其旁而不取也。問其故，曰：無所可用。莊子曰：此木以不材得終其天年。夫子出於山，舍於故人之家，故人喜，命豎子殺雁而烹之。豎子請曰：其一能鳴，其一不能鳴，請奚殺？主人曰：殺不能鳴者。明日弟子問於莊子曰：昨日山中之木，以不材得終其天年，今主人之雁，以不材死，先生將奚處？莊子笑曰：周將處乎材與不材之間。材與不材之間，似之而非也，故未免乎累；若夫乘道德而浮遊者，則不然，無譽無訾，一龍一蛇，與時俱化，而無肯專爲，一上一下，以和爲量，浮游乎萬物之祖，物物而不物於物，則胡可得而累耶？此神農黃帝之法則也。山木

此處有兩點用意：(一)是處乎材與不材之間，是淺一層，就平常人說法。實則談到材與不材，已是落於形器；故曰材不材之間，似之而非也，故未免乎累。(二)是神農黃帝之法則，卽是無用之極境，逍遙遊篇中頗有爲此義之註解。他說「子獨不見狸狌乎？卑身而伏，以候敖者，東西跳梁，不避高下，中於機辟，死於罔罟。」此就其東西跳梁，不避高下而言，何嘗不是今人之所謂「玲瓏，」所謂「活動，」何嘗不是牠的「有用，」然而中於機辟，死於罔罟，既殺己身，又無益於世，其所謂有用，亦卽太渺小矣！這種「無用」的人生觀，就外表看來，好像是要養成人類的惰性與不負責任的傾向，不知他這種「無用」的人生觀，乃直接造成於老子不矜主義，而要達到無用之用的最後目標。所謂無用之用，卽是天地之道，聖人之德，看起來是不可以有用論，然而萬物恃之以生，卽是無所往而不爲用。老子曰：「天下皆謂我道大似不肖；夫惟大故似不肖，若肖久矣其細！」殆卽所謂「大而無用，衆所同去」之意。

四、爲而不有

以上說了他們三項人生觀，假如沒有這「爲而不有」的最後目標，吾恐無論如何解釋，都難免個人的自私的誤會；有了這一項，則前三者，不但毫無個人自私的嫌疑，並且是他們人生觀中必不可

少的步驟。爲而不有，就是要盡自己力量，爲社會服務，而不責望社會的酬報。梁啓超說他是「爲勞動而勞動，爲生活而生活，也可以說是勞動的藝術化，生活的藝術化。」實在他們的整個人生，就是藝術化的人生。這種藝術化的人生觀，其根本見地，最好拿莊子兩句話做代表：「天地與我並生，萬物與我爲一。」他們以天地萬物爲一體，「我」不過是一體上的一毫之末，以一毫之末，爲一體勞動，能不能有所責報？譬如我們肚子餓了，跑到飯堂上拿起筷子吃飯；但是跑要用腿，拿筷子要用手，吃要用嘴。腿，手，嘴，這些部份，各各爲人體服務，終身而從不索報，奈何人爲社會稍稍用力，便沾沾自以爲功；甚至因功而爭，因爭而致社會崩壞，皆是因爲「爲而有」的緣故。老莊之道，其最有功於世道人心者，當推這爲而不有的人生觀。老子曰：

> 萬物作焉而不辭，生而不有，爲而不恃，功成而不居。（二章）
>
> 生之畜之，生而不有，爲而不恃，長而不宰，是謂玄德。（十章）
>
> 大道氾兮其可左右，萬物恃之以生而不辭，功成不名有，愛養萬物而不爲主，常無欲可名於小，萬物歸焉而不爲主，可名爲大。（三十四章）
>
> 聖人不積，既已爲人己愈有，既已與人己愈多。（八十一章）

這全是就精神事業說話，才能如此。人苟寄身於精神事業，則只求精神上的安慰，而不求形質上的酬報。再進一步，做精神事業的人，只是認定目標求其心之所安，不管所做的事業成功與失敗，只覺得對自己的目標，多盡力一分，就多得一分安慰，少盡力一分，就應該自己策厲。更進一步，自己既立定了目標，就是自己負下了責任，不問一切的外緣如何，只覺自己對自己所負的責任。不去努力，便自有些心疚。所以「發憤忘食，樂以忘憂，不知老之將至；」所以要「鞠躬盡瘁，死而後已，」都是這精神上的作用。拿一個淺近的例子來做比喻。譬如拿教育做終身事業的人們，只求他的教育計畫，可以實現，就是他們的報酬，不必更有其他形質上的報酬。我們看世界大發明家，大創造家，大政治家，大文學家，大哲學家，……他們爲世界爲人類，創造了許多物質文明精神文明，使我們「百姓日用而不知，」但是我們要問一問，他們自己所享受的，究竟是些什麽，要拿物質生活來說，也許他們所享受的，還在中人以下。那麽他們究竟所爲何來？我說他們完全是要求精神上的安慰，是要努力自己精神上的責任，這責任沒有竟止的時期，就是努力沒有終止的時期，一日不努力，便是一日虧負責任，這一日便應該感覺不快。

英國現代大哲學家羅素(Russel)最佩服老子爲而不有的主義。他說：「人類的本能有兩種衝動：一是占有的衝動，一是創造的衝動。占有的衝動是要把某種事物據爲己有，這些事物的性質是有限的，是不能相容的。例如經濟上的利益，甲多占一部分，乙丙丁就喪失了一部分，這種衝動發達起來，人類便日日在爭奪相殺中，所以這是不好的衝動，應該裁抑的。創造的衝動，正和他相反，是要某種事物創造出來公之於人，這些事物的性質，是無限的，是能相容的。例如哲學，科學，文學，美術，音樂，任憑各人有各人的創造，愈多愈好，絕不相妨。創造的人並不是爲自己打算什麽好處，只是將自己所得者，傳給衆人，就覺得是無上快樂。許多人得了他的好處，還是莫名其妙，連他自己也莫名其妙，這種衝動發達起來，人類便日日進化，所以這是好衝動，應該提倡的。」羅素拿這種哲理做根據，說老子的「生而不有，爲而不恃，長而不宰，」是專提倡創造的衝動，故老子的哲學，是最高尙而且最有益的哲學。見飲冰室文集卷六十三十二頁

梁啓超說：我們若是專務發展創造的本能，那麽他的結果自然和占有的截然不同。譬如我擁戴別人做總統，做督軍，他做了却沒有我的分，這是「既已爲人己便無」了；我把自己的田產房屋，送給人，送多少自己就少去多少，這是「既已與人己便少」了。凡屬於占有衝動的物事，那性質都是如此。至於創造的衝動却不然，老子孔子墨子給我們許多名理學問，他自己却沒有損到分毫，諸君若畫出一幅好畫給公衆看，譜出一套好音樂給公衆聽，許多人得了你的好處，你的學問還因此進步，而且自己也快活得很，這不是「既已爲人己愈有，既已與人己愈多」嗎？同上第十三頁

所謂精神事業，最重要的就是不能有絲毫望報之心，更不能有絲毫炫燿自己長處的心理。一有炫燿的心理，就不能安然行之而無慕於外，一慕於外，這種事業就要根本取消；所以爲而不有的人生

觀，須拿不矜不伐做骨榦，這種人生觀才能建築得牢固。莊子曰：

至人無己，神人無功，聖人無名。

正是爲而不有的表現。我們要問所謂爲而不有的「有」字，究竟是有個什麼？自然第一步就是有了一個「我」字。所謂身蔽，族蔽，學蔽，都是從「我」字推衍出來。再進一步，就是我的見解，我的功勞，我的名譽，亦無非是由一個「我」字推衍出來。於是各人有各人的見解，各人有各人的功勞，各人愛各人的名譽，大家都爲一個血肉之軀的「我，」去求功求名，自然社會上除了互相排擊，互相欺詐，互相爭鬬外，沒有其他事業。莊子提出無己無功無名，與老子爲而不有義正相同。各個人都能把這三件事忘了，自然就可以磅礴萬物以爲一世蘄乎亂，雖不弊弊焉以天下爲事，天下自然各得其所。

綜合他們的人生觀，可以得一結論：即是他們對個人以淡泊保眞勿矜勿伐爲律身之訓；對社會則以積極服務爲而不有功成不居爲最後目標。老子曰：生而不有，爲而不恃，長而不宰，莊子曰：至人無己，神人無功，聖人無名，都見得他們的積極精神。我將更引他們的人生信條，爲本章收束。

知人者智，自知者明；勝人者有力，自勝者强；知足者富，强行者有志，不失其所者久，死而不亡者壽。老子三十三章

第六章　知識論

在普通心理學中，有所謂錯覺與幻覺者，都是知覺上的錯誤。錯覺是由於主觀變易外界刺激，致所識之內容，與實物性質，不相符合。其原因或出於精神之失常，或拘於習慣之判斷，或由於生理之構造，因以喚起錯覺。此乃人人所同具，並非一人一地的偶誤。譬如見樹影而認爲鬼，見八公山草木，而認爲晉兵，這是由於精神的失常。又如有輕重相等而大小懸殊的二物於此，以手舉之，必覺大者較輕，而小者較重；因爲我們習慣的經驗上，都是分量與體積成正比例，因以物之大小，斷物之輕重，及見小者，必預期其較輕，乃舉之而其重量逾於所期，遂誤認小者重而大者輕。這是由於習慣的判斷。又如圖中AB BC兩個距離，本屬同長；

A　　B····C

但是看起來，總覺BC長於AB。這是因爲BC之間有障礙物，眼球一一爲之牽引，運動甚勞，故覺距離較長。如AB之間，毫無障礙，眼球運移自由，不覺其勞，故覺距離較短。這是由於生理上的構造所發生的錯覺。

幻覺是錯覺的更進一步。錯覺不過是外界刺激錯認了，但外界確是有件東西在那裏，至於幻覺，則外界並無其物，而出於無中生有。如患精神病者，以爲有鬼作祟，初不過誤認身旁之人爲鬼，其後雖無人在旁，且誤認他種物體爲鬼魅，最後則雖無人無物，而鬼之容貌，猶歷歷在目，都是幻覺的作用。這是說患精神病者，其精神異常，故多錯覺與幻覺。其實普通健康之人亦何嘗沒有？當身心疲乏，或感情激揚之時，或服藥飲酒之後，都會發生錯覺與幻覺。而神經銳敏，想像豐富之人，其錯覺與幻覺，尤視常人爲多；然則我們平時所認爲牢不可破的主觀見解，與所謂顛撲不滅的眞理正誼，其幾何不爲錯覺與幻覺？誰也不敢自必。難怪莊子說：「有眞人而後有眞知」。

知識並不是要不得的東西。有人以爲老莊是反對知識者，實係錯誤。他們的意思，是要求眞知，教人不要以錯覺幻覺所生出來的妄知爲知。人能精神飽滿，自然不會有妄覺妄想，而所知者均爲眞知。所謂精神飽滿，即如莊子所謂神全德備之人。梁啓超曰：『近來國中青年界，很習聞的一句話，就是「知識飢荒」，却不曉得還有一個項要緊的「精神飢荒」在那邊。中國這種飢荒，都鬧到極點，但是只要我們知道飢荒所在，自可想方法來補救。現在精神飢荒，鬧到如此，而人多不自知，豈非危險？一般教導者，也不注意在這方面提倡，只天天設法怎樣將知識去裝青年的腦袋子，不知精神生活完全，而後多的知識才是有用；苟無精神生活的人，爲社會計，爲個人計，都是知識少裝一點爲好。因爲無精神生活的人，知識愈多，痛苦愈甚，作歹事的本領也增多。例如黃包車夫知識粗淺，他決沒有有知識的青年這樣的煩悶，並且作惡的機會也很少，大奸慝的賣國賊，都是知識階級的人做的。由此可見沒有精神生活的人，有知識實在危險。蓋人苟無安身立命之具，生命便無所指歸，生理心理，並呈病態。試略分別言之：就生理言，陽剛者必至發狂自殺，陰柔者必委靡沉溺。再就心理言，陽剛者便悍然無顧，充分的恣求物質上的享樂，然而慾望與物質的增加率，相競的騰升，故雖有妻妾宮室之奉，仍不覺快樂。陰柔者便日趨消極，成了一個競爭場上落伍的人，悽惶失望，更爲痛苦。故謂精神生活不全，爲社會，爲個人，都是知識少點的爲好。因此我可以說爲學的首要，是救精神飢荒。』（飲冰室文集卷七十第四頁）這段意思，最爲精到，很可以借以說明老莊的知識論。老莊思想，差不多完全偏於精神生活方面，故對於枝枝節節的機巧變詐，當然在排斥之列；然而他們決不是主張愚民政策者。程子云：「秦之愚黔首，其術蓋亦出於老子。」（二程遺書卷十五）清陳澧云：「莊子稱絕聖棄智，大盜乃止，殫殘天下之聖法，而民乃可與論議。（胠篋篇）惜乎莊子不見秦始皇焚書，而勝廣大盜乃起也。」（東塾讀書記卷十二）是均以秦朝愚民之罪，歸之老莊，未免有些冤枉老莊了。茲將老莊知識論，分項述之如左：

一、知識之本質

老莊對知識的本質，認是人類原有的潔白無疵的天真，即是老子書中之所謂素樸。由這種素樸上面所起的自然作用，便是眞知，一切人爲都是機詐，都應該在排斥之列。拿個譬喻：人的知識本質，好像一面明潔的鏡子，拿這面鏡子去照萬物的妍媸美惡，一如其分而無所增損改易；假如鏡子上面有了灰塵，所照的人物便大不同了。故人的知識，只要雜了人爲的工夫，便不能保全其知識本質，這種本質，係根自內心，見自本性，絲毫不假外求，莊子所謂「特其志之所不知而後知，」則陽篇 就是說勿靠外面得來的知解，然後才能說到眞知。昔李二曲解格物云：『格物二字，卽中庸之擇善，論語之博文，虞廷之惟精，博文原以約禮，惟精原以執中，格物原以明善。大人之學，原在止至善。……若舍却至善之善不格，心身意知家國天下之理不窮，而冒昧從事，欲物物而究之，入門之初，紛紜轇轕，墮於支離，此是博物，非是格物。……誤以博物爲格物，縱博盡羲皇以來所有之書，格盡宇宙以內所有之物，總是騖外逐末。昔人謂「自笑從前顚倒見，枝枝葉葉外頭尋，」哲按此王守仁語 此類是也。喪志愈甚，去道愈遠，亦祇見其可哀也已。』四書反身錄卷一，七頁八頁， 二曲是陽明派的學者，陽明之學，頗有道家成分，見拙著陸王哲學辨微 故二曲斤斤於格物博物之辨，頗與道家相近。老莊之所謂知識，雖不如二曲之所謂格物，但其所反對者，確與二曲之所謂博物相類。試看他們說：

知者不言，言者不知。老子五十六章

少則得，多則惑。二十二章

齧缺問乎王倪曰：子知物之所同是乎？曰：吾惡乎知之？子知子之所不知耶？曰：吾惡乎知之？然則物無知耶？曰：吾惡乎知之？雖然，嘗試言之，庸詎知吾所謂知之非不知耶？庸詎知吾所謂不知之非知耶？莊子齊物論泰淸問乎無窮曰：子知道乎？無窮曰：吾不知。又問乎無爲。無爲曰：吾知道。曰：子之知道亦有數乎？曰：有。曰：其數若何？無爲曰：吾知道之可以貴，可以賤，可以約，可以散，此吾所以知道之數也。泰淸以之言也，問乎無始。曰：若是則無窮之弗知，與無爲之知，孰是而孰非乎？無始曰：不知深矣，知之淺矣；弗知內矣，知之外矣。於是泰淸中而歎曰：弗知乃知乎！知乃不知乎！孰知不知之知？（知北遊○奚侗馬敍倫俱謂語意未完，應依淮南子補作孰知知之爲不知，不知之爲知乎，哲按則陽篇，人皆尊其知之所知，而莫知恃其知之所不知而後知，謂知之所不知而後知，即是不知之知，）

子列子問關尹曰：至人潛行不窒，蹈火不熱，行乎萬物之上而不慄，請問何以至於此？關尹曰：是純氣之守也，非知巧果敢之列。居！予語汝！凡有貌象聲色者皆物也，物與物何以相遠？夫奚足以至乎先？是色而已！則物之造乎不形，而止乎無所化，夫得是而窮之者，物焉得而止焉？彼將處乎不淫之度，而藏乎無端之紀，遊乎萬物之所終始，壹其性，養其氣，合其德，以通乎物之所造。夫若是者，其天守全，其神無郤，物奚自入焉？（達生）

復讎者不折鏌干，雖有忮心者，不怨飄瓦，是以天下平均，故無攻戰之亂，無殺戮之刑者，由此道也。不開人之天，而開天之天。開天者德生，開人者賊生。不厭其天，不忽於人，民幾乎以其眞。（達生）

在此數段中很可以看出他們擯棄感覺知識，而要說明知識之本質。蓋知識本質是「不知之知，」是「純氣之守，非知巧果敢之列。」如上面所舉的鏡子，空洞明潔，物來順應，是鏡的本質；假如在鏡子未照物之先，已有姸媸美惡的影象在鏡子當中，則不但所照之物不眞，並且要失其本質的作用。故凡貌象聲色，都不是知識本質。惟知識本質往往爲貌象聲色所迷，必須「壹其性，養其德，」然後能「

通乎物之所造。」郭注曰：「萬物皆造於自爾」。余意卽是通乎萬物的原始，故天下不平，而至於攻戰之亂，殺戮之刑者，都是由於人類「忮心」的造成。所以他主張不開人之天，而開天之天。開天之天就是拿知識的本質去應付萬物。開人之天就是拿人類的「忮心」去製造殺機。故曰：開天者德生，開人者賊生，馬夷初曰：開天之天者，如佛法言由眞如體，起眞如用，非待作意，廢於機感而能利益無邊，故曰德生。開人之天者，如佛法言由八識作根本，七六隨興，五識依顯，故曰賊生。大概由貌象聲色所得來的感官知識，都是靠不住的。故老子曰：

天下皆知美之爲美，斯惡矣；皆知善之爲善，斯不善矣。故有無相生，難易相成，長短相形，音聲相和，前後相隨。二章

唯之與阿，相去幾何？善之與惡，相去何若？二十章

這可算是老子說知識的來源，同時亦可以說是老子用辯證法證明知識本是渾然元善，不相對待——無美與惡，無善與不善，無唯與阿。及人類有了分別心，然後斤斤然分別此爲善，彼爲不善；而不知今日以爲善，他日或卽是惡，此處以爲善，彼處或以爲惡。日本四十年來，全國上下，無時無刻不思侵略中國。最近更以暴力强奪東三省。在他們以爲是得計，是善了，而不知激怒了中國民衆，不啻是他們自己吞了一個炸彈，早遲是要暴發的。（日本幣原外相語）這正是天下皆知美之爲美，斯惡矣，皆知善之爲善，斯不善矣。在他們以爲擴充版圖就是善，不能擴充版圖就是惡，然而臺灣佔去四十年了，朝鮮吞去二十

年了，至今土人對日人的殘殺報復，時有所聞，日本何嘗能統治他們？徒徒犧牲自己的同胞，給他們殺害，究竟是善是惡？老子曰：物或損之而益，或益之而損，正是此理。照這一類的理性，睜開眼來，觸目皆是，然而當那些人固執一端的時期，却無論如何不肯放鬆呢！眞是「人之迷其日固久！」

在莊子書中更有天均與天倪兩個名詞，我以爲都是異名同實的知識本質論。今引其義如左：

是以聖人和之以是非而休乎天均。（齊物論）

化聲之相待，若其不相待，和之以天倪，因之以曼衍，所以窮年也。何謂和之以天倪？曰：是不是，然不然，是若果是也，則是之異乎不是也亦無辯；然若果然也，則然之異乎不然也亦無辯，忘年忘義，振於無竟，故寓諸無竟。（齊物論○從呂惠卿校本）

萬物皆種也，以不同形相禪，始卒若環，莫得其倫，是謂天均。天均者，天倪也。（寓言篇）

天均與天倪是異名同實，莊子已在寓言篇中，給我們聲明。馬夷初曰：「天倪當從班固作天研，疑紐雙聲相通借也。說文曰：研䃺也，天研猶言自然之䃺，䃺道回旋，終而復始，以諭是非之初無是非也。」蓋知識本質，原無是非的對待，有了對待，便不免於執一，便不是天倪，天倪是始卒若環，莫得其倫，是謂「道樞」，樞始得其環中，以應無窮，是亦一無窮，非亦一無窮，故能振於無竟，寓諸無竟。這可算對知識本質最具體的說明。

總之他們所要的知識，是內心的知識，不是由外界逐物所得的知識。他們覺得外界知識，是無窮竟，而我們精力有限，決不能一一皆知，徒把我們一點天眞，完全斲傷，而成爲終身役役而不知其所歸的茫人，倒不如保守着各人這一面光潔明淨的鏡子，還可以得些眞知。有人以爲他們破壞知識，懷疑知識者，其實他們是各有其重要理由：

知不知上，不知知病；夫惟病病，是以不病。聖人不病，以其病病，是以不病。（老子七十一章）

吾生也有涯，而知也無涯，以有涯隨無涯殆已！已而爲知者，殆而已矣！（莊子養生主）

知天之所爲，知人之所爲者至矣。知天之所爲者天而生也；知人之所爲者以其知之所知，養其知之所不知，終其天年，而不中道夭者，是知之盛也。（大宗師）

此處他們對知識的消極方面，與積極方面，均有明白的解答。關於消極方面，是因爲拿有涯之生，隨無涯之知不但無結果並且是很危險的事；所以他掉轉過來積極的主張「以其知之所知，養其知之所不知。」釋德淸曰：「所知者，在人間日用見聞覺知之知也。所不知，謂妙性本有，人迷不覺，故日用而不知。由其不知本有，故但知貪欲以養形，而不知釋智遺形以養性，故舉世昏迷於物欲，戕生傷性，不能盡性全生，以終其天年。人若能於日用之間，去貪離欲，卽境明心，迴光返照，以復其性，是以其智之所知，養其智之所不知。如此妙悟，乃知之盛也。」此卽老子所謂知不知上，不知知病二語之意。此二語舊註謂『道不可知，人能知乎不知之處者，庶幾於道。故莊子曰「知止其所不知至矣。」』然則不知而妄知爲病矣。』古人云：知之一字，衆妙之門；知之一字，衆禍之門。知「眞知」則爲衆妙之門，知「妄知」則爲衆禍之門。明此然後對老莊知識論可以思過半矣。

由此可知老子雖然說「無知，」（見七十章）莊子雖然說「不知，」都不是主張泯絕知識者。我們看老子書中所謂知雄，知白，知榮，知足，知常，知不知，都是顯然的要求知。莊子天下篇曰：『愼到棄知去己，而緣於不得已，冷汰於物，以爲道理。曰「知不知，將薄之而後鄰傷之者也。」謑髁無任，而笑天下之尙賢也；縱脫無行，而非天下之大聖。椎拍輐斷，與物宛轉，舍是與非，苟可以免。不師知慮，不知前後，魏然而已矣。推而後行，曳而後往，若飄風之還，若羽之旋，若磨石之隧，全而無非，動靜無過，未嘗有罪。是何故？夫無知之物，無建己之患，無用知之累，動靜不離於理，是以終身無譽。故曰「至於若無知之物而已，無用賢聖，夫塊不失道。」豪傑相與笑之曰「愼到之道非生人之行，而至死人之理，適得怪焉。』又曰：「彭蒙田駢愼到不知道。」然則莊子所謂知止於所不知，並非塊然無知之狀，更非避建己之患與用知之累爲欲求知識之源泉而不欲「枝枝葉葉外頭尋」耳。

二、論智愚

老莊雖然不是主張泯絕智慮，斷滅知識；然自外表看來，他們確是明白的反對智慧，明白的提倡愚民。不過我們若把智愚兩個字的界綫看淸楚了，則知他們所反對的，並不是眞智，而所提倡的更不是如秦始皇的愚民政策。他們的意思是：

使夫智者不敢爲也。（三章）

智慧出，有大僞。（十八章）

絕聖棄智，民利百倍。（十九章）

人多伎巧，奇物滋起。（五十七章）

古之善爲道者，非以明（此明字是智字動詞，與下所云明字異）民，將以愚之。民之難治，以其智多。以智治國國之賊，不以智治國國之福。（六十五章）

舉賢則民相軋，任智則民相盜。（莊子庚桑楚）

功利機巧，必忘夫人之心。（天地）

這幾段看起來，都是他們反對智慧，提倡愚民的證據；然而我以爲凡此之所謂「智」字，都是權謀智巧，戕賊自然之樸的意思。所謂將以愚之，就是要使百姓不要有這些權謀智巧，而篤守其天眞，我們試想世界上所以擾擾不平，爲的是什麽原故？還不是人類不能以眞誠相見，各以詐僞相高，互相疑忌，互相防範，以至於互相爭殺，於是有甲冑，有戈矛，有槍礮，有飛艇，有潛艇，有毒瓦斯，國與國爭，種與種爭，人民不得安息，眞是民多利器，國家滋昏，人多伎巧，奇物滋起。這些奇物在發明者名之曰伎巧，名之曰智慧；但是這種智慧愈出，人民的生機愈近於絕滅，還怪他說絕聖棄智民利百倍？還怪他反對智者的敢作敢爲嗎？是知他所反對的智，不是人類固有的聰明，而是戕賊人性的機巧。而所謂愚民之「愚，」到是人類的天眞，不是眞正的愚昧。我何以知其如此呢？假如他眞是提倡愚昧，則前識者道之華而愚之始，正是愚民妙劑，何以他又「不居其華」呢？不但如此，他們一面反對智字，一面又提倡明字，這更可證明他所反對的智字是巧詐，所提倡的愚字是天眞，明字乃是天眞所起之作用。茲引其義如左：

善行無轍迹，善言無瑕謫，善計不用籌策，善閉無關鍵而不可開，善結無繩約而不可解。是以聖人常善救人，故無棄人；常善救物，故無棄物；是爲襲明。老子二十七章

知人者智，自知者明。三十三章

見小曰明，守柔曰强，用其光，復歸其明。五十二章

知和曰常，知常曰明。五十五章

欲是其所非而非其所是，則莫若以明。莊子齊物論

是亦一無窮，非亦一無窮，故曰莫若以明。同上

是故滑疑之耀，聖人之所圖也。爲是不用而寓諸庸，此之謂以明。同上

彼人含其明，則天下不鑠矣；人含其聰，則天下不累矣；人含其知，則天下不惑矣；人含其德，則天下不僻矣。胠篋篇

「明」就是我們本性中固有的聰明，當其寂然不動未起作用的時期，就叫牠做「滑疑之耀，」

或者叫牠做「葆光。」見齊物論起了作用，就叫做「明。」智者知人，明者自知，這是智字與明字的顯著分辨。明是因其自然而有之作用，故曰「襲明，」曰「以明，」都是承襲因任之意，而沒有人工作爲，智則不免於作爲了。所以無轍迹而名曰善行，不用籌策而名曰善計，無關鍵無繩約而名曰善閉善結，此中奧妙並無其他，只是因人固有之「明，」大公無私，與物無忤，就可以達此境界。惟是此理至微，人所易忽，故曰見小曰明，小卽微渺之意，所謂戒愼乎其所不覩，恐懼乎其所不聞，又曰：知機其神乎？又曰：智者見於未萌。「不覩，」「不聞，」「知機，」「未萌，」都是此處「小」的意思。然雖如此微渺，究其理有一定之常，參閱第四章第三節故又曰：知常曰明。人能復歸其明，自然知道是非本無，而天下不致鑠亂了。如此還能說他們是倡導愚民政策嗎？

乾脆一句話，平常人之所謂「智，」就是其人會討便宜的意思。然而我會討便宜，或者人比我更會討便宜些；於是我之智爲不如人，乃不得不另求不如我者而欺詐之。一世之人，都以會討便宜相尙，詐僞相高，所謂智者，不幾爲亂天下之源嗎？且更就所謂智者的本身說，是不是能恃其智以欺愚詐僞，永久討得大便宜呢？非但不能，結果乃適得其反，因爲凡事之出於矯揉造作，違背自然者，終無不失敗之理。譬如鉤心鬥角，以圖欺愚他人，而不知作僞心勞日拙，未能欺人，適以欺己，未能愚人，適以愚己。莊子曰：

將爲胠篋探囊發匱之盜而爲守備，則必攝緘縢，固扃鐍，此世俗之所謂智也；然而巨盜至，則負匱揭篋，擔囊而趨，唯恐緘縢扃鐍之不固也。然則鄉之所謂智者，不乃爲大盜積者也？胠篋

宋元君夜半而夢人被髮窺阿門曰：予自宰路之淵，予爲淸江使河伯之所，漁者余且得予。元君覺，使人占之，曰：此神龜也。君曰：漁者有余且乎？左右曰：有。君曰：令余且會朝。明日，余且朝。君曰：漁何得？對曰：且之網得白龜焉，箕圓五尺。君曰：獻若之龜。龜至，君再欲殺之，再欲活之。心疑，卜之，曰：殺龜以卜吉。乃刳龜，七十二鑽而無遺筴。仲尼曰：神龜能見夢於元君，而不能避余且之網；知能七十二鑽而無遺筴，不能避刳腸之患。如是則知有所患，而神有所不及也。雖有至知，萬人謀之。魚不畏網而畏鵜鶘。去小知而大知明，去善而自善矣。嬰兒生無石師而能言，與能言者處也。外物

看此兩段，我們知道所謂「智」，是靠不住的。一方面我們所認爲智，有時竟是大愚；又一方面，我們認爲思慮周備，神靈至知，然而「萬人謀之」，仍有「所患」與「所不及」。則所謂智者，僅是某種情形之下的主觀自詡。——「小知」並不是「大知」。大概平常人之所謂智愚者，都是拿極淺近的眼光，估價當前得失，得者則謂之智，失者則謂之愚，而不知眼前之得，太半爲將來之失；眼前之失，往往爲將來之得。眼光稍稍放遠一些去觀察世事，有很多事實可以爲這句話的例證。苟智愚的標準，僅注在極膚淺的眼前事實，則一般人都不願下深刻的工夫，以求社會事業的精進，人存得過且過的心理，其所認爲智愚者，將如僞列子湯問篇中所記愚公與智叟的故事。

太行王屋二山，方七百里，高萬仞，本在冀州之南，河陽之北，北山愚公者年且九十，面山而居，懲山北之塞，出入之迂也，聚室而謀曰：吾與汝畢力平險，指通豫南，達於漢陰，可乎？雜然相許，其妻獻疑曰：以君之力，曾不能損魁父之丘，如太行王屋何？且焉置土石？雜曰：投諸渤海之尾，隱土之北。遂率子孫荷擔者三夫，叩石墾壤，箕畚運於渤海之尾。鄰人京城氏之孀妻有遺男，始齔，跳往助之，寒暑易節，始一反焉。河曲智叟笑而止之曰：甚矣！汝之不惠！以殘年餘力，曾不能毀山之一毛，其如土石何？北山愚公長息曰：汝心之固，固不可徹，曾不若孀妻弱子，雖我之死，有子存焉，子又生孫，孫又生子，子又有子，子又有孫，子子孫孫，無窮匱也。而山不加增，何苦而不平？河曲智叟無以應。

這一段描寫世俗之所謂智愚，最爲透澈；其實彼所謂愚，實乃大智，彼所謂智，實乃大愚。如河曲智叟之智，非但老莊反對，卽孟子亦曰：「所惡於智者，爲其鑿也；如智者若禹之行水也，則無惡於智矣。禹之行水也，行其所無事也；如智者亦行其所無事，則智亦大矣！」老莊之所謂愚，正是行所無事；而所認爲大智的，則如老子所云：

不出戶，知天下，不窺牖，見天道，其出彌遠，其知彌尠。是以聖人不行而知，不見而名，不爲而成。四十七章

此種大智，還是平常膚淺之士所能識得？韓非子曰：「空竅者神明之戶牖也，耳目竭於聲色，精神竭於外貌，故中無主，中無主則禍福雖如丘山，無從識之。故曰：不出於戶，可以知天下，不窺於牖，可以知天道，此言神明之不離其實也。」又曰：「是以聖人無常行也，能並智，故曰不行而知；能並視，故曰不見

而明。隨時以舉事，因資而立功，用萬物之能，而獲利其上，故曰不爲而成。」(喻老)蓋此種絕對的智，首在養其天眞，勿使精神越於外，智慮蕩於內，然後光潔明淨，以成大智。此種大智，乃爲老莊之所期。然自表面觀之，却又「若愚。」故他們之所謂「愚，」正是其智；世俗之所謂智，實乃大愚。

三、論是非

是非之說，在老子書中，不甚顯著。僅曰：「唯之與阿，相去幾何？善之與惡，相去何若？」又曰：「正言若反。」推其意，殆謂是非本是知識本體上所沒有，縱有了亦相去不遠；故全書之中，以是非二字提出討論者，竟未曾見。時至莊子，百家爭鳴，堅白異同之辯，有厚無厚之察，紛然淆亂，以相是非，莊子乃本老子之意，以正是非之源。他說：

> 未成乎心而有是非，是今日適越而昔至也；是以無有爲有，無有爲有，雖有神禹，且不能知，吾獨且奈何哉？(齊物篇)
>
> 道惡乎隱而有眞僞？言惡乎隱而有是非？道惡乎往而不存？言惡乎存而不可？道隱於小成，言隱於榮華；故有儒墨之是非，以是其所非，而非其所是。(同上)

這是說明是非之根源，係出於(一)私心自造，所謂以無有爲有。(二)所見不廣，而隱於榮華。榮華是一面浮詞，不足代表事理的全體，故凡拘執己見，自以爲是，與見理不明，妄構是非而相辯難者，都是因爲「有不見也。」則此種是非的成因，根本就不能存在。然而一般人却「是其所非，而非其所是，」

則全是因爲主觀的空間，與主觀的時間而形成。假如人能超脫主觀見解去反省自己所拘執的是非便要恍然自悟了。故曰：

> 物無非彼，物無非是，自彼則不見，自知則知之。故曰彼出於是，是亦因彼，彼是方生之說也。雖然，方生方死，方死方生，方可方不可，方不可方可，因是因非，因非因是，是以聖人不由而照之於天，亦因是也。是亦彼也，彼亦是也，彼亦一是非，此亦一是非，果且有彼是乎哉？果且無彼是乎哉？（齊物論）

這純是由主觀空間所發生出來的是非，因爲在我的地位，便不得不拘執自己爲是，他人爲非。人同此心，在彼的地位，亦將說彼爲是，說我爲非。如此循環對待下去，是非乃無有了期。然而這種各執一面的是非，靠得住嗎？自然是完全靠不住。因爲是非既出於主觀地位，則我之是，乃出於彼之不是，彼之是，乃出於我之不是。而不知所謂是與不是，都是出於私心構成，何嘗見得眞是與眞不是？譬如戴藍色眼鏡的人，說天地萬物都是藍的，戴黃色眼鏡的人，說天地萬物都是黃的，如此自是而相非，自然爭辯沒有已時，且沒有解決的方法。各人把眼鏡去了，才明白藍色不對，黃色亦不對。這是由於主觀地位的關係。更有出於主觀時間者，今日以爲是，明日或以爲非；今日以爲非，明日或以爲是。換一個時期來看，究竟是今日所見爲是呢？還是昨日所見爲是呢？恐怕其所謂是未必是，而所謂非亦未必非，且將自覺往日之斤斤固執以爲是非不可移易者，或竟毫無意義。

莊子謂惠子曰：孔子行年六十，而六十化，始時所是，卒而非之，未知今之所謂是之非五十九非也？惠子曰：孔子勤志服知也。莊子曰：孔子謝之矣，而其未之嘗言。孔子云：夫受才乎大本，復靈以生，鳴而當律，言而當法，利義陳乎前，而好惡是非直服人之口而已矣，使人乃以心服而不敢蘁立，定天下之定，已乎已乎！吾且不得及彼乎！（寓言）

時間是時時變易的，故「始時所是，卒而非之。」然則執一時之是非以相爭辯，縱能勝人，亦僅能服人之口，不能服人之心。蓋一時之是非，本非至當不易之道。是非兩忘，則天下莫不是，不遣是非，則天下莫不非。因爲常人既沒有「眞知」，各以所見爲知，各以所守爲是，知識無標準，是非無標準，天下安得不樊然淆亂。齊物論中有一段說明此理，至爲痛快。

民溼寢則腰疾偏死，鰌然乎哉？木處則惴慄恂懼，猨猴然乎哉？三者孰知正處？民食芻豢，麋鹿食薦，蝍且甘帶，鴟鴉耆鼠，四者孰知正味？猨徧狙以爲雌，麋與鹿交，鰌與魚遊，毛嬙麗姬，人之所美也，魚見之深入，鳥見之高飛，麋鹿見之決驟，四者孰知天下之正色哉？

這一段中他提出三個問題：一是正處，一是正味，一是正色。拿現在邏輯眼光來說，他以人的生活與低等動物（鴟鴉蝍且鰌）的生活相提並論，實在有些比物不以其類，但我以爲在莊子卻有兩個理由：（一）莊子認定萬物與我爲一，在他的意識中，就沒有什麼叫做高等動物與低等動物，更沒有「人爲萬物之靈」的觀念。他覺得人生天地中，與魚在江湖中，鹿在曠野中，都沒有多大的分辨。故在我們今日看來，覺得是有些不倫不類，在莊子或將笑我們胸懷太狹隘呢！（二）這一段是要說明世俗之所謂是非，都是各以主觀爲守，並不有眞正的標準。他的意思，就是說甲以爲是，乙或以爲非是，丙或以爲非非是，其以各種不同性之動物爲喩，爲的是求其更外透澈，與更外顯明。他的眞意，仍在說明人類是非之不能齊，猶如諸種動物之各以己性爲安，而不必强相一致。蓋此三者，卽在人類，亦決不一致。譬如平常人在民船上住了幾天，下船之後，還覺很不自在；但是南方蛋戶，世世代代住在船上，亦沒有什麽不適。北方人初到南方，往往不慣溼氣，而得軟脚病，南方人不但不感覺溼氣，並且要嫌北方太乾燥了。這是人類沒有正處。再說正味，廣東人喜吃蛇蟲，福建人慣吃腥臭，山東人吃的生葱大蒜，這些特殊口味，換一個地方，不但不能入口，還要認爲奇怪呢。至於色，更是全憑主觀鑑賞，沒有一定標準。西藏新疆印度非洲那些地方的美人，換一個地方，都會令人不敢親近。由此類推，我們所認爲正處正味正色，都要靠主觀的維持；故這三個問題，不但在廣絕的生物界，是不能一致，卽單就人類而言，亦是不能一致。再逼狹些雖同是一人，對此三個問題，亦未必始終一致，其他則又奚言？此三者爲人類所必須，尙沒有一定標準，則所謂是非原於一時一地的主觀構成，更何能有所定論？平常人厭惡某人，則覺其人無所往而不可厭惡；喜悅某人則覺其人無所往而不可喜悅。其實既無絕對的是非，卽無絕對的善惡，所謂好壞都是片面的。這一面雖然不好，那一面自有其好處，「盜亦有道，虎狼仁也，」卽是此理。正不能因其對我好則名之曰好人，對我不好則名之曰壞人。莊子曰：「惡乎然？然於然。惡乎不然？不然於不然。物固有所然，物固有所可，無物不然，無物不可。」「有所然，」「有所可，」就是在這面不然，在那面自有其然，在這面不可，在那面自有其可。我們專注意他「然」「可」的方面自然就無物不然，無物不可，是非兩忘，物我如一，這是莊子論是非的極境。

四、論名

道爲渾沌之體，無形無名，及其滋生天地萬物，具有形了，遂不得不有區別此衆形之「名。」有了「名，」乃有辨別此「名」之知識。然知識多則詐僞生，名之表性，亦將不可以維持。譬如仁是代表愛，義是代表宜，然而有了仁義之名，乃有不仁不義，小仁小義，假仁假義，種種名目緣之而起。善惡美醜智愚賢不肖既各有其表性，「名之曰幽厲，雖孝子慈孫，百世不能改也。」於是殉名者競起，趨名而遺其實，從此名實相離，雖有其名，亦不足以代表物性，寖假且假名以爲姦，名遂成爲亂天下之具。

「名」是形而下的區別工具，「無名」是形而上的渾沌之體。老莊是主張無名者；對形而下之名，以爲都是暫時的假定。若拿這種假定去循名核實，有時是辨不到的。譬如「孤」「寡」「不轂，」都是不好的名詞；但是王公取以爲稱號，又不算不好的名詞了。仁義忠孝，都是好名詞；但是被暴君汚吏假去號召天下，則立刻變成壞名詞了。老莊之意，以爲名既不足以代實，而種種名目，在人間徒滋紛擾而爲亂源，故欲鎭之以無名之樸，使人恍然於事物源頭，本自無名，對形下之名，不要太固執了，便減了許多紛擾。儒家亦很明此理，但是因爲沒有方法能達到無名的境界，故主張正名。正名可算是治標的辦法，無名乃是治本的辦法。所以說：

名可名，非常名。（老子第一章）

道常無名樸。（三十二章）

視之不見名曰夷，聽之不聞名曰希，搏之不得名曰微。此三者不可致詰，故混而爲一，繩繩不可名，復歸於無物。（十四章）

名者，實之賓也。（莊子逍遙遊）

德蕩乎名，知出乎爭，名也者相軋也，知也者爭之器也。二者凶器，非所以盡行也。（人間世）

推老莊之意，殆謂任憑儒家把名正得如何準確，終不是常久不變之名，且亦不足以弭天下之亂。譬如春秋一書是孔子正名的作品。雖然孟子說：「春秋作而亂臣賊子懼，」然而後世亂臣賊子，仍是史不絕書。蓋有了忠臣孝子之名，自然就免不了亂臣賊子之名。這些名都是片面的觀察，同是一個曹操，在漢書則名之曰篡，在晉書則名之曰聖。聖與篡豈可以道里計？然而兩名並立，從可知名與實截然兩事。楊朱所謂「名無實，實無名，名者僞而已矣！」實非過激之言。且一個混成的道，視之不見則名之曰夷，聽之不聞則名之曰希，搏之不得則名之曰微，竟究是「夷」能代表混成之道呢？還是「希」與「微」能代表混成之道呢？殆一個都不足以代表。以繩繩不可名之道，而猶有三個名字，更何怪自形以下的名目繁多，以致「苛察繳繞，使人不得反其意，專決於名，而失人情？」(司馬談語)到名以亂眞的時候，名愈多，則實愈隱。故曰「名者實之賓也。」名與實既分離獨立，這種空名留在社會上，還有什麼用處？不過供黠者盜取以爲欺世之具，故徇名者其德即不能全。(德蕩乎名)不但如此，因爲要爭得一己之名，乃不惜犧牲他人，供我利用。大家都存着求名的心理，則只有孜孜矻矻在傾軋詐僞上面做工夫，以使他人之名，勿得踰於我上。如此社會安能寧息？而所謂名者，安得不謂之凶器？

老子也明白「自古及今，其名不去，」要想折回來做到無名的境界，不是容易的事，故主張「鎭之以無名之樸。」意謂任憑天下名字的苛察繳繞，我總是從本源無名處着想。猶如任憑天下人之機巧變詐，我總是誠誠懇懇，推赤心置人腹中，則巧詐者亦將化而爲忠厚。他說：「天下將自定，」就見得鎭字的功用。此外他還有一個救濟的辦法，就是「知止。」他說：「始制有名，名亦既有，夫亦將知止，知止可以不殆。」(三十二章)因爲名亦既有，就沒有方法使之不有，就要在既有之中，明白名的效用應有止境，不可逐末忘本，專騖於名，而棄其實，然此亦不過僅免於危殆而已，仍不能算是常名。常名究竟是怎樣呢？我以爲就是無名之樸。樸散則爲器而有名，未散則爲無名的本質。此時既不可得而名，故能謂之常名。譬如「空」爲無色無臭，故能永不變色永不變味之常色常味。樸爲常名，正是此理。

莊子曰：呼我以馬者馬應之，呼我以牛者牛應之。不知者以爲莊子把人生看得太輕賤了，其實這是他否定一切「名」的意思他說：「天地一指也，萬物一馬也」一指一馬，是見得天地萬物一體後起之名，皆出於一時之假設。假如原人之世名牛馬曰人，名人曰牛馬，豈不相安於牛馬之名？今一有人名，乃曰人耳人耳！似神聖之不可侵犯。不知此假定之名，根本卽無存在或認眞的必要；然而所以存在且爲一般人認定不可移易者，蓋名的效用，在普通民衆中，確有維持秩序的功能。莊子亦未加否認。他說：「有形有名，形名者古人有之，而非所以先也。」又曰：「驟而語形名，不知其本也。」（俱見天道篇）此可見他並未絕對否認形名，但須知名之「本」是無名，不可拘執有形之名，號召於天下。苟斤斤於形質之名，而遺其大本，則「斗筲之器，」「辯士一曲之人也。」（莊子語見天道篇）雖然，此等人亦自有此等人的用處，正不能因其瑣屑而廢棄之。天下篇所謂「以法爲分，以名爲表，以參爲驗，以稽爲決，其數一二三四是也。」莊子雖然把他列在第六等人，然而却是維持社會秩序的工具。故曰：「百官以此相齒。」

故老子是絕對主張無名，莊子則相對的主張無名。老子的常名，就是無名的境界。莊子以名爲維持社會秩序的一種工具，不是治天下之本根。（參閱以下第九章第三節）這是老莊論名的大概。

五、論學

老莊既不主張感官的知識，故對一般人以見聞知解爲學問者，頗加抨擊。他們以爲見聞知解，只足以增加人的機詐，大姦大惡，多半是見聞知解很豐富的人，故見聞知解，不但不足以稱「學，」並且是很危險的東西。可知他們並不是反對人間一切學問，他們所反對者，是「不該不徧，一曲之士。」他們所要學的，是「天地之純，古人之大體。」故我以爲他們決不是主張「原人，」他們是有自然教育的意味。亦並不是放縱自恣，不加繩檢，他們都確有其爲學工夫。不過他們學之大本爲「道，」道是要靠自己體驗印證，才能深造自得，知解見聞所謂口耳之學，拾人牙慧，安足以云有得？然而一世之人，均以知解爲學，於是學之意義不明，爲學的人都不免要彷徨歧路，無所歸宿，這種學問，還有留戀的價值嗎？所以說：

絕學無憂。老子二十章

前識者道之華，而愚之始。三十八章

爲學日益，爲道日損，損之又損，以至於無爲。四十八章

學不學，復衆人之所過。六十四章

桓公讀書於堂上，輪扁斲輪於堂下，釋椎鑿而上，問桓公曰：致問公之所讀者何言耶？公曰：聖人之言也。曰：聖人在乎？公曰：已死矣。曰：然則君之所讀者古人之糟魄已夫！桓公曰：寡人讀書，輪人安得議乎？有說則可，無說則死。輪扁曰：臣也以臣之事觀之，斲輪徐則甘而不固，疾則苦而不入，不徐不疾，得之於手，而應之於心，口不能言，有數存焉於其間。臣不能以喻臣之子，臣之子亦不能受之於臣，是以行年七十而老斲輪。古之人爲其不可傳也，死矣，然則君之所讀者古人之糟魄已夫！莊子天道

孔子謂老聃曰：丘治詩書禮樂春秋六經，以爲久矣，孰知其故矣，以奸者七十二君，論先王之道，而明周召之迹，一君無所鉤用，甚矣夫人之難說也道之難明耶！老子曰：幸矣子之不遇治世之君也！夫六經先王之陳迹也，豈其所以迹哉？今子之所言猶迹也。夫迹，履之所出，而迹豈履哉？天運

因爲以知解爲學問，所以就要做日益的工夫，以日知其所亡，月毋忘其所能。道是自然，爲道是要復此自然，故要做復性的工夫，要做克己的工夫，須把一切人爲克之至淨，以復其本體之明，故曰「損之又損，以至於無爲。」這是道與學的分別。換一句話，也可以說是老莊之學與世俗之學的分別。既以知解爲學，故須多識前言往行，曾益其所不能。所以讀書爲很重要的工作。不但如此，甚且以讀書求知爲學問目標，以爲有知識，就是有學問，而不知學無本源，知識愈多，爲惡的本領愈大。有了本源，則六經皆我註脚，何必鑽營於故紙堆中，以求古人之糟魄？糟魄愈富，本體愈晦，本來智慧日以茅塞。故曰：前識者道之華而愚之始。這種學問雖絕迹於世，有何可憂？

他們雖然反對以知解爲學問，反對以讀書爲學問；但是他們並不是主張任天性而不學。老子曰：「學不學以復衆人之所過，」莊子曰「學者學其所不能學也。」庚桑楚 意思就是說他們亦未嘗不學，不過不是世俗之學耳。他們不但爲學目標異乎世俗，爲學方法亦異乎世俗。世俗之爲學者，從一先生之言，而自以爲足。莊子名之曰「暖姝者。」「所謂暖姝者，學一先生之言，則暖暖姝姝，而私自說也，自

以爲足矣，而未知未始有物也，是以謂暖姝者也。」（徐無鬼）他們的意思，是「從師而不囿，」（則陽）學其精神而棄其糟魄，故能兼各家之長。——「因陰陽之大順，采儒墨之善，撮名法之要。」所以他們的學問，都是眞實受用的學問；他們的知識，都是眞實受用的眞知。不察乎此，而遽謂他們是愚民者，眞是「不笑不足以爲道」矣！

第七章　方法論

方法爲達到目的之工具；各家哲學，皆各有其特具之目的，斯各家皆有其特具之方法。故欲研究一家哲學，須先知其所採用之方法爲何如，然後才能洞悉其哲學之內容，與其立言之用意。周秦之際，學術朋興，各家皆有其方法，而以名家爲最精密；然其流弊，則「苛察繳繞使人儉而善失眞。」老莊之道，以爲天下之所以擾攘不寧者，悉出於爭；爭之利器爲知識，而爭之焦點則在於辨名。然在道的本體上，固無所謂知，無所謂名，有了知，有了名，道乃爲之隱蔽，而天下皆在矯揉穿鑿中討生活而不得寧息；所以他們的哲學方法，力主簡要。老子曰：「吾言甚易知，甚易行，天下莫能知，莫能行。」司馬談稱道家「旨約而易操，事少而功多。」都見得他們哲學方法，是很簡要。

他們所運用的方法與其所要求之目的，有相互爲因相互爲果的效用。因爲他們目的在達到自然境界，「自然」是不須人工的作爲，故其所採用之方法，亦往往以不用方法爲方法。惟其不用方法，故能達到自然境界，惟其目的在自然境界，故不須方法而自然能達。苟必待鉤心鬬角，苛察繳繞，則所達到之目的，已非自然境界，此亦自然之理也。

方法與工夫異而略同，工夫屬於修己一方面，方法則爲其整個哲學之工具，其範圍較工夫爲廣；

故方法可包含工夫，而工夫不足以代表方法。茲將老莊哲學方法，分為修己，觀物，應世，三方面述之如左：

一、修己

關於老莊的修己方法，在他們人生觀中已可見得一部，如保眞，淡泊，戒矜，都是他們修己的方法；不過彼處所言，雖然象是方法，實在是他們人生的目的。此處所言在目的上則較細微而在方法上則頗重要。蓋目的為始終不變之人生目標，方法則為一時所採用，修成之後，即可包括在目的之中，而不必一一加以留意。且並非得魚忘筌，使向日所用之工夫，因以遺棄。譬如克己為復禮之工夫，博文為約禮之工夫，勿忘勿助為養氣之工夫，這些工夫，到了純熟之後，人雖不見其用功痕跡，而工夫自在其中。明此然後知古人為學，無論何家，皆有其一定之工夫次第，且明此乃不至誤認方法為目的，或誤認目的為方法。

老子的修己方法：為守常，愼事，及所謂三寶。

何謂守常？常為永久不變之普遍原則。換言之，即是自然之理，凡事物莫不有其自然之理，即凡事物莫不有其一定之常，守此常而勿失，是老子哲學中最重要工夫。我在第四章中，曾發揮其書中之所謂常理，能知此常理而謹守之，（老子曰知常曰明又曰知常容）自然對於非常之變，為人生本體上所無者，如物欲智慧，都能隨時拂去，不許存留。衆人所以不能守常而以智慧自矜者，無非爲物欲所累，而又不知足，不知止，故終身陷溺而莫能自拔。故曰：「知足不辱，知止不殆，可以長久。」（四十四章）又曰：「罪莫大於可欲，禍莫大於不知足，咎莫大於欲得，故知足之足常足。」（四十六章）這眞是最切要的工夫，所以他自己是：

衆人熙熙如享太牢，如登春台，我獨泊兮其未兆，如嬰兒之未孩。乘乘兮若無所歸。衆人皆有餘，而我獨若遺，我愚人之心也哉？沌沌兮，俗人昭昭，我獨若昏；俗人察察，我獨悶悶。澹兮其若海，飂兮似無所歸。衆人皆有以，我獨頑且鄙。我獨異於人，而貴求食於母。（二十章）

這一段純粹是老子自述修己的工夫。所謂「泊兮其未兆」，與所謂昏昏悶悶，都是人生之本然，守此本然，卽是常道，卽可以主宰一切事物。故曰：「貴求食於母。」母能生子，道能生天地萬物，母卽道，道卽「常，」此發揮守常工夫的具體現象。衆人不知此理，只知當下榮華，嬉嬉自樂，自恃智巧多方，貪得無厭，昭昭察察，以爲是至樂了。老子曰：「我獨頑且鄙，」「我愚人之心也哉？」然而獨若遺而似無所歸，若海洋之泛孤舟，若長風之御太虛，俱見忘形去智，虛心遊世之意。

何謂愼事？此老子參透事物之理，洞見成敗之源，故能見微知著，從衆人所不經意的地方去下工夫，時時戒懼而不敢任智自爲。常人以爲老子之道，旣名曰自然，應不須戒愼警惕的工夫，實乃大誤。他說：「自知者明，自勝者强，强行者有志。」則其自省自克的工夫，可以概見。且常人內有嗜慾之累，外有物質之誘，處處足以戕傷自然本體，而導之於詐僞之途，如不從其未萌未兆處切實用功，何能自全？所以老子說：

爲無爲，事無事，味無味，大小多少，報怨以德，圖難於其易，爲大於其細。天下難事，必作於易；天下大事，必作於細；是以聖人終不爲大，故能成其大。夫輕諾必寡信，多易必多難，是以聖人猶難之，故終無難。六十三章

其安易持，其未兆易謀，其脆易破，其微易散，爲之於未有，治之於未亂。合抱之木，生於毫末；九層之台，起於累土；千里之行，始於足下。爲者敗之，執者失之，聖人無爲故無敗，無執故無失。民之從事，常於幾成而敗之，愼終如始，則無敗事，是以聖人欲不欲，不貴難得之貨；學不學，復衆人之所過，以輔萬物之自然而不敢爲。六十四章

此種工夫，全由靜眼觀察世事，積古往今來經驗之所得，而發此切中要害之微旨。全要學者一步步體認出來，才能眞切。不然，則爲無爲，事無事，明明是要爲了；然而又說爲者敗之，執者失之，聖人無爲故無敗，無執故無失，豈不是又說不要爲嗎？究竟孰是孰非，何取何從呢？我以爲「爲無爲」就等於孟子之所謂勿忘，「爲者敗之」就等於孟子之所謂勿助。一面要「必有事焉」一面要「勿正心」才是。至於所謂大小多少，圖難於其易，爲大於其細，蓋示人以微忽毫芒之不可輕率，所謂愼終如始，即謂不可一時不戒愼。大人大事之所以成，殆莫不由於此途。常人見大學問家大事業家的成功，與其締造艱難積累之厚，往往歎爲常人所不能及，甚或驚爲神助，而不知都是從細微淺近處入手，不太急，亦不間斷，徐徐以至於成功。常人不能如此，往往操之太急，而望其速成，不能速成，則又拋去，或者就是苟且

懈怠，都不是老子愼事的涵義。

何謂三寶？老子曰：「我有三寶，持而寶之。一曰慈，二曰儉，三曰不敢爲天下先。慈故能勇，儉故能廣，不敢爲天下先，故能成器長。今捨慈且勇，捨儉且廣，捨後且先，死矣！夫慈以戰則勝，以守則固，天將救之以慈衞之」六十七章這三件事，是老子修己治人的總訣，然修練工夫，則在於個己，故仍屬之於修己。看他所謂「持而寶之，」與「不敢爲天下先。」就見得他朝乾夕惕，不敢或懈的精神。這三件事韓非解說得很精至，今錄其文如左：

愛子者慈於子，重生者慈於身，貴功者慈於事。慈母之於弱子也，務致其福，務致其福則事除其禍，事除其禍則思慮熟，思慮熟則得事理，得事理則必成功，必成功則其行之也不疑，不疑之謂勇。聖人之於萬事也，盡如慈母之爲弱子慮也，故見必行之道。見必行之道，則其從事亦不疑，不疑之謂勇。不疑生於慈，故曰慈故能勇。

周公曰：冬日之閉凍也不固，則春夏之長草木也不茂。天地不能常侈常費，而況於人乎？故萬物必有盛衰，萬事必有弛張，國家必有文武，官治必有賞罰。是以智士儉用其財則家富，聖人愛寶其神則精盛，人君重戰其卒則民衆，民衆則國廣。是以擧之曰儉故能廣。

凡物之有形者易裁也，易割也，何以論之？有形則有短長，有短長則有小大，有小大則有方圓，有方圓則有堅脆，有堅脆則有輕重，有輕重則有白黑。短長大小方圓堅脆輕重白黑之謂理，理定而物易割也；故議於大庭而後言，則立權議之士知之矣。故欲成方圓而隨其規矩，則萬事之功形矣。而萬物莫不有規矩。議言之士，計會規矩也。聖人盡隨於萬物之規矩。故曰不敢爲天下先，不敢爲天下先。

則事無不事，功無不功，而議必蓋世，欲無處大官，其可得乎？處大官之謂成事長。故曰不敢爲天下先，故能成事長。（俱見韓非子解老篇）

莊子的修己方法，可約爲二端：一是忘己，二是忘物。忘己就是破我執，人能不被一個我字牽累，則無所往而不逍遙。在莊子書中所謂「喪我」，「心齋」，「坐忘」，「虛己」都是忘己的工夫，今悉引其說以見義。

南郭子綦隱几而坐，仰天而噓，嗒焉似喪其耦，顏成子游立侍乎前，曰：何居乎？形固可使如槁木，而心固可使如死灰乎？……子綦曰：今者吾喪我，汝知之乎？（齊物論）

回曰：敢問心齋？仲尼曰：一若志，無聽之以耳而聽之以心，無聽之以心，而聽之以氣。聽止於耳，心止於符，氣也者，虛而待物者也，唯道集虛，虛者心齋也。（人間世）

顏回曰：回坐忘矣。仲尼蹴然曰：何謂坐忘？顏回曰：墮支體，黜聰明，離形去知，同於大通，此謂坐忘。（大宗師）

方舟而濟於河，有虛船來觸舟，雖有惼心之人不怒。有一人在其上，則呼張歙之，一呼而不聞，再呼而不聞，於時三呼邪，則必以惡聲隨之。向也不怒而今也怒，向也虛而今也實。人能虛己以遊世，其孰能害之？（山木）

這幾件事雖然是名目不同，其實是一件事。其重要方法就是「一若志，無聽之以耳，而聽之以心，無聽之以心，而聽之以氣。」說具體些，則「痀瘻丈人」正是一個榜樣。儒者曰：「心不在焉，視而不見，聽而不聞，食而不知其味。」就是因爲視止於目，聽止於耳，食止於舌，故不見不聞不知其味。然儒家言論，止於用心，其實心還是有形體，有邊際，未能無物我之間，氣則與物俱化，物我兼忘，老子所謂「致虛極，守靜篤」的境界。此爲心神寄託之泉府，故曰心齋。這種工夫的極境，將不知支體之在我身，與我身之有支體，無勞逸，無苦樂，冥然與天地相合，故曰「同於大通」。而自外表看來，誠有如槁木死灰，內心則正是「上下與天地同流，豈曰小補之哉！」果能以此遊世，自然入獸不亂羣，入鳥不亂行，倘何所忤於世而不見容？這種精神，看起來似很艱深，或竟以爲是理想境界，其實不但能做到，並且很簡單，只要各人把胸中一個我字除掉，卽無所往而不達了。常人所以不能虛心遊世，就是因爲有個我見。有了我見，則凡與我相合者都叫做是，不與我相合者都叫做非，從此是非混淆，而爭端以起。不但如此，我有父母，我有子女，我有親屬，舉凡足以滿此願望者，皆爲我所欲求，則欲念叢生，處處皆爲我障，倘何忘我之可言？此雖涓涓之泉，發端甚小，然而天下之禍悉基於是。故莊子的修己方法，首重忘己，忘己然後可以獨往獨來，了無挂礙。

雖然僅能忘己而不能忘物，仍未盡修己之道。自然忘己忘物，應是一貫之道，而忘己尤爲忘物的根基；然究竟有個物我內外的分別在。莊子書中，如王駘，申屠嘉，叔山無趾，哀駘它，闉跂支離無脤，都是惡駭天下之人。然而這許多人，不但自忘其惡，且使人忘其惡，就是忘己而又忘物的例證。這些人都是相忘於形骸之外，故申屠嘉師伯昏無人十九年而伯昏無人不知其爲兀者，就可知他們是相遇以神，而不以形。故曰「德有所長，而形有所忘。」故凡醜者不能自忘其醜，美者不能自忘其美，仁者不忘其仁，義者不忘其義，有天下者不忘其天下，都是未能忘物，都未足以盡修己之道。莊子修己之道，在能忘己而又忘物。故曰：「忘乎物，忘乎天，其名爲忘己，忘己之人，是之謂入於天。」到入於天的境界，非但物我兼忘，亦且物我無辨。「其臥徐徐，其覺于于，一以己爲馬，一以己爲牛。」（應帝王）「不知周之夢爲蝴蝶歟？蝴蝶之夢爲周歟？……此之謂物化。」（齊物論）物化的境界乃莊子修己功夫之極境，然其入手方法，則在於忘己與忘物。

驟然看去，莊子這種工夫，渾然如天衣之無縫，而其言論，又「恢恑憰怪」不可捉摸，幾乎要令人疑惑他沒有什麽修己工夫，或至少都沒有像儒家墨家那樣刻苦厲行，戒愼恐懼；故魏晉學者，得借口莊周，而放浪形骸，司馬遷亦稱莊周滑稽亂俗，似乎都不是深知莊子者。莊子曰：

> 南伯子葵問乎女偊曰：子之年長矣，而色若孺子，何也？曰：吾聞道矣。南伯子葵曰：道可得學耶？曰：惡！惡可！子非其人也。……不然，以聖人之道，告聖人之才，亦易矣！吾猶守而告之，三日，而後能外天下；已外天下矣，吾又守之，七日，而後能外物；已外物矣，吾又守之，九日而後能外生；已外生矣，而後能朝徹；朝徹而後能見獨；見獨而後能無古今；無古今而後能入於不死不生。殺生者不死，生生者不生。其爲物，無不將也，無不迎也，無不毀也，無不成也，其名爲攖寧。攖寧也者，攖而後成者也。（大宗師）

在這一段中，我們看到他不但是有一步步的工夫次第，並且都是由刻苦厲行而來。彼所謂「攖寧，」就是自述其工夫全由塵勞雜亂困頓拂鬱中做出，只到一切境界不動其心，寧定湛然，乃爲工夫極境；然而所以能達到此境者，却是「攖而後成者也。」綜其工夫所至，自外天下外物外生，以至無不將無不迎無不毀無不成，要不外忘己忘物，以至於渾然大道，而達於「物化。」此種境界純靠自己體驗領悟，乃能眞切，故歷言三日七日九日，以見必定要經過相當「守」的時期，始能體驗得出，並不是有了良師益友，即可以轉相授受，其可以轉相授受的，大概都是知解見聞的一類，決不是身體力行的要道。凡身體力行之道，多一日體驗，則多一日境界，他人是增不得一分，減不得一分的；不然「以聖人之道，告聖人之才，亦易矣，」然而不能者，就可以知其工夫純在內而不在外，在己而不在人。

二、觀物

芸芸萬物縱橫交遣，而欲於此紛然淆亂之中，求出通理通則，以爲推理之準，自然不是容易的事。然各家皆必有其治學之方法，斯各有其觀察事物之標準。老子的觀物法，可以分爲靜的觀察法，與動的觀察法兩種。何謂靜的觀察法？因爲他認定天下之物是由靜而動，由無而有，所以他把萬物情狀，一一返之於未有之前，恍然太虛之中，渺無一物，則對萬物情狀，皆不難察其本源。他說：「常無欲以觀其妙，」就是靜的觀察法。「常無」是常做「無」的工夫，置身於天地未生之前，空無所有的境界中，以見眼前萬象，都是從無而生，萬物之縱橫交遣，其根源俱出於虛無妙道，則凡美惡高下……後起之對待名詞，都是靠不住的東西了，他說：「萬物並作，吾以觀其復，」「並作」卽千態萬狀並列於前之意，然此千態萬狀本來不有，雖暫時有了，其終亦必歸於寂靜全無，故曰：「夫物芸芸，各歸其根。」觀妙觀復，就是要從有以觀無，從動以觀靜，都是靜的觀察法。

天下之物既然有了，且不但有了，更於有之中千變萬化，就不能不於此千變萬化之中觀其現狀與其究竟。他說：「常有欲以觀其竅，」就是動的觀察法。「常有」是常做「有」的工夫，以置身於千變萬化之中看這些並作的萬物，其中有沒有一定的準則可尋。他說：「正復爲奇，善復爲妖。」（五十八章）又曰：「正言若反。」（七十八章）這就是芸芸萬變之中的通則。所謂「正復爲奇，善復爲妖，」意謂凡事都有兩面，自這一面看來是正，那一面看來却是奇，這一面看來是善，那一面看來却不是善。故曰：正言若反。何謂正言若反？反之爲言復也，卽萬物芸芸，吾以觀其復的意思。蓋凡物既不可專看其一面，則必合其復處而觀之，才足以代表整個的理解。所謂「明道若昧，進道若退，夷道若纇，上德若谷，大白若辱，廣德若不足，建德若偷，質貞若渝，大方無隅，大器晚成，大音希聲，大象無形，道隱無名。」（四十一章）就是若反的實例。不但如此，老子全書之中，大概最多此類言論吧？韓非子曰：「人有禍則心畏恐，心畏恐則行端直，行端直則思慮熟，思慮熟則得事理；行端直則無禍害，無禍害則盡天年，得事理則必成功；盡天年則全而壽，必成功則富與貴，全壽富貴之謂福，而福本於有禍。」（解老篇）又曰：「人有福則富貴至，富貴至則衣食美，

衣食美，則驕心生，驕心生則行邪僻而動棄理，行邪僻則身死夭，動棄理則無成功，夫內有死夭之難，而外無成功之名者大禍也，而禍本生於有福。」同上這很足以解明正言若反之意義了。故老子曰：「常有欲以觀其竅，」竅是物之邊際，即是物之究竟，亦即是「正言若反」的「反，」與「吾以觀其復」的「復。」人類所希望而祈禱的是福，恐懼而迴避的是禍，然而福有什麼好處？禍有什麼壞處？自一面看來，有福則富貴至，就是好處；有禍則貧賤至，就是壞處。而不知富貴則驕心生，且將轉福而爲禍，禍患則心畏恐，且將轉禍而爲福，則所謂福者，亦何所用其希望而祈禱？所謂禍者亦何所用其恐懼而迴避？則是福之「竅」爲禍，禍之「竅」乃爲福。所以他要觀竅，正是要觀此千變萬化的究竟，而此千變萬化的究竟，乃爲正言若反。故正言若反，就是老子動的觀察法的唯一法門。老子觀物方法，簡言之即爲。

(一)靜的觀察法　觀妙觀復——夫物芸芸各歸其根

(二)動的觀察法　觀竅觀變——正言若反

莊子的觀物法，就不是如此了；他好像是以不觀察爲觀察的。他說：「惟止能止衆止，」意思就是說要想天下之物，皆歸其所而不相雜亂，只有任其自然，不要去干涉他才行。譬如許多人在那裏譏諷我，嘲笑我，乃至於罵我責我，我惟有不去理他，他們自然就會停止。常人所以不能如此，殆由於主觀空間與主觀時間的限制，所以莊子竭力說明空間時間都是相對的差別，不是絕對的存在。逍遙遊一篇，差不多完全是說明此意，他總是以極大之物與極小之物對舉，以極大之年與極小之年對舉，就是要使人明瞭空間時間的大小長短都是一時一地的假定，並不是絕對的眞理，故秋水篇說：

> 計人之所知，不若其所不知，其生之時，不若未生之時，以其至小窮其至大之域，是故迷亂而不能自得也。由此觀之，又何以知豪末之足以定至細之倪？又何以知天地之足以窮至大之域？
>
> 以道觀之，物無貴賤，以物觀之，自貴而相賤，以俗觀之，貴賤不在己。
>
> 以差觀之，因其所大而大之，則萬物莫不大；因其所小而小之，則萬物莫不小；知天地之爲稊米也，知豪末之爲丘山也，則差數睹矣。
>
> 以功觀之，因其所有而有之，則萬物莫不有；因其所無而無之，則萬物莫不無；知東西之相反而不可以相無，則功分定矣。
>
> 以趣觀之，因其所然而然之，則萬物莫不然；因其所非而非之，則萬物莫不非；知堯桀之自然而相非，則趣操睹矣。

這可算是莊子觀物法的先決要件，他認定人類「以其至小窮其至大之域，是故迷亂而不能自得。」故凡貴賤大小有無然否，都是靠不住的現象，隨其自生自滅可矣。若拘泥執着於一隅之見，不但不足以得事物之眞相，滋事物之糾紛，且適以自暴其眼光淺陋。他的意思是要拿超然物表的一個最高原則，去取消世間一切爭執。這個原則，就是因任自然，在他書中叫做「以明」。

> 欲是其所非而非其所是，則莫若以明。

是亦一無窮，非亦一無窮也，故曰莫若以明。
爲是不用而寓諸庸，此之謂以明。（以上俱見齊物論）

所謂「以明，」乃是不凝滯於名相，而休乎天鈞，即是任其不齊以爲大齊的意思，因爲物各有其自性，不能強彼以就此，亦不能強此以就彼，惟有任其自性之發展，如天無不覆地無不載的態度，則萬物莫不據其自然之理而存在。假如違背了這個根本原理，則將樊然淆亂而不可究詰。他在齊物論篇中說明此理，至爲透澈，今引其一段如左：

既使我與若辯矣，若勝我，我不若勝，若果是也，我果非也耶？我勝若，若不我勝，我果是也，而果非也耶？其或是也，其或非也耶？其俱是也，其俱非也耶？我與若不能相知也，則人固受其黮闇。吾誰使正之？使同乎若者正之；既與若同矣，惡能正之？使同乎我者正之，既同乎我矣，惡能正之？使異乎我與若者正之，既異乎我與若矣，惡能正之？使同乎我與若者正之，既同乎我與若矣，惡能正之？然則我與若與人俱不能相知也，而待彼也耶？

這是莊子觀物法的一個實例，他所謂「而待彼也耶」的彼字，我以爲即是以明的明字。除了「以明，」則任何人與任何方法，都不能解決世間一切爭執，「而受其黮闇。」因爲爭執是完全出於主觀成見，反對主觀成見者根本就不贊同，自然無從解決其爭執，同是泥於主觀成見者，一入漩渦，即已失去公證人的資格，又如何能解決其中之爭執？最後只有彼亦一是非，此亦一是非的各是其所非，而非其所是；故莊子的觀物法，是以物觀物，而不以我觀物，以物觀物，則備得萬物之情，以我觀物，則將納萬物之情於一個我見之中，至多只能得萬物之情之一隅而不得其全，故爲莊子所不取。

三應世

老莊應世，很反對有什麽方法。他們主張「順物自然而無容私焉。」這就是以不用方法爲方法。故在他們自己是無心去立一種應世方法，但自今日觀之，他們確自有其應世方法。他們所反對的，是今人所謂手腕，所謂策略，在他們都名之曰機心，都是鑿喪自然之樸的凶器。所以老子是主張不用籌策，不用關鍵，不用繩約，莊子亦反對守備，反對攝緘縢固扃鐍，他們的應世方法，簡單言之，就是要不忤於物，以與物爲一。老子曰：

塞其兌，閉其門，挫其銳，解其紛，和其光，同其塵。五十六章

我以爲這就是老子應世的唯一方法，明釋德淸曰「兌爲口，爲說，謂聖人緘默自守，不事口舌，故曰塞其兌。不事耳目之玩，故曰閉其門。遇物渾圓，不露鋒芒，故曰挫其銳。心體湛寂，釋然無慮，故曰解其紛。紛謂紛紜雜想也。含光歛耀，順物忘懷，故曰和其光同其塵。此非妙契玄微者不能也。」凡此所謂塞閉挫解和同，都見得是有力量。把這種工夫都做到了，自然就會生出一種結果：不可得而親，不可得而疏，不可得而利，不可得而害，不可得而貴，不可得而賤，我們看平常人幾何不是逞口才之辯，博耳目之

娛，紛紜雜想，盛氣淩人，隨時隨地表見着鋒芒畢露，銳不可當的氣概？於是外緣就可以乘此心理而利之，害之，親之，疏之，貴之，賤之，縱橫顚倒，如弄猴戲，得意者趾高氣揚，失意者垂頭喪氣，都是應世方法的未善，自己招來的禍患。

老子這種應世方法，並不是取巧不負責任，他是以「百姓心爲心，」「善者吾善之，不善者吾亦善之，德善矣；信者吾信之，不信者吾亦信之，德信矣。」就是說無論天下善人不善人，我總是拿眞心善意去待他，則善人自然是善，即未至善人境界，亦將日趨於善而不自知。他所謂德善德信，就是此理。我嘗說天下無所謂善人不善人，全在我們待人的態度如何。我們拿君子態度去待天下之人，則天下皆爲君子；若以小人態度去待天下之人，則天下皆爲小人。君子小人之辨，只辨在我們方寸之間。最壞的就是自己未至君子之行，而處處擺出君子的氣概，以鄙夷一世之人，視一世之人皆爲小人，而自視爲君子，則將成爲不祥之人了。其實「堯舜與人同耳。」人亦何必表現出某種氣概以自顯揚？老子之所謂挫銳解紛和光同塵，簡單言之，就是叫人不要表現出一種特異行爲以炫燿羣衆，且我們苟欲深入民衆去做一種化導的工作，必定要自己的舉止行動，先與羣衆相融洽，然後才能說到有爲。相傳大禹入裸國，先把自己衣服脫去，此雖寓言，理卻精透。

莊子人間世一篇，可算完全是應世的方法。今錄其最重要之一段如左：

> 顏闔將傅衞靈公太子，而問於蘧伯玉曰：有人於此，其德天殺，與之爲無方則危吾國；與之爲有方，則危吾身，其知適足以知人之過，而不知其所以過。若然者吾奈之何？蘧伯玉曰：善哉問乎？戒之愼之！正汝身哉！形莫若就，心莫若和。雖然，之二者有患。就不欲入，和不欲出。形就而入，且爲顚，爲滅，爲崩，爲蹶；心和而出，且爲聲，爲名，爲妖，爲孽。彼且爲嬰兒，亦與之爲嬰兒；彼且爲無町畦，亦與之爲無町畦；彼且爲無崖；亦與之爲無崖；達之入於無疵。

這可算把莊子應世哲學完全表現在這一段裏。他所謂「形莫若就，心莫若和，」就是老子挫銳解紛和光同塵的意思。他所謂彼且爲嬰兒，亦與之爲嬰兒，就是老子善者吾善之，不善者吾亦善之的意思。在這一段中，總會覺得莊子這種應世方法，也許要養成一班阿世求容苟且媚世的無恥之徒吧？其實這是不知莊子者，至少都是未看清莊子語意者。他明明說：「正汝身哉！」則亦何嘗阿世求容苟且媚世？他說：「彼且爲嬰兒，亦與之爲嬰兒，……彼且爲無崖，亦與之爲無崖，」很像是毫無主張的同流合烏；但是看清了他的目的是「達之入於無疵，」就知道他是苦心苦意，要化導一世之人。語曰：「將順其美，匡救其惡，故上下能相親也，」正是莊子的應世苦心。不過莊子更外描摹得淋漓盡致，故同流合烏爲阿世求容者得以藉口，而不知莊子之先決條件是「正汝身哉，」而最後目標則在「達之入於無疵，」此正成己成人，與孟子對齊宣王之好色好貨，均無礙於王天下，正同一理。雖說彼且爲嬰兒，亦與之爲嬰兒，像是太柔順了，然而他確是「和而不流，」「中立而不倚，」故愈柔順，則愈見其匡救天下的熱忱。

統觀老莊的哲學方法，可以概括的說一句。老子哲學方法在一個「嗇」字，莊子哲學方法在一個「因」字。老子曰：「治人事天莫若嗇。夫唯嗇是謂早服。」蓋嗇卽有而不用之意，所謂毋搖爾精，毋勞爾形，毋使爾思慮營營，都是嗇的意義。韓非子解此意最好。他說：

> 聰明睿知天也，動靜思慮人也。人也者，乘於天明以視，寄於天聰以聽，託於天智以思慮。故視强則目不明，聽正則耳不聰，思慮過度則智識亂。目不明則不能決黑白之分，耳不聰則不能別清濁之聲，智識亂則不能審得失之地。目不能決黑白之色則謂之盲，耳不能別清濁之聲則謂之聾，心不能審得失之地則謂之狂。盲則不能避晝日之險，聾則不能知雷霆之害，狂則不能免人間法令之禍。書之所謂治人者，適動靜之節，省思慮之費也。所謂事天者，不極聰明之力，不盡智識之任。苟極盡則費神多，費神多則盲聾悖狂之禍至，是以嗇之。嗇之者，愛其精神，嗇其智識也。故曰治人事天莫若嗇。
>
> 衆人之用神也躁，躁則多費，多費之謂侈；聖人之用神也靜，靜則少費，少費之謂嗇。嗇之謂術也，生於道理。夫能嗇也，是從於道而服於理者也。衆人離於患，陷於禍，猶未知退而不服從道理。聖人雖未見禍患之形，虛無服從於道理，以稱蚤服。故曰夫謂嗇是以蚤服。

試看老子修己則重在守常愼事與慈儉不爲天下先，觀物則重在觀妙觀復觀竅觀變，而要之以正言若反，應世則重在塞兌閉門挫銳解紛和光同塵，都可以說是從一個嗇字分衍出來。看他所謂「莫若嗇」三字的語意，就可知除了嗇以外，就更無再好方法了。

莊子所用的一切方法，都是以不用方法爲方法，就是任物之情而因其自然。他說：「因其所大而大之則萬物莫不大，因其所小而小之則萬物莫不小，因其所有而有之則萬物莫不有，因其所無而無之則萬物莫不無，因其所然而然之則萬物莫不然，因其所非而非之則萬物莫不非。」又曰：「因是因非，因非因是。」就是說人各自是而相非，都只好聽其自然勿加干涉，干涉則是治絲而益棼之，徒見其多事而益滋紛擾。故「名實未虧而喜怒爲用」的是「因是，」即「聖人不由而照之於天」亦只是「因是。」自常人視之，這兩個「因是，」其程度之相差，何可以道里計？然而莊子却不願「勞神明爲一，」而聽其「休乎天均；」故修己則因人類天性之眞誠而反對矯揉造作的機心，觀物則因物之自性而照之「以明，」應世則因勢利導而達於無疵。管子曰：「故道貴因，因者因其能者言所用也。君子之處也若無知，言至虛也。其應物也若偶之，言時適也。若影之象形，響之應聲也，故物至則應，過則舍矣；舍矣者，言復所於虛也。」（心術上）司馬談亦稱道家善因。（見所著論六家要旨）然則「因」字爲道家相傳之訣，而莊子特更發揮之耳。

更以科學方法相比擬，則老子言論，係由古今治亂成敗興亡天時人事之間，以歸納成若干原理，故其哲學方法頗近於歸納的。莊子則恆由若干原理而衍至萬事萬物，故其哲學頗近於演繹的。演繹法屬於應用，歸納法屬於證明，老子言簡意賅，處處是證明天下事物之原理，莊子輒長江大河，一瀉千里，爲的是要應用其原理於事物之間，這是他們方法上的微異之點。

此外我還有幾句話要聲明的，就是在老子書中有些語意並不是方法，硬被後人强認爲方法，遂使一些歡迎結論的先生們，誣老子爲權謀術數的陰謀家。固然，老子的人格學問，昭昭如日月之明，無須千載之下的區區之我來替他昭雪；但是我爲研究的便利，不得不在此聲明一下。我從前說過：老子立言，處處有撥雲霧尋眞理的態度。他覺得只要是眞理，就應該說出，他不暇顧及說出之後與世道人心有沒有什麼關係。同時他又見當時人士的爭先恐後，爬高向上，擾攘紛爭，而忘其立身之本，所以他從原理的方面告訴他們道：

聖人後其身而身先，外其身而身存，非以其無私耶？故能成其私。七章

不自見故明，不自是故彰，不自伐故有功，不自矜故長；夫惟不爭，故天下莫能與之爭。二十二章

以其終不自大，故能成其大。三十四章

將欲歙之，必固張之；將欲弱之，必固强之；將欲廢之，必固興之；將欲奪之，必固與之。三十六章

貴以賤爲本，高以下爲基，是以侯王自謂孤寡不穀。三十九章

大國以下小國，則取小國；小國以下大國，則取大國。六十一章

是以欲上民，必以言下之；欲先民，必以身後之。六十六章

慈故能勇，儉故能廣，不敢爲天下先故能成器長。（六十七章）

夫惟病病，是以不病。（七十二章）

凡此都是老子由歷史環境人事經驗得來的眞理，而立其哲學基礎。譬如他主張柔、下、後，然而他決不是拿這三種態度做方法圖攫取强、高、先的地位。猶孟子云「人有恆言天下國家。天下之本在國，國之本在家，家之本在身。」這原是教人重視根本學問，勿徒大言欺人，決不是教人拿修身齊家做攫取天下國家的手段。故凡上列老子的言論，都是就自然結果而言，非陰謀仿效所可幾於萬一。如其果以守柔爲取强之手段，守下爲取高之手段，守後爲取先之手段，則將終日虛僞矯揉，心勞日拙，且終必爲人識破，決無成功之理。試看老子是不是如此呢？他是深藏若虛，爲而不恃，長而不宰，功成而不居的人，豈是取巧者所能借口？大概這一類意思，後來經縱橫家與法家的竊取妄用，遂把老子原來面目，多所改變，而老子也就從此蒙不白之冤，被認爲陰謀家了。然老子已死二千餘年，雖被誣亦無損傷，只可惜其哲學價值，或因此改變，則遺誤人間不少呢！

第八章　實踐道德論

老莊書中，論道德的地方很多，而老子一書，且以道德爲名；然此所謂道德，非本章所欲言之道德。本章所欲言者，重在日用尋常倫理的實踐，非「惟恍惟惚」之道，與「上德不德」之德，故以實踐二字別之。

道德是隨時代與環境而變遷，在日本以女子服役於男子爲道德，在美國，在法國，就不然了。中國古代以女子殉夫爲道德，在今日且視爲不人道了。故一地方有一地方的道德標準，一時代有一時代的道德標準；不但如此，各個學者的所見不同，性行不同，其個人所立之道德標準，亦將不同。故凡論實踐道德，無論是關於一個時代，一個環境，或一個學者，都須先明其道德標準，然後才能說明其道德體系。苟不然者，僅執一時代一環境，或一家之說，以衡量一切道德行爲，合即謂之是，不合即謂之非，則所論只可謂之一偏之見，而不能得其道德之眞象。中國古代頗以儒家爲重，對老莊道德，往往認爲高遠不切事情，故並其道德價值而非棄之，我以爲這是未明他們道德標準，而論列他們是非的結果，是最不合於事實的論斷。茲分老莊實踐道德爲標準與實施兩項，述之如左：

一、標準

班固稱老子之道，「合於堯之克攘，易之嗛嗛。」蓋老子論道德以柔下後爲標準，故其言曰：

> 上善若水，水善利萬物而不爭，處衆人之所惡，故幾於道矣。八章
>
> 天下至柔，馳騁天下至堅。四十三章
>
> 大國者下流，天下之交天下之牝。六十一章
>
> 江海所以能爲百谷王者，以其善下之，故能爲百谷王。是以聖人欲上民必以言下之，欲先民必以身後之，是以聖人處上而民不重，處前而民不害。六十六章
>
> 人之生也柔弱，其死也堅强，萬物草木之生也柔脆，其死也枯槁；故堅强者死之徒，柔弱者生之徒。是以兵强則不勝，木强則拱，强大處下，柔弱處上。七十六章
>
> 天下莫柔弱於水，而攻堅强者莫之能先，以其無以易之也；故柔之勝剛，弱之勝强，天下莫不知，莫能行。七十八章

凡此都是他稱贊柔下後的好處，他尤稱贊水德，謂「上善若水，水善利萬物而不爭。」又曰：「江海之所以能爲百谷王者，以其善下之，故能爲百谷王。」又曰：「天下莫柔弱於水，而攻堅者莫之能先，」是水之表性，兼柔下後三者而有之，故凡他稱贊水德的地方，都是發揮他道德標準的地方。蓋水無定體，盛於方則方，盛於圓則圓，正是老子和光同塵的意思，而又是澤及萬物而無所爭，老子整個的人生道德，就在於此。淮南子曰：「天下之物莫柔弱於水，然而大不可極，深不可測，修極於無窮，遠淪於無涯，

息耗減益，通於不訾，上天則爲雨露，下地則爲潤澤，萬物弗得不生，百事不得不成，大包羣生而無好憎，澤及跂蹺而不求報，富贍天下而不既，德施百姓而不費，行而不可得窮極也，微而不可得把握也，擊之無創，刺之不傷，斬之不斷，焚之不然，淖溺流遁，錯繆相紛而不可靡散，利貫金石，强濟天下，動溶無形之域，而翱翔忽區之上，邅回川谷之間，而滔騰大荒之野，有餘不足，與天地取與，授萬物而無所前後，是故無所私而無所公，靡濫振蕩，與天地鴻洞；無所左而無所右，蟠委錯紾與萬物始終，是謂至德。」（原道訓）這一段可以說他是在頌揚水德，亦可以說他是在替老子實踐道德下註解。

他的道德標準，所以要取柔下的意義，我以爲是他謙虛深藏的自然結果。他說：「良賈深藏若虛，君子盛德容貌若愚。」又曰：「上德若辱，廣德若不足，」都見得他虛懷若谷的氣象，此在老子固認爲是養生全年處世利物的自然原理，明了此理，然後照上面去做，只是行其心之所安，沒有什麼其他作用。世之學者，往往拿利害去解釋老子這柔弱的主張，便要差以毫釐，謬以千里了。如僞列子黃帝篇曰：「天下有常勝之道，有常不勝之道。常勝之道曰柔，常不勝之道曰强，二者亦知，而人未之知。故上古之言：强先不己若者，柔先出於己者。先不己若者，至於若己則殆矣。先出於己者，亡所殆矣。以此勝一身若徒；以此任天下若徒；謂不勝而自勝，不任而自任也。」粥子曰：「欲剛必以柔守之，欲强必以弱保之。積於柔必剛，積於弱必强。觀其所積，以知禍福之鄉。强勝不若己，至於若己者剛；柔弱出於己者，其力不可量。」

此雖亦勉强可以說明老子柔弱勝剛强之義，却完全是就利害立言，較之老子以純理立言者，已落二三義矣。

老子不敢爲天下先，正是他取後之意；然「先」究竟有什麽壞處，而老子乃不敢爲？且他一則曰利萬物，再則曰以百姓心爲心。就社會言似乎有許多事，都應該由少數人提倡，然後天下才能普受其利。老子既欲利萬物，而又不肯爲天下先，難道眞如荀子所譏「蔽於後而不知先？」我說他之所謂不敢爲天下先者，全是因爲他以慈爲主的緣故。他認爲凡有一種倡導，總得有一部分的犧牲，就犧牲者言，則是利未得而害先至。湯武革命，名義上是順乎天而應乎人，然而「血流漂杵，」人民已先受屠戮；馬克斯倡階級鬭爭，原是要爲無產階級爭得福利，但是所謂福利，還渺茫的很，而世界已鬧得擾攘不寧，大多數已受犧牲了。其原因就是因爲他們敢於爲天下先。推老子之心，凡這些世運改革的事業，統應該「以百姓心爲心，」到整個的百姓，都趨向一致了，則世運轉變如運諸掌，不須倡導，自然一致同風，無所犧牲而收改革之效。此蓋老子慈與守後之本意。此種理想是否合於事實，與是否能夠辦到，自然都另有問題，但是他「不敢」的含義，我以爲確是如此。

以上說明了老子實踐道德標準，在於柔下後，莊子的實踐道德標準如何呢？莊子重視自然，視老子爲尤甚；故其人生道德標準，一以養眞全性合乎自然爲要。他認爲人能保全天眞，合乎自然大道，則行所固然，無所往而不爲道德，更不必另立仁義道德之名而人之行事，自合乎仁義道德之實，此所謂「由仁義行，非行仁義也。」他說：

> 吾所謂臧者，非仁義之謂也，臧於其德而已矣。吾所謂臧者，非所謂仁義之謂也，任其性命之情而已矣。駢拇
>
> 民有常性，織而衣，耕而食，是謂同德。馬蹄
>
> 同乎無知，其德不離，同乎無欲，是謂素樸，素樸而民性得矣。同上

他所謂民有常性，常性就是無知無欲的素樸，任此素樸而勿雕琢，是卽所謂任其性命之情，將無往而不當。苟於素樸上有所斲傷，則不管他是仁義，是機詐，都叫做「遷其德」「淫其性」見在宥篇都是戕賊人性的工具，都是莊子實踐道德上所不許。故莊子的道德標準，惟在養其天眞以全性命之情，順乎性命之情而勿有所勉强造作，就是道德；背乎此義，則謂之不道德。西洋倫理學者有所謂動機派與成功派：動機派只問其事之動機如何，而不論其成功失敗；成功派則只論其事之成敗而不問其事之動機如何。莊子之論，蓋近於動機派者。他不管你事實如何，只問你的動機是不是有傷性命之情，傷了性命之情，卽成功是善也不得謂善；動機未傷性命之情，卽成功是惡，亦未必卽爲眞惡。他說：「伯夷死名於首陽之下，盜跖死利於東陵之上，二人者所死不同，其於殘生傷性均也，奚必伯夷之是而盜跖之非乎？天下盡殉也，彼其所殉仁義也，則俗謂之君子；其所徇貨財也，則俗謂之小人。其殉一也，則有君子

焉，有小人焉，若其殘生損性，則盜跖亦伯夷已。又惡取君子小人於其間哉？」駢拇此最可以表明他的道德標準了。

二、實施

凡論道德的實施，大概都有消極與積極的兩方面。老莊的道德論，自亦不能例外。老子道德的實施，在消極方面者，爲寡欲主義與不爭主義。寡欲主義是老子對個人的消極道德，不爭主義是老子對社會的消極道德。他認人性是澄然不動的天眞，遇了外緣物質的引誘，則將欲念大作而不可遏止，道德便從此而離了。所以說：「不見可欲，使心不亂」「見素抱樸，少私寡欲。」寡欲就可以不損天眞，不傷天和，不失天德，而天德可全。參閱第五章第一節

他認社會上一切罪惡，一切禍亂，都是由於爭起；故他極力主張不爭。他這不爭主義，有兩種用意：一是免自己的過失，一是止他人的爭端。他全書之中，言及此意者凡數見，今引如左：

不尙賢，使民不爭。三章

水善利萬物而不爭。八章

夫惟不爭故無尤。八章

夫惟不爭，故天下莫與之爭。二十二章

以其不爭，故天下莫能與之爭。六十六章

是謂不爭之德，是謂用人之力，是謂配天古之極。六十八章

天之道不爭而善勝。七十三章

聖人之道爲而不爭。八十一章

凡此都見得他的不爭主義，不但是可以寡過，卽聖人之道亦只是「爲而不爭。」此可以見得不爭的眞義了。他之所謂不爭，並不是要離開社會以求避免人類的爭端，他是站在社會中以求消弭人類的爭端。他怎樣能做到如此呢？其最大功效就在「利萬物而不爭，」與「爲而不爭。」苟能專求利物而不與物爭功，盡力爲社會服務而不與社會爭功，此種道德行爲，還能多得嗎？故曰：「不爭之德，」「是謂配天古之極。」大抵平常人能熱心爲社會服務者，很少能免於「爭，」其不爭者，又往往趨於消極厭世之一途，其能「利萬物而不爭，」「爲而不爭，」則社會進步寧有底止？而社會道德，又寧有過於此者？故不爭主義，在老子道德實施上，像是屬於消極方面，其實他仍是積極的精神。

老子道德的積極方面，殆亦與儒家修身齊家治國平天下略同；不過因爲他的道德標準不同，故趨向亦異。他覺得凡道德必能實施於家國天下，才算是眞正的道德；不然，徒唱幾個空洞的名詞，不但無補於事實，並且還要貽人利用呢！他說：

修之於身，其德乃眞；修之於家，其德乃餘；修之於鄉，其德乃長；修之於國，其德乃豐；修之於天下，其德乃普。故以身觀身，以家觀家，以鄉觀鄉，以國觀國，以天下觀天下。吾何以知天下之然哉？以此。（五十四章）

大道廢，有仁義；智慧出，有大僞；六親不和，有孝慈；國家昏亂，有忠臣。（十八章）

絕聖棄智，民利百倍；絕仁棄義，民復孝慈；絕巧棄智，盜賊無有。（十九章）

此處是要見得他所謂德行，要在於實施受用，切切實實，絲毫不容假借。故曰：「以身觀身，以家觀家，以鄉觀鄉，以國觀國，以天下觀天下，」就是說要看你的德行是不是眞能修之於身，修之於家國天下，然後才能論斷你的德行是否堅定。並不是口中說幾個仁義忠孝之名，便算是道德的實施。仁義忠孝，只是一個空名，牠的眞精神是「行之而不著焉，習矣而不察焉。」一落空名，便只有軀殼而沒有精神。且如唐虞之際，君臣之間，穆穆棣棣，無所謂敬，無所謂忠，然而君無不敬，臣無不忠，無其名而有其實。姬周自太王王季文武周公，父子之間，融融洩洩，無慈孝之名而有慈孝之實，惟舜稱大孝，然其孝之名則成於其父頑、母嚚、象傲；龍逢比干稱忠，然其忠之名，則成於桀紂之暴。眞是「六親不和有孝慈，國家昏亂有忠臣。」故自整個的社會看來，倒是不有仁義忠孝之名，天下才可以太平。有了仁義，同時必有不仁不義假仁假義；有了孝子，同時必有頑父；有了忠臣，同時必有暴君。把這些名詞通統廢了，任乎性命之情，守其天眞之樸，以相忘於道術，無所謂仁義忠孝，亦即無所謂不仁不義與不忠不孝。有人說：仁義忠孝是名詞，仁義忠孝之行爲是事實，有了事實，然後才有名詞，不是先有名詞然後才有事實。且名詞之有無與事實並無關涉，縱令盡廢仁義忠孝之名，而不仁不義不忠不孝之事實，又胡可以免？老子之言，未免本末相舛了吧？我說：這是誤會了老子的意思。第一，老子意謂凡有一個名詞，同時必附帶着許多流弊，不如正本清源，把名詞廢了，其所附帶之流弊，也就無自而生。第二，所謂廢了名詞之後，而不仁不義不忠不孝之事，仍不可免，這自然是事實；惟須注意者：老子並不是主張廢了名詞就算道德指歸，他一面主張廢了名詞，一面還主張德行要表現到身家鄉國天下，才算是眞德，則亦何嘗本末相舛呢？

且不但如此，他道德的實施，顯然對個人家族社會，皆各有其分際。關於個人者，雖條目甚多，然最重要者莫如其所謂「早服。」何謂早服？他自己說：「夫惟嗇是以早服，早服是謂重積德，」韓非子曰：「夫能嗇也，是從於道而服於理者也。衆人離於患陷於禍，猶未知退，而不服從道理；聖人雖未見禍患之形，虛無服從於道理。故曰：夫惟嗇是以蚤服。」又曰：「知治人者其思慮靜，知事天者其孔竅虛。思慮靜則故德不去，孔竅虛則和氣日入。故曰重積德。夫能令故德不去，新和氣日至者，蚤服者也。故曰服是謂重積德。」（解老篇）簡單一句話，就是見事知機，早服從於道理。常人所以陷於邪僻行爲，以至於敗事者，大抵是因爲不服從於道理，故越理犯分，種種敗德之事，緣之而起，個人行爲遂不可以收拾。老子主張早服，眞是個人修德之妙諦了。人能遇事服從於道理，正是朝乾夕惕，以從事於「集義，」（見孟子養氣章）個人之德還致有所差失嗎？老子曰：「修之於身，其德乃眞。」如此做去，還能說是不眞切嗎？故余謂早服重積德，是老子對個人道德實施的重心。

老子曰：「修之於家，其德乃餘。」餘如有餘不盡之餘，意謂不僅把己身修好便算完事，還要看你能不能推修己之德使一家之中雍雍穆穆，才可證明你的德行除修治一己之外，還有餘緒。莊子曰：道之眞以治身，其餘緒以爲國家，即是此意。老子對家庭之間，不主張孝慈，他說：「六親不和有孝慈，」可知孝慈是片面的道德，即如前所述有頑父然後始顯出孝子，有不肖之子而後顯出慈父。若一家之中，父慈子孝兄愛弟敬，則將無所謂慈孝愛敬，惟在和愛的空氣中生養遊息，無慈孝之名而有慈孝之實；故老子對家族的道德，我以爲就是要求整個的「和。」和然後無所謂慈孝愛敬，然而無不慈不孝不愛不敬之事。蓋「和」的地步，必定要一家之中無一人不是眞德，且無一人不是眞德有餘，始能辦到；若孝與慈，則只係一人之德，與一家無與。（舜就是這樣一個例子）故可以說慈孝愛敬，都是各個分子的道德，「和」乃是整個家族的道德。

對社會的道德，就是他所謂鄉國天下他的最後目標在「其德乃普。」普即普及於天下之意。如何可以普及於天下？最重要者就是他所謂「玄德。」何謂玄德？他說：「生而不有，爲而不恃，長而不宰，是謂玄德。」這幾句最爲老子道德的珍貴，亦可爲社會道德的南針。這幾句的重要意義，就是在盡力爲社會服務而勿有私心，所謂生而不有，爲而不恃，長而不宰，就是說自己之德已經普及於一世之人了，一世之人都已受其化育之功了，而自己還不自有其功，才算是眞德。他說：「功成不名有。」又曰：「功成而不居。」又曰：「功成名遂身退天之道。」都是社會道德的金科玉律。我們看自古及今，個人聲譽之所以喪失，與社會事業之所以無成，幾何不是貪功求報之所致？翻開史書，所謂英雄豪傑，總是前半截聲聞赫赫，後半截令人太息。尋其原因，莫不是功成名遂而居功不退，橫遭疑忌，而至於殺戮。管子曰：「功成者隳，名成者虧，故曰孰能棄名與功而還與衆人同？孰能棄功與名而還返無成？無成有貴其成也，有成貴其無成也。日極則仄，月滿則虧，極之徒仄，滿之徒虧，巨之徒滅，孰能已無已乎？效夫天地之紀！」（白心）大概沒有精神修養的人，做了一點事業，卽欲卽身享受，而不知整個的社會，必待無量數的事業才能成功，個人之力任憑有多大天才，在社會都是滄海之一粟。以滄海一粟之功，如何能「居？」如何能「有？」然而必欲有之居之，其勢必激成相反之結果，甲自以爲有不世之功，乙丙丁戊亦自以爲有不世之功，互相煊赫，互相傾詐，社會乃成爲如環無端的糾紛而莫之能解。民國以來，政治不上軌道，所表現的常是「一團糟」的局面，長此以往，眞是不堪設想。其中原因，也就因爲大家無功而欲居功，有功更欲居功，知進而不知退，善爭而不善讓，物質有限，慾壑無窮，政治乃永無澄淸之望。必待社會上的人們，至少亦是做社會事業的人們，服膺著「爲而不有」「功成不居」的社會道德信條，中華民國的前途，才有希望。

老子曰：「修之於鄉，其德乃長；修之於國，其德乃豐；修之於天下，其德乃普。」然試問如何才能修之於鄉國天下呢？無功者居功，有功者爭功，就可以修之於鄉國天下了嗎？恐怕非但不能，且足以破壞之而有餘。所謂其德乃長，其德乃豐，其德乃普，全要日日爲而不自有，積功勞而不自居，以冀求全社會人的幸福，才是老子社會道德的本意。

莊子的道德實施論，係根據其「養眞全性」的標準，故消極方面反對有形的仁義禮智，積極方面，則主張復初以自適其適。

他所反對的仁義禮智，並不是有心要反對儒家，他是因爲在人的本性上，凡有所增損者，都是不好的東西，更不能稱之爲道德。他覺得仁義禮智，旣不是出乎本性，都不過是聖人用以維持世道，雖其用心未嘗不苦，然不是人性所固有，確是事實。故在常人雖認爲美德，莊子亦視爲戕賊本性的工具。所以他說：

> 意而子見許由，許由曰：堯何以資汝？意而子曰：堯謂我汝必躬服仁義，而明言是非。許由曰：而奚來爲軹？夫堯旣黥汝以仁義，而劓汝以是非矣，汝將何以遊夫遙蕩恣睢轉徙之塗乎？意而子曰：雖然，吾願遊其藩。許由曰：不然，夫盲者無以語夫眉目顏色之好，瞽者無以語夫靑黃黼黻之觀。意而子曰：夫無莊之失其美，據梁之失其力，黃帝之亡其知，皆在鑪錘之間耳。庸詎知夫造物者之不息我黥而

補我劓，使我乘成以隨先生耶？許由曰：噫！未可知也！大宗師

駢拇枝指，出乎性哉？而侈於德；附贅縣疣，出乎形哉？而侈於性。多方乎仁義而用之者，列於五藏哉？而非道德之正也。是故駢於足者，連無用之肉也；枝於手者，樹無用之指也；多方駢枝於五藏之情者，淫僻於仁義之行，而多方於聰明之用也。駢拇

至禮有不人，至義不物，至謀不謀，至仁無親，至信辟金。徹志之勃，解心之謬，去德之累，達道之塞。貴、富、顯、嚴、名、利，六者勃志也；容、動、色、理、氣、意，六者謬心也；惡、欲、喜、怒、哀、樂，六者累德也；去、就、取、與、知、能，六者塞道也。此四六者不盪胸中則正，正則靜，靜則明，明則虛，虛則無為而無不為也。庚桑楚

照這類的意思，在他書中很多，此處所引的幾段，要算是他掊擊仁義比較激烈的言論。他所以要掊擊仁義，是因為牠不出乎性，不出乎性就不是道德之正，其於人為附贅縣疣，為黥劓之刑，於全眞養性的目標為有損而無益；故不能不掊擊之。雖然，他對仁義既詛之為附贅縣疣，黥劓之刑，他確不是要反對整個的仁義之行。他只是不願以小仁小義之名號召於天下，使天下之人皆以小仁小義之名相尙，而忽於至仁至義之實，這是莊子認為最可憂慮之事。何謂至仁至義？他說：「至義不物，至仁無親，」是無仁義之名而有仁義之實，不但是莊子所不曾反對，並且是莊子所汲汲乎要提倡者。這種仁義之實，是出乎本性，不假外求，只須率性而行，自然可以無心而成化，所以一面看去，莊子誠然是反對仁義，細察之始知他是反對小仁小義之名，而擁護至仁至義之實，他所指出的「勃志，」「謬心，」「累德，」

「塞道,」中間並未提到仁義,就可知他並未把仁義列在「四六」之內,就可知他的主意並不在掊擊仁義,而在倡導人之本性。

他的積極道德,在於復初,何謂復初?就是要復本性的光明,即孟子所謂赤子之心的境界。有生之初,人無物欲之蔽,世無不潔之行,世事日繁,飾僞萌生,人之初性,漸失其本來之明,失明之後,又雕之以仁義,琢之以是非,於是不明者愈不明,且永無淸明之望。此如明鏡,既蒙了塵埃,而又於塵埃之上,繪以彣彰,無論其彣彰之如何美麗,總是蒙蔽此鏡之明,確是不可移易的事實;故最高境界,是永保其明潔,而塵埃莫得而入;其次有了塵埃,則用拂拭的工夫,使漸退去;最下是已經染了塵埃,更欲於「俗學」「俗思」之中,以求「復其初,」「到其明,」則不但無復其初到其明之望,且將愈失愈遠,往而不返。故曰:

> 繕性於俗學,以求復其初,滑欲於俗思,以求到其明,謂之蔽蒙之民。古之治道者,以恬養知,生而無以知爲也,謂之以知養恬,知與恬交相養,而和理出其性。夫德和也,道理也。德無不容仁也,道無不理義也,義明而物親忠也,中純實而反乎情樂也,信言容體而順乎文禮也,禮樂偏行則天下亂矣。彼正而蒙已德,德則不冒,冒則物必失其性也。(繕性)

此處見得莊子積極的道德行爲,他雖然也有道德仁義忠信禮樂之名,但是這些行爲都是由和與理的天性發出。(和理出其性)並且這幾件事,都是一個性的系統,要有全有,要沒有全沒有,正如一個人的四肢百骸，都是統率於一個腦神經，要有知覺，應該一齊都有，要沒有知覺，應該一齊沒有。假如足能行而手不能動，或手能動而足不能行，則此人為偏廢之人。禮樂偏行，正是一隅偏行，萬方偏廢，天下安得不亂？有人說：莊子既詛咒仁義為附贅縣疣，黥劓之刑，自然是不主張有仁義了，此處又明白的表出道德仁義忠信禮樂，且一一解說其分際，不嫌有些矛盾嗎？我以為這不足為莊子病。莊子之意，凡道德仁義忠信禮樂是由至性發出來的則為眞實，此種眞實，可以渾名之曰至性，亦可以因其見於事實而分名之曰道、德、仁、義、忠信、禮樂。莊子這種主張，仍是根據其道德標準「養眞全性」而來；假如這些道德名詞並不是出乎本性，徒以外界環境的湊合，（孔子曰、禮云禮云、玉帛云乎哉、樂云樂云、鐘鼓云乎哉、正是歎禮樂之末出乎本性、）或拘牽於文義之末，以求襲其美名，則不但不足以為道德，且是戕賊人性，安得不為附贅縣疣，黥劓之刑？而當時所稱為道德仁義者，大抵是繕性於俗學，滑欲於俗思，以襲道德仁義之名，而所要提倡者則為出乎本性的眞正道德仁義之實，何嘗矛盾來？他又說：「遠而不可不居者義也，親而不可不廣者仁也，節而不可不積者禮也，中而不可不高者德也，一而不可不易者道也。」（在宥）然則莊子豈但未嘗掊擊道德仁義，且積極以倡導之，觀其所謂「不可不」，則更是勉強力行以赴之，不過彼宗行之而不欲居其名耳。其有時以道德仁義立言者，殆就方內之言，以明其至德之實，非襲仁義道德之名者可比。至德之世的社會道德，就是「端正而不知以為義，相愛而不知以為仁，實而不知以為忠，當而不知以為信。」（天地）個人心情，則主張振己聰明以自適其適。何謂自適其適？他說：「忘足、屨之適也，忘要、帶之適也，知忘是非、心之適也，不內變不外從事會之適也。始乎適而未嘗不適者，忘適之適也。」（達生）又曰：「吾所謂聰者，非謂其聞彼也，自聞而已矣。吾所謂明者，非謂其見彼也，自見而已矣。夫不自見而見彼，不自得而得彼者，是得人之得，而不自得其得者也；適人之適，而不自適其適者也。夫適人之適而不自適其適，雖盜跖與伯夷，是同爲淫僻也。余愧乎道德，是以上不敢爲仁義之操，下不敢爲淫僻之行也。」（駢拇）故所謂自適其適者，就是不要爲外物所限制，物物而不物於物。他說：「狐不偕、務光、伯夷、叔齊、箕子、胥餘、紀他、申徒狄，是役人之役，適人之適，而不自適其適者也。」（大宗師）則知其所取者大，而其道德指歸完全在於精神生活，一切環境，舉不足以囿之。

第九章　政治論

中國古代的學者，很少有離開政治立場，而做純樸的學問；故每一個學者，都有其理想政治。其理想政治，就是其學術表現的目標。所謂「聖有所生，王有所成，皆原於一；」所謂「邦有道則見，邦無道則捲而懷之；」所謂「窮則獨善其身，達則兼善天下；」都見得他們的學術理想與政治理想，是一貫的性質。道家學者，本有純樸的哲學意味；然而老子的最後目標，乃在小國寡民之烏託邦，莊子的最後目標，乃在應帝王。並不是他們未忘情於社會，實因人類原是感情動物，而同時又是富有組織能力的動物。有感情故相團結，有組織能力故能於團結之中，求妥善之道，這就是人類政治的根源。我不是研究政治學者，我不敢替政治學下個定義。然而我可以籠統的說一句：就是政治學是要求人類各得其所。人類的欲望沒有止境，故政治的要求亦沒有止境。各家的理想政治，大抵都是拿人類各得其所的要求做目標，各家的政治主張，殆如醫師對病人所開的方單，醫師爲病人開方，必先診斷其病的現象，及其病的來源，然後或用清涼，或用疏散，以求祛除病象，以達於健全。一個學者的政治思想，亦必以社會現狀與人民疾苦爲對象，然後這種政治思想才能持之有故，言之成理，而希望其見於實施。故凡一種政治思想的產生，皆有其一定之背景，其背景即是社會之情狀，與個人之理想。然同一社會情狀之下，而有各種政治思想產生者，就是因爲各個人的理想不同，所見社會之病狀有異，因之所開之方劑，亦各具其特異之理由。研究一種政治思想，須先明其思想之對象如何，然後才能明瞭其方劑之由來與價值。道家思想發源最古，自黃帝以前，其道已顯；非其道已顯，其時社會情狀，原來如此。參閱前第三章道家思想就是描摹這種自然社會的自然現象，而「心嚮往之。」所以老子的烏託邦，其主要條件是「小國寡民。」蓋其理想政治最宜於簡單社會，而不宜於廣土衆民。老莊或亦未嘗不明此理，然而於春秋戰國之際，還要呶呶不休，提倡此種政治理想者：(一)由於其整個哲學的形成；(二)由於時代環境的激使。他們整個的哲學爲自然主義的哲學，故其政治主張爲無爲而治，乃自然之趨勢；至其時代環境，則縱橫捭闔，競尙權謀，他們假如拿另一種人爲的方法與智謀，以代替當時的政治，豈不等於揚湯止沸？他覺得人間一切罪惡，與政治之所以繁苛，人民之所以流離困苦，社會之所以不能寧息，全是執政者有爲的緣故。所以他們的理想，完全要達到無治的境界，就是郅治之世。所謂無治，亦不是散漫不羈，回覆到原人時代的情狀；他們的政治理想，仍是有方針，有組織，始終一貫的思想。

一、無治主義的原理

老莊政治思想的歸宿，在於無治，故他們的政治主張，可直名之曰「無治主義。」有治則入於人爲，人爲則背乎自然法則，而爲彼宗所不許。他們的意想是人莫不有其個性，任其個性的自然發展，俾各得其所，乃爲聖治之極。強此以就彼，或強彼以就此，都不免有一方要受其戕賊，卽不是他們政治的理想。故無治主義的根本原理，就是（一）發展個性，（二）順個性而勿　，（三）自然政治。

怎樣發展個性？老子曰：「物或行或隨，或噤或吹，或彊或剉，或培或墮，是以聖人去甚去奢去泰。」（二十九章）就是說「物之不齊，物之情也」，必欲「比而同之」就是「已甚」的行爲與奢泰的慾望；不但不應該，並且不可能。故聖人去甚去奢去泰爲的是要使行者自行，隨者自隨，噤者自噤，吹者自吹，彊者自彊，剉者自剉，培者自培，墮者自墮，各遂其生，各遂其長，然後可以養生送死無憾。蓋任何政治理想要不外求人類的自由，所謂自由，豈不是要人性的自然發展而不受無理之壓迫與宰制？雖今世所求者不能如老莊理想中的極端自由，但是要求發展個性，卽今世政治家亦應有相當的承認。因爲人類所以要有政治，爲的就是惟恐人羣之間，無妥善團結之道。有了政治組織，然後可使人類各得其所而無所戕害，假如有了政治組織，人類反增加了無理的壓迫與無理的宰制，則政治豈不成爲人類的桎梏？不成爲戕賊人類的工具？莊子曰：

> 彼正正者，不失其性命之情，故合者不爲駢，而枝者不爲跂，長者不爲有餘，短者不爲不足。是故鳧脛雖短，續之則憂；鶴脛雖長，斷之則悲。故性長非所斷，性短非所續，無所去憂也。意仁義其非人情乎？彼仁人何其多憂也？且夫駢於拇者，決之則泣；枝於手者，齕之則啼；二者或有餘於數，或不足於數，其於憂一也。今世之仁人，蒿目而憂世之患，不仁之人，決性命之情而饕富貴，故意仁義其非人情乎？

自三代以下者，天下何其囂囂也？且夫待鉤繩規矩而正者，是削其性也；待繩約膠漆而固者，是侵其德也；屈折禮樂呴俞仁義以慰天下之心者，是失其常也。天下有常然，常然者曲者不以鉤，直者不以繩，圓者不以規，方者不以矩，附離不以膠漆，約束不以纆索。故天下誘然皆生，而不知其所以生，同焉皆得，而不知其所以得；故古今不二，不可虧也。（駢拇）

莊子此論，較老子更爲詳盡，最足以發揮他們發展個性的政治主張，他最重要的，就是「不失其性命之情，」他說：「鳧脛雖短，續之則憂，鶴脛雖長，斷之則悲。」可知人類自有其本性，本性是成之於內，不容外界增損絲毫，治天下者，任其本性而發展之，就可以不失其性命之情。易曰：「成性存存，道義之門，」正是老莊政治的要求。儒者曰：「政者正也，正人之不正也。」（孔子語）又曰：「少而理曰治。」（荀子修身篇）說文曰：「理，治玉也。」治玉器者以成器爲主，割之裂之磨之琢之，在所不惜，而不暇顧全璞的本性。所謂正人之不正，所謂治理，在老莊心目中，都未免失其性命之情。莊子曰：「待鉤繩規矩而正者，是削其性也，待繩約膠漆而固者，是侵其德也，屈折禮樂，呴俞仁義，以慰天下之心者，是失其常也。」所謂治理，所謂正人之不正，正是失其性，侵其德，以失天下之常。此處自表面看來，他是反對禮樂教化，與現代教育思潮頗相剌謬；然而他確有充足的理由。他說：「曲者不以鉤，直者不以繩，圓者不以規，方者不以矩。」待規矩準繩而造成的方圓曲直，既傷物之本性，而所造成者更難免殘毀的傷痕，終不能成爲完美的方圓曲直。教育的功效，最好是在兒童天性未蒙習染之汚的時候去施展，若在惡劣環境中薰染多年的兒童，莫說教育效能，難以顯著，縱或是把他所薰染之惡習都移易了，其惡習的潛伏勢力，到相當的時期，還是要顯露出來。且人類的天性，亦何嘗一致？有毗於陽剛者，有毗於陰柔者，有天性靈敏者，有天性沉着者，教育功效，只能順其性而利導之，使充分發展其本能，而不至於流弊，已算是盡了教育的能事；如必欲使陽剛者化而爲陰柔，高明者化而爲沉着，則其勢必須戕賊本能而失教育之效。老莊之所謂不失性命之情，正是如此。他們並不是反對教育者，他們所反對的是戕賊人性的教育；保全本性的教育，他們不但不反對，並且還在提倡之列。（參閱第六章第五節）在人性已經喪失之後，而不設法正本清源去先做復性的工夫，乃零零碎碎要拿禮樂仁義去化導天下，一方面使天下之人離性日遠，一方面所化導者只是些詐偽的成績，至詐偽成績已經很普偏了，然後出來一兩個仁人，以正人之不正，以治理天下淫僻之行，如此爲政，民安得不「踶跂好知，爭歸於利，不可止也？」故他們的政治原則，乃在於「使天下無失其樸」，使天下無失其樸，就是天下之人各自發展其個性而不相防害，才是政治的正途。

他們的政治原則，既在於發展個性，則爲政者但當順人之個性而勿爲，故無爲政治，乃成他們政治思想的中心。故曰：

> 上德無爲而無以爲；下德爲之而有以爲。（老子三十八章）
>
> 取天下常以無事，及其有事，不足以取天下。（四十八章）

其政悶悶，其民淳淳；其政察察，其民缺缺。（五十八章）

民之饑，以其上食稅之多，是以饑；民之難治，以其上之有爲，是以難治；民之輕死，以其求生之厚，是以輕死。（七十五章）

馬蹄可以踐霜雪，毛可以禦風寒，齕草飲水，翹足而陸，此馬之眞性也。雖有義台路寢，無所用之。及至伯樂，曰：我善治馬，燒之剔之，刻之雒之，連之以羈馽，編之以皁棧，馬之死者十二三矣。饑之渴之，馳之驟之，整之齊之，前有橛飾之患，後有鞭筴之威，而馬之死者已過半矣。陶者曰：我善治埴，圓者中規，方者中矩。匠人曰：我善治木，曲者中鉤，直者應繩。夫埴木之性，豈欲中規矩鉤繩哉？然且世世稱之曰：伯樂善治馬，而陶匠善治埴木，此亦治天下者之過也。吾意善治天下者不然，彼民有常性，織而衣，耕而食，是謂同德；一而不黨，名曰天放。（莊子馬蹄篇）

其政察察，就是有爲政治；其政悶悶，就是無爲政治。依常理言之，爲政者察察維明，使天下得失是非，皆在於心中，寧非好事？而不知此乃政治上失敗的根源。淮南子曰：「灃水之深千仞，而不受塵垢，投金鐵鍼焉，則形見於外，非不深且清也，魚鼈龍蛇莫之肯歸也。是故石上不生五穀，禿山不遊麋鹿，無所陰蔽隱也。昔趙文子問於叔向曰：晉六將軍，其孰先亡乎？對曰：中行，知氏。文子曰：何乎？對曰其爲政也以苛爲察，以切爲明，以刻下爲忠，以計多爲功，譬之猶鄭革者也。廓之大則大矣，裂之道也。」（道應訓）這是其政察察的結果。察察就是自恃聰明的敢作敢爲，敢作敢爲，自然無意於顧全人民的個性，與人民的安全，美其名曰使民中方圓曲直，實則民之常性已盡失了。在上者猶將自詡其有爲，而「服文采帶利劍，」「損不足以奉有餘。」如此上行下效，上愈有爲，民愈刁滑，愈刁滑而愈難治，愈難治而賞罰刑政之具，乃不得不愈備。於是「前有橛櫛之患，而後有鞭策之威。」人民將不堪其苦了。然而人類之不慣於羈絡，是乃本然之性，不能舒展，則將爲愍不畏死之暴徒，揭竿倡亂，天下將不足以爲了。故曰：「取天下常以無事，及其有事，不足以取天下。」故曰：「上德無爲而無以爲，下德爲之而有以爲。」無爲乃無不爲，有爲乃無不敗。是知爲政大道，首在無爲。無爲並不是不做事，無爲是行所無事，是順物之情而無容私，以成其自然政治。何謂行所無事？孟子曰：「禹之治水也，行其所無事也。」今讀禹貢見其「隨山刊木，奠高山大川，」在外十三年，三過家門而不入，腓無胈，脛無毛，沐甚風，櫛疾雨，其用心不爲不苦，然而謂之「行所無事」者，就是能順水之自然性，以導入於海而已。這便是無爲政治的榜樣。不能如此，則將有爲，有爲則如鯀之治水，費盡心力，以築堤防，最後還是崩潰決裂，「九載績用弗成。」其原因就在失去水之自然性。故任憑他竭盡智力，都是沒用。這便是有爲政治的榜樣。老莊所要反對的有爲政治，就是這一類，決不是叫人民吃飯睡覺不做事，更不是要把人民鑄成蠢如鹿豕的癡騃漢。

何謂自然政治？自然政治，就是一方面要使人類充分發展其個性，一方面又要使人與人之間，不要以個性發展之故而生衝突，而影響於天下安寧。故自然政治，就是要使天下之人都能明自然之道，服自然之理，而安居樂俗於自然化育之中，而不自知其所以然，乃爲彼宗政治的成功。雖然，如何才能如此呢？則在爲政者躬服自然，以鎭靜無爲爲天下式。故曰：

聖人抱一以爲天下式。老子二十二章

侯王若能守之，萬物將自賓。三十二章

侯王若能守之，萬物將自化。三十七章

侯王得一以爲天下貞。三十九章

我無爲而民自化，我好靜而民自正，我無事而民自富，我無欲而民自樸。五十七章

常有司殺者殺，代司殺者殺，是代大匠斲，夫代大匠斲者，希有不傷其手者矣。七十四章

汝遊心於淡，合氣於漠，順物自然而無容私焉，而天下治矣。莊子應帝王

老聃曰：明王之治，功蓋天下而似不自已，化貸萬物而民弗恃，有莫舉名，使物自喜，立乎不測，而遊乎無有者也。同上

凡此都是自然政治的基礎，因爲要建設自然政治，故政治本身務要建設在自然上面，這種政治思想才能穩固。故所謂抱一得一都是指「一道」言，即是指自然言，守住此自然之道，不戕賊，不多欲，以爲天下儀表，人民相習成風，故亦不須有爲而自賓自化。所謂自賓、自化、自正、自富、自樸，這許多「自」字，都見得我守自然，民亦自然，各得其所。人君不守自然，則必有爲，有爲則如代大匠斲。「代大匠斲者，希有不傷其手者矣。」文子曰：「人君者不任能而好自爲，則智日困而自負責，數窮於下，則不能申理，

行墮於位，則不能持制，智不足以爲治，威不足以行刑，則無以與天下交矣。喜怒形於心，嗜欲見於外，則守職者離正而阿上，有司枉法而從風，賞不當功，罰不應罪，則上下乖心，君臣相怨，百官煩亂，而智不能解，非譽萌生而明不能照，非己之失而反自責，則人主愈勞，人臣愈佚。」（上仁篇）這還是單就人君立言，任智自爲則取敗如此；其實老莊之意，尙不止於人君的一方面。他們的意思是整個的政治，都應該無爲才對，一有爲了，人民就不得安生。柳子厚曰：

> ……長人者好煩其令，若甚憐焉，而卒以禍。旦暮吏來而呼曰：官命促爾耕，勗爾植，督爾穫，蚤繅而緒，蚤織而縷，字而幼孩，遂而雞豚，鳴鼓而聚之，擊木而召之。吾小人輟飧饔以勞吏者且不得暇，又何以蕃吾生而安吾性耶？故病且怠。（種樹郭橐駝傳）

子厚仕於唐德宗之世，目睹當時政治繁苛，人民無以安生的狀態，因借種樹者言表明政治不得大體的弊害。我們看了他這一段事實，然後明白老莊政治原理並不是完全空想，一有爲了，事實上就會有這樣不安的現象。自然，人事漸漸繁複了，社會漸漸進步了，還要夢想垂拱而天下治，垂衣裳而天下治，也是不可能的事實；不過在中國史上的人民，確是時時感覺暴君汚吏政治繁苛的痛苦，眞是「小民輟飧饔以勞吏者且不得暇，又何以蕃吾生而安吾性耶？」漢之文景，所以稱治一時，就是能略師老莊之意，以與民休息。平常的政治家，都是以己治民，而不知以民治民的道理。以己治民，是以自己私意去治理百姓，以民治民是順百姓之情，以輔導百姓。凡政府所做的事，都是百姓所需求的事，故政府做了，百姓總視若固然。殘暴的政府，處處與百姓相違反，在他們或者還自以爲是愛養百姓，其實處處是殘害百姓，正是「若甚憐焉而卒以禍。」莊子的設喻最妙，他說：

南海之帝爲儵，北海之帝爲忽，中央之帝爲渾沌，儵與忽時相與遇於渾沌之地，渾沌待之甚善，儵與忽謀報渾沌之德曰：人皆有七竅以視聽食息，此獨無有，嘗試鑿之，日鑿一竅，七日而渾沌死。（應帝王）

凡此都是無治主義的根本原理，假定有一個「小國寡民」給他們做這種理想政治的試驗，他們應該首先注重國民的個性，然後順其個性而行所無事，以鑄成自然政治，歸宿到其理想的「至德之世。」他們雖然始終未得到這種機會以試驗其政治理想，但是他們的政治原理，與其政治設施，却有一貫的理論。

二、政治設施的方針

他們的政治原理，既根據於發展個性與自然無爲，所以政治實施的方針，仍是本此理想，而爲一貫主張；言其大概，則以勿攖人心爲第一要義。他說：

聖人無常心，以百姓心爲心。（老子四十九章）

治大國若烹小鮮。（六十章）

何謂治大國若烹小鮮？韓非子曰：「事大衆而數搖之，則少成功，藏大器而數徙之，則多敗傷，烹小鮮而數撓之則賊其澤，治大國而數變法則民苦之，是以有道之君貴靜不重變法，故曰：治大國者若烹小鮮。」（解老）蘇子由曰「烹小鮮者不可撓，治大國者不可煩，煩則人勞，撓則魚爛，聖人無爲，使人各安其自然，外無所煩，內無所畏，則物莫能侵，雖鬼無所用其神矣。」（焦竑老子翼卷五二十七頁引）韓子是法家的立場，故以不重變法爲務，實則老子根本就未承認國家的法令，尚何有於變法？他的意思就是治國者不可以有爲，更不可好煩其令，致使人民無所適從，如烹小鮮之不可撓動，才是理民之要。然而如何始能合於此義呢？則在治國者不可先有一個成心，要純以百姓心爲心。蓋百姓有善有不善，有信有不信，治國者則皆善之信之，使同歸於德。孔子曰：「道之以德，齊之以禮，有恥且格。」就是要以人格感化，而不重刑戮。老子此言，殆亦同然歟？故凡以任謀任智爲政治設施方針者，均非老莊之原意，莊子曰：無爲名尸，無爲謀府，無爲事任，無爲知主，就是說不得已而臨天下，應該虛心若鏡，不將不迎，而後能勝物而不傷。故其言曰：

聞在宥天下，不聞治天下。在之也者，恐天下之淫其性也；宥之也者，恐天下之遷其德也。天下不淫其性，不遷其德，有治天下者哉？

莊子在宥

崔瞿問於老聃曰：不治天下，安藏人心？老聃曰：汝愼無攖人心。人心排下而進上，上下囚殺，淖約柔乎剛彊，廉劌彫琢，其熱焦火，其寒凝冰，其疾俛仰之閒，而再撫四海之外，其居也淵而靜，其動也縣而天，僨驕而不可係者，其唯人心乎？昔者黃帝始以仁義攖人之心，堯舜於是乎股無胈,脛無毛,以養天下之形,愁其五藏,以爲仁義,矜其血氣,以規法度;然猶有不勝也,堯於是放讙兜於崇山,投三苗於三危,流共工於幽都,此不勝天下也。夫施及三王而天下大駭矣,下有桀跖,上有曾史,而儒墨畢起,於是乎喜怒相疑,愚知相欺,善否相非,誕信相譏,而天下衰矣,大德不同,而性命爛漫矣。天下好知而百姓求竭矣。於是釿鋸制焉,繩墨殺焉,椎鑿決焉,天下脊脊大亂,罪在攖人心;故賢者伏處大山嵁巖之下,而萬乘之君,憂慄乎廟堂之上。同上

此處疏解無攖人心最爲明暢,心之爲物,僨驕而不可係。郭象曰:「人心之變,靡所不爲,順而攻之,則靜而通;治而係之,則跂而僨驕,僨驕者不可禁之勢也。」殆卽孔子所謂「出入無時,莫知其鄉」之義了。因爲牠是出入無時,莫知其鄉,故只能順而故之,而不能攖動,不攖動便是「在宥,」便是不遷其德,不淫其性,不治天下,天下自然各得其所,不能如此,則將腓無胈脛無毛,形勞天下,其結果將如何呢?莊子曰:「亂之上也,治之下也。」天下篇 如此勤勞天下,還不足以爲治,卽可知政治是要帶有自然性的,違反自然,是不能勝的。自然是什麼?就是全民衆的心理,違反了全民衆的心理,然後再以獨夫之心去防閑天下之亂,應付天下之人,安有能勝之理?老聃曰:女愼無攖人心,眞是政治設施的軌範。

要保持這種勿攖人心的自然政治,則惟有「不尙賢」的法門,可使這種政治建築得穩固,因爲他們的政治目標,在使民甘其食,美其服,安其居,樂其俗,故最怕的就是相爭,相爭則這種政治理想就要根本破壞。老子曰:「不尙賢,使民不爭。」莊子曰:「知出乎爭。」又曰:「知也者,爭之器也。」故所謂

賢知，在老莊心目中，都是爭的工具，政治場中有了賢者智者，就不免要施展他的作爲，「愁其五藏以爲仁義，矜其血氣以規法度，」天下就要「脊脊大亂」了。故曰：「不尙賢使民不爭，」「絕聖棄智民利百倍，」「掊擊賢聖，縱舍盜賊，而天下始治矣。」這些議論都是一貫的政治見解，這種政治見解，與儒墨恰立相反的地位。儒者曰：「文武之政，布在方策，其人存則其政舉，其人亡則其政息。」又曰：「尊賢使能，俊傑在位，則天下之士皆悅而願立於其朝矣。」墨者曰：「入國而不存其士，則亡國矣；見賢而不急，則緩其君矣，非賢無急，非士無與慮國，緩賢忘士而能以其國存者，未曾有也。」（墨子親士篇）又曰：「是故國有賢良之士衆，則國家之治厚；賢良之士寡，則國家之治薄，故大人之務，將在於衆賢而已。」（尙賢上）又曰：「古之聖王之爲政，列德而尙賢，雖在農與工肆之人，有能則舉之，高予之爵，重予之祿，任之以事，斷予之令。曰：爵位不高則民弗敬，蓄祿不厚則民不信，政令不斷則民不畏，舉三者授之賢者，非爲賢賜也，欲其事之成。故當是時以德就列，以官服事，以勞殿賞，量功而分祿。故官無常貴，而民無終賤，有能則舉之，無能則下之，舉公義，辟私怨，此若言之謂也。」（尙賢上）彼謂尙賢爲政之本，曰：「自貴且智者爲政乎，愚且賤者則治。自愚賤者爲政乎，貴且智者則亂。是以知尙賢之爲政本也。」（尙賢中）凡此都是賢人政治的主張，與老莊政治理想完全相反。老莊以爲尙賢則將賤不肖，好智則將惡愚，有了貴賤好惡，則爭端以起，天下乃無寧息。翻開歷史，總是亂日多而治日少，其所以然的原因，就是有了幾個賢人在上面籠罩着，則人民可暫得一息的安寧，一旦所謂賢者未必賢，而所謂智者未必智，則政治崩潰，人民塗炭。老莊欲根本取消這種賢人政治，是否即能做到，固爲另一問題，但是他們所攻擊的賢智之弊，却有不可磨滅的眞理呢！莊子曰：

> 今遂至使民延頸擧踵曰：某所有賢者，贏糧而趣之，則內棄其親，外去其主之事，足跡接乎諸侯之境，車軌結乎千里之外，則是上好知之過也。上誠好知而無道，則天下大亂矣。何以知其然耶？夫弓弩畢弋機變之知多，則獸亂於澤矣。知詐漸毒頡滑堅白解垢同異之變多，則俗惑於辯矣。故天下每每大亂，罪在於好知。故天下皆求其所不知而莫知求其所已知者，皆知非其所不善而莫知非其所已善者，是以大亂。故上悖日月之明，下爍山川之精，中墮四時之施，惴耎之蟲，肖翹之物，莫不失其性，甚矣夫好知之亂天下也。自三代以下者是已。舍夫種種之民而悅夫役役之佞，釋夫恬淡無爲而悅夫啍啍之意，啍啍已亂天下矣！（胠篋）

他所攻擊賢知的理由，就是因爲賢知的結果，是「動而愈出」無有窮期。一世之人都在賢知中競爭，是不獨個人的生活太苦，社會亦難以安寧吧？這句話拿現在眼光來說，好像是在進化潮流上大開其倒車，其實是「人之迷其日已久。」以今世論，這種賢人政治，英雄政治，競尙機詐的政治，大概也要到窮盡之期了。要想救濟這種政治之窮，還是拿更有力的賢人英雄機詐以壓倒現在的局勢呢？則是以火救火，以水救水，寧有能勝之理？不得已則唯有放棄這種賢人政治，英雄政治，與機詐的政治，而提倡平民政治與自由博愛的政治。所謂平民政治，自然未必就是老莊不尙賢的政治。所謂自由博愛的政治，也未必就是自然無爲的政治。然而原理則不甚相遠。孟子曰：「君子不以養人者害人。」試問如今國際間的政治，何處不是以養人者害人？現在小國有要求解放的呼聲，大國有裁減軍備與停止毒氣殺人的運動，這些事件自然完全是空談理論；但是我相信終必有成爲事實之一日。現在號稱一等國與文明國者，是怎樣得來的呢？豈不是靠其軍備的擴張，與其殺人利器的精銳嗎？這些工具，都是積許多賢者智者的心血而成。初發明者原欲用以殺人，最後則且用以自殺，這才明白「以智治國國之賊，不以智治國國之福」的眞義。要想世界和平，只有廢除這種賢知政治，然後才有希望。

老子書中關於君臣分際，言之頗少，僅曰「國家昏亂有忠臣，」其他則多言王侯，少言臣子，以君臣對舉者，竟未曾有。惟莊子書中，則頗斤斤於君臣之分。以莊子之個性與其品格，我們總要覺得他是方外之人，他是不弊弊焉以天下爲事者，孰知他於君臣之分，到看得很鄭重呢？他說：

> 臣之事君，義也，無適而非君也，無所逃於天地之間。……夫事其君者，不擇事而安之，忠之盛也。……爲人臣子者，固有所不得已。行事之情而忘其身，何暇至於悅生而惡死？（人間世）
>
> 天地雖大，其化均也；萬物雖多，其治一也；人卒雖衆，其主君也。君原於德而成於天，故曰：玄古之君天下，無爲也，天德而已矣。以道觀言，而天下之君正；以道觀分，而君臣之義明。（天地）
>
> 孝子不諛其親，忠臣不諂其君，臣子之盛也。（天地）

這種言論，與方內之言，完全無異，他主張君臣之間，以義相合，臣子不諂其君，君須合於天德在這種分際之中，則爲人臣者應忘其身以事君，且謂無所逃於天地之間，從可知莊子對世事並未遺棄。彼且更主張君臣職守，應各有其分，政治的設施，才有效力。他說：

何謂道？有天道，有人道，無爲而尊者天道也，有爲而累者人道也。主者天道也，臣者人道也。天道之與人道也，相去遠矣，不可不察也。在宥

夫帝王之德，以天地爲宗，以道德爲主，以無爲爲常。無爲也則用天下而有餘，有爲也則爲天下用而不足。故古之人貴夫無爲也。上無爲也，下亦無爲也，是下與上同德；下與上同德則不臣。下有爲也，上亦有爲也，是上與下同道，上與下同道則不主。上必無爲而用天下，下必有爲爲天下用，此不易之道也。天道

他以天道人道分君臣職守，天道無爲，人道有爲，故君應無爲，而臣應有爲。無爲以用天下，有爲爲天下用，相輔而施，則「本在於上，末在於下，要在於主，詳在於臣，」天道 此不但君臣分際如此，凡有主從之體者，都應該如此吧？假如爲主體者，瑣瑣屑屑，遇事躬親，則不但做事的人要感覺難以措施，卽整個的事體，亦難得要領。所以他堅決的說：「上必無爲而用天下，下必有爲爲天下用，此不易之道也，」班固稱道家爲君人南面之術，蓋深服其能得政治設施之要領。司馬談曰：「虛者道之常也，因者君之綱也，羣臣並至，使各自明也。」亦見得道家政治設施，最能得到大體，正是旨約而易操，事少而功多，雖老

子書中，未有具體的明言，然以意推之，莊子所云，當不逆老子之意。

三、對禮義法度的批評

在政治觀點上，老莊對禮義法度，大體都是主張不要的；不過老子立言渾含，言簡意賅，論斷多抽象，而少具體。莊子言論充暢，多具體之言；故二人對禮義法度的態度，看起來甚不一致。老子是絕對的主張不要，莊子是相對的主張不要；然而他們根本意義，却自相同。根本意義是什麽？就是自然。就是這許多東西有亦未嘗不可，不過不可繁苛，致違反自然，則將爲亂天下之具。而況這一類東西的根本價值，只是社會有缺點時利用之以維持社會秩序者，視爲政治上的唯一法寶，就大錯了。故用牠的時候，應該明白是工具不是目的，不但是工具，並且是如同芻狗用後卽棄的工具。譬如學校規則，是用以達到良好校風的一種工具，假如專以規則繁苛自詡，就根本失了規則的意義；而況校風的良窳，並不在規則之有無，民風之厚薄，亦不必是禮義法度所能左右，不但如此，世風既下，禮義法度，且供黠者利用之以欺世。老莊時代，正是此風大盛的時代，所以他們很激烈的反對禮義法度，爲的是社會人士都拿這種工具做目的，且更進而爲欺世盜名的捷徑，所以他們要說：

夫禮者忠信之薄而亂之首也。（老子三十八章）

法令滋彰，盜賊多有。（五十七章）

爲之斗斛以量之，則幷與斗斛而竊之；爲之權衡以稱之，則並與權衡而竊之；爲之符璽以信之，則並與符璽而竊之；爲之仁義以矯之，則並與仁義而竊之。何以知其然耶？彼竊鉤者誅，竊國者爲諸侯，諸侯之門，而仁義存焉，則是非竊仁義聖知耶？故逐於大盜，揭諸侯，竊仁義，並斗斛權衡符璽之利者，雖有軒冕之賞弗能勸，斧鉞之威弗能禁，此重利盜跖而使不可禁者，是乃聖人之過也。（莊子胠篋）

凡禮樂法令斗斛權衡符璽仁義，都是乘社會之弊，應時而生之品，最不宜於輕用，不得已而用之，或可收得若干效果；假如爲政專恃乎此，則不但這些品物將失其效能，且將流爲虛僞，而貪狡黠者以竊盜。老子曰：「魚不可脫於淵，國之利器不可以示人。」莊子曰：「名公器也，不可多取，仁義先王之蘧廬也，止可以一宿，而不可以久處，」我以爲都是指此。魚不可脫於淵的兩句，後人頗以此非難老子，爲權謀術數，其實老子所謂國之利器不可以示人者，殆謂禮樂法令之具，有國者不可不備，然不可輕用，輕用則失其效能而愈滋紛擾。故曰：「法令滋章，盜賊多有。」法令原是防止盜賊者，但是爲政不在根本上着想，專務法令條文的繁苛，以爲可以止盜，結果乃適得其反。他說：「民不畏死，奈何以死懼之？若使民常畏死，而爲奇者，吾得執而殺之，孰敢？」文子曰：「凡民之不畏死，由刑罰過，刑罰過則民不賴其生，生無所賴，視君之威末如也。刑罰中則民畏死，畏死由生之可樂也，知生之可樂，故可以死懼之。」（大道篇下）都可見得法令太繁苛了，政治只有日趨崩潰，豈但法令？一切制度儀文的形式太繁苛了，都是頹唐衰苶的表現。故凡禮義法度，都自有其本，遺其本而趨末，即不免於亂。昔林放問禮之本於孔子，孔子曰：

「大哉問！禮與其奢也寧儉，喪與其易也寧戚。」這就見得當時禮已失其本意，而流於奢侈，故孔子言之如此。蓋禮義法度誠然是國家利器，然欲特此以牢籠一世之人，則一世之人亦皆可以借此以圖竊名器，名器竊到手了，則又「仁義存焉。」到此時期，舉凡一切禮義法度皆可爲欺盜之具，而其根本意義全失了。莊子曰：「君人者以己出經式義度人，……是欺德也。其於治天下也，猶涉海鑿河，而使蚊負山也。」（應帝王）就是說人君專以己意想出若干經常儀式，以度量天下，是不足以治天下的。他說：

三皇五帝之禮義法度，不矜於同，而矜於治。故譬三皇五帝之禮義法度，其猶柤梨橘柚耶？其味相反而皆可於口。故禮義法度者，應時而變者也。今取猨狙而衣以周公之服，彼必齕齧挽裂，盡去而後慊。觀古今之異，猶猨狙之異乎周公也。（天運）

禮義法度爲應時而變的政治工具，眞是千古不磨之至論。牠的任務，在達到「治」的目標，而不在達到「同」的境地；故凡異時異地而欲以禮義法度勉强相襲者，都不免於「猨狙而衣周公之服」。以是推之，一時代有一時代的禮義法度，一地方有一地方之禮義法度，牠是出乎人性的習慣，因時制宜的工具，當然時過境遷，不必拘滯。故我以爲莊子對前世所遺留下來的禮義法度，是主張不要的，——至多只取做參考品。他說：「六經先王之陳迹也，豈其所以迹哉？夫迹履之所出，而迹豈履哉？」（天運）故我知其非若儒家一味尊崇先王，他是要尊尚「時變」的。他並不是完全抹煞禮義法度之人，不過禮義法度既不可不應時而變，爲人君者更須明白這一類政治上的工具，皆自有其本，人君執本，人臣執末，人君無爲，人臣有爲，這還是他政治設施方針的一貫政策。我何以知其如此呢？他說：

本在於上，末在於下，要在於主，詳在於臣。三軍五兵之運，德之末也；賞罰利害五刑之辟，敎之末也；禮法度數形名比詳，治之末也，鐘鼓之音，羽毛之容，樂之末也；哭泣衰絰隆殺之服，哀之末也。此五末者，須精神之運，心術之動，然後從之者也。末學者古人有之，而非所以先也。……是故古之明大道者，先明天而道德次之，道德已明而仁義次之，仁義已明而分守次之，分守已明而形名次之，形名已明而因任次之，因任已明而原省次之，原省已明而是非次之，是非已明而賞罰次之，賞罰已明而愚智處宜，貴賤履位，仁賢不肖襲情，必分其能，必由其名。以此事上，以此畜下，以此治物，以此修身，知謀不用，必歸其天，此之謂太平，治之至也。……驟而語形名，不知其本也；驟而語賞罰，不知其始也。……驟而語形名賞罰，此有知治之具，非知治之道；可用於天下，不足以用天下，此之謂辯士，一曲之人也。禮法度數形名比詳，古人有之，此下之所以事上，非上之所以畜下也。（天道）

他承認禮法度數形名賞罰，是「治之具」，而不承認是「治之道」。「治之具」是維持社會秩序的一種工具，「治之道」是政治上的原理。人君應該明白政治原理，臣下應該謹守政治上的科條。故曰：「禮法度數形名比詳，古人有之，此下之所以事上，非上之所以畜下也。」這些工具更要分其能，由其名而用之，始可以免於亂。故曰：「知謀不生，必歸於天。」因爲這些工具已經是儀文之末，若再夾以個人知謀以苛察繚繞，則必失其天。失其天就是失其天然效能而至於混亂；所以他說：「此五末者須精神之運，心術之動，然後從之者也。」郭象曰：「精神心術，五末之本也，任自然運動，則五事之末，不振而自舉」可知他所謂禮法度數形名比詳，仍是在行所無事之中，因其自然之理，而分其能，由其名，雖有之而不恃，縱有法令而不繁苛縱有度數而不瑣屑，與老子之意，殆仍是一而二，二而一也？

四、用兵的主張

老莊之道，長而不宰，爲而不爭，用兵之事，殆爲他們絕對所不許；而老子尤以「慈」自寶，當然更談不到征戰攻伐。惟是他們所處之環境，皆是重征伐而尙首功，所以在老子書中，頗言及用兵之道，而於言辭之中，表現着反對用兵之主張。因其言之至精，後世兵家乃大放其形，而爲用兵方略。江瑔讀子巵言曰：『道家沈機觀變，最精於謀，若施之於戰陣之間，天下遂莫與敵。如太公之言曰：「鷙鳥將擊，其勢必伏，至人將動，必有愚色。」此卽兵家示敵以弱之術也。老子之言曰：「將欲翕之，必固張之；將欲奪之，必固與之」此卽兵家餌敵之策也。又曰「知其雄，守其雌，」此卽兵家知己知彼，百戰百勝之道也，……大氐道家之術最堅忍而陰鷙，兵家卽師其術以用兵。』實則道家以慈爲主，並不如此陰鷙，惟太公確爲陰鷙有謀的兵家，然已不是純正的道家了。老子曰：

> 夫慈以戰則勝，以守則固。六十七章
>
> 善爲士者不武，善戰者不怒，善勝敵者不爭。六十八章
>
> 用兵有言，吾不敢爲主而爲客，不敢進寸而退尺，是謂行無行，攘無臂，扔無敵，執無兵。禍莫大於輕敵，輕敵幾喪吾寶。故抗兵相加，

哀者勝矣。（六十九章）

此爲老子對用兵的根本主張，一面看去恰似現在中國政府所崇尙的不抵抗主義，則老子之道，眞流毒無窮矣。然而老子的主張，係重在一個「慈」字，他是要以慈用兵，他本是主張不爭者，然至必不得免的時候，似亦未嘗極端退讓。他說：「不得已而用之，恬淡爲上。」恬淡卽是慈的意思，慈卽是愛養百姓不敢輕殺的意思。故主退而不主進，爲客而不爲主，一方面是不欲以武著稱，一方面是不敢輕敵。而主要意思則在不敢多殺，故曰：輕敵幾喪吾寶，寶卽慈也。又曰：抗兵相加，哀者勝矣，哀卽哀憐百姓，故能取勝。總之兵以仁慈而勝，殘暴而敗，此任從那一方面推敲，都是不可磨滅。所以他斷然的說，夫慈以戰則勝，以守則固。又曰：是謂用人之力，因爲慈者不忍殺人；不忍殺人者，人皆樂而推戴之，此之謂用人之力，此之謂仁者無敵於天下。故曰：

以道佐人主者，不以兵强天下，其事好還。師之所處，荊棘生焉，大軍之後，必有凶年。（三十章）

夫唯兵者不祥之器，（從王念孫校）物或惡之，故有道者不處。（三十一章）

凡有道者則知兵爲戾氣所鍾，若以兵强天下，是樂殺人，故爲有道者不處。孟子曰：「我善爲戰，我善爲陣，大罪也。」又曰：「善戰者服上刑。」文子曰：「起師十萬，日費千金，師旅之後，必有凶年，故兵者不祥之器也，非君子之寶也。」（微明篇）都見得兵凶戰危，非有道者所宜處；且戰爭之事，多半是以少數人之意氣，發生衝突，而多數人之生命，供其犧牲。春秋戰國之際，所謂國與國爭，自今日視之則莫非本國之同胞；民國二十年來軍閥互相殘殺，自人民視之，更何所恩怨？今者世界各國，莫不欲以兵強天下，苟千百年後，弭兵之事果能實行，而天下翕然同風，無所爭鬭，則回顧今日之此疆彼界，殺人盈野者，不幾如莊子蝸牛之喻嗎？莊子曰：

> 魏瑩與田侯牟約，田侯牟背之，魏瑩怒，將使人刺之。犀首聞而恥之曰：君為萬乘之君也，而以匹夫從讎，衍請受甲二十萬，為君攻之，虜其人民，係其牛馬，使其君內熱發於背，然後抶其背，折其脊。季子聞而恥之曰：築十仞之城，城者既十仞矣，則又壞之，此胥靡之所苦也。今兵不起七年矣，此王之基也；衍亂人，不可聽也。華子聞而醜之曰：善言伐齊者亂人也，善言勿伐者亦亂人也，謂伐之與不伐亂人也者，又亂人也。君曰：然則若何？曰：君求其道而已矣！惠子聞之而見戴晉人。戴晉人曰：有所謂蝸者，君知之乎？有國於蝸之左角者，曰觸氏，有國於蝸之右角者，曰蠻氏，時相與爭地而戰，伏尸數萬，逐北旬有五日而後反。君曰：噫！其虛言歟？曰：臣請為君實之。君以意在四方上下有窮乎？君曰：無窮。曰：知遊心於無窮，而反在通達之國，若存若亡乎？君曰：然。曰：通達之中有魏，於魏之中有梁，於梁之中有王。王與蠻氏有辯乎？王曰：無辯。客出而君惝然若有亡也。（則陽）

居今日以兵強天下的時代，看他這種議論，眞是太迂遠不切事情。莊子曰「萬世之後，而一遇大聖，知其解者，是旦暮遇之也。」這是他相信他的理想總有實現之一日。我總覺得人類假如長此以往，鈎心鬭角，在刀鋒上討生活，人類生機總是日趨於絕滅；且不一定是弱小滅亡，強大獨存，如此下去，只有同歸於盡的一途。我們看世界戰爭的方法，一次較一次進步，殺人的利器，一期比一期精銳，有了一種利器，就有一種防禦的方法。有了飛機，就有高射礮，有了毒瓦斯，就有防毒器，舉世之人，都盡心竭力在殺人器利上想方法，雖勝者亦未免太苦了吧！且勝敗又何嘗有一定標準？一九一四年的戰爭，德國是敗了，法國是勝了；但是德國能長此相安於敗，法國能長此相安於勝嗎？試想一八六〇年的耶拿Jura之役，與一八七〇年的普法之役，則今次之勝，何能視爲定勝？今次之敗，亦何能視爲定敗？現在各國創痛未平，而衝突裂痕倒又日趨尖銳，則未來的世界隱憂正方興而未有艾。微聞德國十餘年來，朝野上下，均一致同風的埋首發明殺人利器，其成績至可驚歎，預料世界第二次大戰發生，其殺人之巧妙，與傷亡之衆多，必遠勝於前次之戰。如此陸續循環下去，大概數百年後，地球上只有山川草木沒有生物蹤跡了。這種自相殘殺，何嘗是人類的需求？居現在大家尙殺的時代，我不殺人，即須被殺，自然談不到不爲主而爲客，不進寸而退尺，（寫至此處、正暴日侵我淞滬、礮聲震耳之時、）但是我相信大家總應該有覺悟的一日，覺得這種「殺人之父人亦殺其父，殺人之兄人亦殺其兄」的自絕生機之生活，是太沒意思了，將不得不於死中求活，翕然廢去一切「不祥之器」，則老子所謂「却走馬以糞」之時了。這時的世界，才能見得和平之神呢！

五 理想的國家

他們有了政治的原理，和政治設施的主張，自然也應該有他們理想中所建設的國家，他們書中都有明顯的記載，茲述之如左：

小國寡民，使有什伯之器而不用，使民重死而不遠徙，雖有舟輿，無所乘之，雖有甲兵，無所陳之。使民結繩而用之，甘其食，美其服，安其居，樂其俗，鄰國相望，雞犬之聲相聞，民至老死不相往來。（老子八十章）

至德之世，其行塡塡，其視顚顚。當是時也，山無蹊隧，澤無舟梁，萬物羣生，連屬其鄉，禽獸成羣，草木遂長。故其禽獸可係羈而遊，鳥雀之巢可攀援而闚。夫至德之世，國與禽獸居，族與萬物並，惡乎知君子小人哉？（莊子馬蹄）

至德之世，不尙賢，不使能，上如標枝，民如野鹿，端正而不知以爲義，相愛而不知以爲仁，實而不知以爲忠，當而不知以爲信，蠢動而相使不以爲賜，是故行而無迹，事而無傳。（天地）

子獨不知至德之世乎？昔者容成氏，大庭氏，伯皇氏，中央氏，栗陸氏，驪畜氏，軒轅氏，赫胥氏，尊盧氏，祝融氏，伏戲氏，神農氏，當是時也，民結繩而用之，甘其食，美其服，樂其俗，安其居，鄰國相望，雞狗之音相聞，民至老死而不相往來。若此之時，則至治已。（胠篋）

看起來他們的理想國家，竟是完全相同，雖莊子多發揮了許多意思，但是歸結還是同老子一致。這種理想的國家，有什麼好處呢？民如野鹿是好處嗎？國與禽獸居，族與萬物並，是好處嗎？則今世野蠻部落，都可成爲理想世界了。然而我相信他們的理想決不是要求野蠻。他的意思是要求「端正而不知以爲義，相愛而不知以爲仁，實而不知以爲忠，當而不知以爲信。」此種相忘於道術的眞實德行，豈野蠻人民所能望其項背？莊子所謂民如野鹿，國與禽獸居者，蓋極言至德之世的沒有機心，沒有君子小人之辨，他何嘗是要與禽獸同行？不過這種理想的國家須有一個條件：就是「小國寡民。」國小則易於同風，民寡則不起機心，全國皆一致同風，沒有機心，而鄰國又互相和輯，政府自然不須甲兵，不須禮樂教化。地方已經就不大了，人民又重死而不遠徙，自然舟輿什伯之器，均無所用，人民安樂於甘食美服之中，不知「帝力於我何有哉？」所以老子衡量政治的標準是：

太上下知有之，其次親之譽之，其次畏之侮之。信不足，焉有不信焉。悠兮其貴言，功成身退，百姓皆謂我自然。十七章

太上下知有之，就是「日出而作，日入而息，鑿井而飲，耕田而食。帝力於我何有哉」的境界。人民知有帝而已，而不知帝力於我何有？這正是「蕩蕩乎民無能名焉」。故曰：「太上。」親之譽之，則見有心去行仁政，使百姓處處感覺到「王者之迹，」而不能不親之譽之，雖亦無傷於民，而未能無心成化，故居「其次，」最下則道之以政，齊之以刑，使民生畏，而不知大威雖至，民亦何嘗視為可畏？且看世界各國的歷史，凡革命之起，都是起於法令滋章嚴刑峻法之世，然則所謂畏之者，正是侮之的朕兆。故他的政治標準是「下知有之；」他的政治人才，是要有功成身退的德行，以合乎自然大道，才能達到他的理想政治。

這種理想政治，很有些人懷疑。他們既說「六經先王之陳迹也，」又曰「禮義法度者，應時而變

者也，……觀古今之異，猶猨狙之異乎周公也。」何以他們的理想政治，定要以結繩爲治的太古爲目標？還是現在可以回復到太古之世呢？還是太古之世可以回復到今日呢？二者均不可，然而猶戀戀於「民結繩而用之，」不幾爲「猨狙而服周公之服」嗎？我以爲這又是落於形器之論了。他們的意思，是要爲這種理想政治，尋一個類似的榜樣，給人們稍稍有些影像。什麼時代是類似的榜樣呢？只有太古之世，還有些渾樸自然的氣象，故用以取譬，非泥古者可比。

有人說：老莊政治思想，是最古的無政府主義者。其實老子屢屢提到「侯王，」提到「聖人，」就是君主的代名詞。他又說：「其政悶悶其民淳淳。」又曰「不以知治國國之福，」都是有政府的證據。莊子則更詳論君臣之義，與君臣之職守，那裏有絲毫無政府的意味來？不過他們都是主張政府不要干涉人民，一般人腦筋中都注滿了政府應該剝削人民的思想，看見他們主張政府不應該干涉百姓，遂以爲是無政府主義了。又有人看他們主張忘己忘物，以爲是羣己界綫不分了，遂說他們是共產主義者。其實共產主義的要件，在提倡階級鬬爭，在他們全書之中，處處只見得戒爭，却未有倡爭的影子。更有人謂老莊是代表中國古代南方學者的政治思想，與北方周孔派的政治思想相對峙。這種說法，是來自日本，而謝旡量本之以作古代政治思想研究。日本人研究中國學問，除不能深悉其中義蘊外，還要拿他們主觀鄙見，島國民的狹小胸襟，加了些作用進去。他們很祈禱中國政局，永遠分爲南北兩槪，予彼以多方侵略的機會，遂硬說中國古代就有南北兩種政治思潮，則今日之分爲南北，固其宜矣。謝无量曰：「南派是自然主義，北派是人爲主義；南派以爲國家社會發達，是那環境上時勢上所造成的自然結果，爲政者只在因勢利導，北派却以爲政治進步，是一般執政聖賢的人格教令所感化，可以預定一種圓滿妥善的計畫，如那些制禮作樂的辦法。」又曰：「老子爲南學之宗，他這學派仍是出於古之道術；不過與周孔派的新學說不同，他是深觀前聖在人事方面應用有效的公例來著書，巋然獨樹一幟，後來便和北方周孔派對立。北學重理想，南學重實驗，北學是人爲主義，南學是自然主義，北學所選擇的工具是形式方面的，南學所選擇的工具，是精神方面的。」（見古代政治思想研究第一章第三章）我看老子書中處處見得人事的重要，何嘗完全是歸順自然？他是要在自然力中奮鬭，此在以前各章多已說及。孔子固然是重人事者，但所選擇的工具，亦何嘗是「形式的？」則周公孔子之治，豈不成爲髑髏之治嗎？況既謂北方重人爲，南方重自然，又曰北方重理想，南方重實驗。自我觀之，凡重自然者，總易於到理想的道路，重人爲者總容易到實驗的道路。今乃適得其反，足見這種南北分法，持之無故，言之不能成理。且一個大思想家大政治家，苟其思想規畫，猶限於一個區域，則亦未免太狹隘了。況老子雖南人，而久居北方；孔子雖北人，而周遊各國，何至囿於一地方的情形而發爲政見？總之吾謂老子孔子，都是由大自然的道路中尋出他們學問的路子。（參閱前第三章）雖然自外表看來，老子是偏向於自然，孔子是偏向於人事，但是自然中並未拋棄人事，人事中亦未違背自然；所以他們學問的道路雖不相同，學問的歸宿却在一條路上，正不能以其方術略殊，遂謂爲一南一北。更因其偏於自然，則謂其重實驗而所選擇之工具爲「精神的，」因其偏於人事，則謂其重理想而所選擇之工具爲「形式的。」吾則以爲所謂「南方，」「自然，」「實驗，」「精神的，」與「北方，」「人事，」「理想，」「形式的，」那幾個名詞，不但不相貫串，並且有些不倫不類。硬要以意爲之，把牠們穿在一起，就未免太不自然了。

我覺得凡是研究一家學問，最忌的是強相比附；一強相比附，就會失去牠的原來面目。所以我對於各家比附老莊政治思想的，未嘗不承認有一小部分的理由；然而爲尊重老莊原來面目起見，還是不敢贊同。

第十章 養生論

談到養生，大概都要認爲道家專有之術吧？誠然，道家是很重視養生；但並不如平常人所想像的那樣玄祕。我以爲眞正的道家，應該以老莊爲宗，在老莊以前那些號稱道家學者，都不是純粹的道家；在老莊以後的道家，則更羼雜了許多方士陰陽之術，道家遂從此失了眞正的面目。本章所欲言者，爲老莊養生論，取材悉以老莊本書爲主，一切神祕之論，皆所不取。

老子生平好像未把養生這件事體，看做如何重要；在他書中，亦未把這件事，當做重要問題，提出發揮。雖第五十章中，有「蓋聞善攝生」之語，但是他亦未說出怎樣攝生的方法。惟七十五章有這樣幾句話：

> 民之輕死，以其求生之厚，是以輕死。夫惟無以生爲者，是賢於貴生。

這幾句話可以當做老子養生論的代表了。吳澄解得最好，他說：「輕，易也。生生之厚，求生之心太重也。賢，猶勝也。貴生，貴重其生，即生生之厚。求生之心重，保養太過，將欲不死，而適以易死。至人非不愛生，順其自然，無所容心，若無以生爲者；然外其身而身存，賢於重用其心，以貴生而反易死也。」此解深得老子之旨。老子最大目標，在明大道，個人身體，方且後之外之，其十三章且云：「吾所以有大患者，爲吾有身；及吾無身，吾有何患？」這是他主張無身的議論。但他又說「貴以身爲天下，愛以身爲天下，」又像是把身子看得很重要的。不知者或竟要疑惑是相矛盾吧？其實是因爲一個人是由眞我與假我相合而成，假我是凡軀，眞我是大道。莊子曰：「非彼無我，非我無所取。」彼卽眞我；我卽假我。中庸曰：「道也者，不可須臾離也。」道，卽眞我；「不可須臾離，」卽暗含一個假我。要養眞我，則不可受假我凡軀之累。然而老子是要做事業的，不如佛家的出世主張，故不能滅此身以歸道。苟眞無此身，則事業無所附託，道亦無由以明。老子滿腔是積極精神，時時要做天人合一的工夫，假如沒有「人，」自然也就無所謂「天，」而道也就要落空了。故就眞我言，假我自然以後之外之無之爲尙；然就眞我的附託與表現言，則雖假我亦自不可少，故又當愛之貴之。總之他完全是以眞我爲主，所謂無以生爲者，就是要毋以假我之生爲主，而以眞我之生爲主，則假我自然得所養，較之專養假我，而遺眞我者，要勝得多了。舉例言之：衞生家日日講求養生之道，而精神無所寄託，則雖形式上名曰衞生，實際上猶未免於戕生；倒不如使精神得所頤養，較彼形式上的衞生，自然要好得多。所謂精神得所頤養，尙是眞我中之末事，苟能眞正養得眞我，則區區假我，自然可以不養養之。孟子所謂養其大體而小體從之，大體就是眞我，小體就是凡軀，也是說能養得眞我，凡軀自然從之。老莊之意，是要使凡軀與眞我合而爲一，凡軀與眞我合而爲一，然後道卽我，我卽道，「宇宙在乎手，萬象生乎身，」（見陰符經）進可以爲廟堂之師，退可以爲山林之士，左右逢源，了無掛礙。雖然，如何才能達到此種境界呢？就要入於養的範圍了。

老子曰：「治人事天莫若嗇。」韓子曰：「嗇之者，愛其精神，嗇其智識也。」這原是老子修己治人之總訣，其結果則養生之道，自在其中。因爲時時愛其精神，嗇其智識，則精神不妄用而思慮不入於邪。孟子曰：「養生莫善於寡欲，」嗇的功效，就是「見素抱樸，少私寡欲。」寡欲則無物欲之累，無好惡之情，內不搖其精，外不傷其形，如是則不求養生，而自得養生之理。然其所以如此者，則因其所養者大，區區凡我，自可收無形之效，而以不養養之，此之謂「善攝生。」苟欲越此範圍而另求益生之道，則棄其大而養其小，欲益反損，殃禍且至。他說：

> 益生曰祥，心使氣曰强，物壯則老，謂之不道，不道早已。五十五章

祥爲殃之借字，謂殃禍也。求益生則反足以禍生，心不平則妄動而使氣，氣散則精竭，精竭則形枯，故曰「心使氣曰强。」强是木之枯槁，過强曰壯，故曰「物壯則老。」草木過壯則將見其枯槁而老，人之精神智識，不知愛嗇，則「謂之不道，不道早已。」已，絕也，卽是自速其死的意思。蓋無眞我則假我無從生。生的現象，如同一盞油燈，眞我爲燈中之油，假我的行爲動作，卽是所發之光。油沒有來源，而光太熾了，光就會熄滅，人就要「早已；」所以他要做嗇的工夫，嗇卽是使燈中之油不虛耗，且使其源源不絕；故燈中之油沒有來源，而使燈光發得太大了，固然是促其息滅，卽另外加些水進去，希望增加燈光

的時間，其結果亦同爲促其息滅。故戕生者謂之「不道，」益生者亦謂之「不道，」都是「早已」的道路。難怪他說：

> 出生入死。生之徒十有三，死之徒十有三，人之生動之死地亦十有三，夫何故？以其生生之厚。蓋聞善攝生者，陸行不遇兕虎，入軍不被甲兵，兕無所投其角，虎無所措其爪，兵無所容其刃。夫何故？以其無死地。（五十章）

出生入死，是謂人順自然之理，本無不生；然世人每違此理而戕生益生，以自速其死，故世人多半是由本來的生地逃出，而自入於死地。所以他說：「生之徒十有三，死之徒十有三，人之生動之死地亦十有三。」生之徒就是益生之徒，養其凡軀，以圖壽考者。死之徒即是汩欲忘形，火馳不返，處死地而猶不知死者。人之生動之死地，就是嗜慾戕生，無所避忌，明知死地而故趨之。此三種人，各占總人數十分之三，則所謂善攝生者才佔十分之一。此三種人，無論他事實上是戕生是益生，但在他們自己都是欲求自厚其生。故曰：「夫何故？以其生生之厚？」如此，雖厚生而不能謂之善攝生。善攝生者，養其眞我，而小我從之，養其性復其眞，而忘其形。形忘則我自空，我空則無物與敵，故「陸行不遇兕虎，入軍不避甲兵。」因爲他平素，既無戕生益生之事，而又無厚生之念，不忤於物，不違於理，兕虎雖猛而不據，甲兵雖利而不傷，這是不忤於物，物亦莫能傷之。莊子曰：「至德者火弗能熱，水弗能溺，寒暑弗能害，禽獸弗能賊，非謂其薄之也，言察乎安危，寧於禍福，謹於去就，莫之能害也。」（秋水）故曰：「兕無所投其角，虎無所措其爪，兵無所容其刃。」且此還是就有形之兕虎甲兵論，彼無形之兕虎甲兵，——聲色貨利好惡是非戕生伐性之具，千百倍於兕虎甲兵之猛利者，更何處而無之？韓非子曰：「民獨知兕虎之有爪角也，而莫知萬物之盡有爪角也，不免於萬物之害。何以論之？時雨降集，曠野間靜，而以昏晨犯山川，則風露之爪角害之。事上不忠，輕犯禁令，則刑法之爪角害之。處鄉不節，憎愛無度，則爭鬭之爪角害之。嗜慾無限，動靜不節，則痤疽之爪角害，好用其私智，而棄道理，則網羅之爪角害之。」凡此有一於身，均不免自速其死，而世人能脫此羈絆者，能有幾何？所以他慨然曰：「出生入死」以見世人都是受物欲羈絆，出於生之途，入於死之途。苟其所養者大，而聲色貨利好惡是非，曾不足以一動其心，則凡此戕生伐性之具，雖千百倍於兕虎甲兵之猛利者，亦遇如未遇，入如未入，彼雖猛利，何所用之？故老子養生之旨，惟在不戕生與不益生，以不養養之，就是老子對養生的態度。

秦漢以還，陰陽方士之術，投合於時君世主之好，而大行於世，眞正道家面目，遂深爲蒙蔽。而首當其衝者，厥惟老子一書。若輩所以能投合時好，且爲一般人所崇重者，有三種法術：一曰長生之術，二曰黃白之術，三曰房中之術。此三種事，殆爲一般人之所欲求，而尤爲深宮之中無所事事的皇帝所心向。雖然，他們若不找出一塊燦爛閃爍的幌子，縱能欺惑愚衆，猶不足以蒙蔽知識階級。正好老子一書，是「微妙玄通，深不可識」可以強相附會，借以爲其學理的基礎。其實自他們口中所談的老子已不是老聃所著的老子，而是張道陵魏伯陽寇謙之等道士之流，借尸還魂的老子，而偽河上公所註的老子一書，就是他們借尸還魂的一個妖體，他全書所註，大率是荒誕不經而尤奇的，就是凡此宗所註之老子莊子，大抵是就其一字一句與他們相合者，則充暢而發揮之，其字句之不相合，文義之不連貫，則從不顧及，此凡道教所註之老莊，皆如是也。茲擇偽河上公所註老子中之尤荒謬者，略引如左，以見一般。

谷，養也。人能養神，則不死也。神，謂五藏之神也。肝藏魂，肺藏魄，心藏神，腎藏精，脾藏志，五藏盡傷，則五神去矣。

言不死之有在於玄牝。玄，天也，於人爲鼻；牝，地也，於人爲口。天食人以五氣，從鼻入，藏於心，五氣清微，爲精神聰明音聲五性，其鬼曰魂，魂者雄也，主出入人鼻與天通，故鼻爲玄也。地食人以五味，從口入，藏於胃，五性濁厚，爲形骸骨肉血脈六情，其鬼曰魄，魄者雌也，主出入於口，與天地通，故口爲牝也。（以上見第六章谷神不死是謂玄牝二句下）

營魄，魂魄也。人載魂魄之上得以生，當愛養之。喜怒亡魂，卒驚傷魄。魂在肝，魄在肺，美酒甘肴，腐人肝肺，故魂靜，志道不亂，魄安，得壽延年也。（第十章載營魄句下）

守五性，去五情，節志氣，養神明，目不妄視，妄視泄精於外。（第十二章聖人爲腹不爲目句下）

使吾無有身體，得道自然，輕舉昇雲，出入無間，與道通神，何有何患？（第十三章及吾無身吾有何患句下）

道惟窈冥無形，其中有精，實神明相薄，陰陽交會也。（第二十一章窈兮冥兮其中有精句下）

王者輕淫則失其臣，治身輕淫則失其精。（第二十六章輕則失臣句下）

修道於身，愛氣養神，益壽延年，其德如是，乃為眞人。（第五十四章修之於身其德乃眞句下）

人能以氣為根，以精為蒂，則如樹根不深而易枯，花蒂不固而易落，言深藏其氣，固守其精，使無漏泄。（第五十九章是謂根深固蒂句下）

綜核他們所註的意義，大概是以「精氣神」為主，精氣神三字，可算是道教中人對老子的一個冒牌商標。他們硬說老子「其中有精其精甚眞」的精，就是他們之所謂精。「專氣致柔」之氣，就是他們之所謂氣。「谷神不死」之神，就是他們之所謂神，牽強湊合起來，遂以螟蛉之子，冒為不祧之宗，而精氣神三字，遂成道教相傳之祕。其實道教之所謂精，乃指人體中之精液，其所謂氣，乃呼吸吐納之氣，其所謂神，乃指那窈冥不可知的神明，與老子原意何嘗相合？而魏伯陽之參同契，更牽合易經老子而一冶之，謂「以明修持之事。」今觀其書，蓋不出房中爐火之術，神仙丹鼎之功，可為道教最古的經書，而不可與老莊之道，混為一談。彼所謂養生之道，雖口口聲聲，託始於老子，然全非老子書中之原義。如云：

乾剛坤柔，配合相包，陽稟陰受，雌雄相須，須以造化，精氣乃舒。（上篇第一節）

將欲養性，延命卻期，審思後來，當慮其先。人所本軀，體本一無，元精雲布，因氣託初，陰陽為度，魂魄所居，陽神日魂，陰神月魄，魂之與魄，互為室宅。性主處內，立置鄞鄂，情主營外，築垣城郭。城郭完全，人物乃安。爰斯之時，情合乾坤，乾動而直，氣布精流，坤靜而翕，為道舍廬，剛施而退，柔化而滋，九還七返，八歸六居，男白女赤，金火相拘。（中篇第一節）

知白守黑，神明自來，白者精金，黑者水基，水者道樞，其數名一，陰陽之始，玄含黃芽，五金之主，北方河車；故鉛外黑，內懷金華，被褐懷玉，外爲狂夫。金爲水母，母隱子胎；水爲金子，子藏母包。眞人至妙，若有若無，髣髴太淵，乍沈乍浮。

惟昔聖賢，懷玄抱眞，伏煉九鼎，化迹隱淪，含精養神，通德三元，津液腠理，筋骨緻堅。

丹砂木精，得金乃并，金水合處，木火爲侶，四者混沌，列爲龍虎。

此足以見其房中爐火之術，神仙丹鼎之功了。袁振千曰：「於是乎男以四者寄於精之白，白固金之色也，而陽水之中含金矣。女以四者兆於血之赤，赤固火之色也，而陰水之中含火矣。惟此水中之白金赤火，兩相拘抱以爲合作之端，則金火固甚重也。此所以丹家惟貴九還七返，以火煉金，返本還元，而謂之金丹也。」（見古文周易參同契註男白女赤金火相拘二句下）此其所言雖或另有寓意，然迷者弗顧，將端以陰陽交媾爲理論基礎。葉德輝的雙梅景闇叢書，殆即根據此宗之理而著成，不知此宗引爲同調否？

魏晉之後，至於有宋學者，凡言道者都是道教之道，而非老莊之道；其所認爲道家養生之論，亦盡是道教養生之論，而非老莊養生之論。宋朝學者如朱晦庵且自稱空同道士而作參同契考異，陸九淵亦採道教之術以養生。明朝的王守仁，亦曾築室陽明洞專心學習道家導引之術。此可知老莊爲道教蒙蔽之深無間於智愚賢不肖，悉以老莊之道與道士之道，混爲一談，眞是未免厚誣於老莊了。

莊子書中頗有養生之論，而養生主一篇，尤爲養生論的專門理論；惟養生主一篇的主意，只在

「緣督以爲經」的一句。何謂緣督以爲經？就是順理以爲常，所謂理，當然就是自然之理了。依乎天理，順乎自然，不貪欲以殘生，不辱身以傷命，就是莊子養生之妙諦。然而莊子雖然很重視養生，他並不是要養此軀殼之形骸。他在刻意篇中，曾極詆養形之醜陋，可知莊子之所謂養生，決不在養形而後世「吹呴呼吸吐故納新」之養形者，妄附於老莊之末，亦是不可能的事實。他所養者是生之「主，」生之主就是生生之理，就是前所述之眞我。其在於人則謂之精神，有了形體，沒有精神，則爲死人。全其精神，則薪盡火傳，雖死不亡。司馬談曰：「凡人之所生者神也，所託者形也，神大用則竭，形大勞則敝，形神離則死，死者不可復生，離者不可復反，故聖人重之。由是觀之，神者生之本也，形者生之具也，不先定其神，而曰我有以治天下，何由哉？」(論六家要旨) 以重神贊道家，爲最得道家要旨。莊子曰：「緣督以爲經，可以保身，可以全生，(讀性) 可以養親，可以盡年。」這幾件事，完全要神得所養，始能辦到。故曰：

> 聖人休休焉則平易矣，平易則恬淡矣，平易恬淡，則憂患不能入，邪氣不能襲，故其德全而神不虧。……形勞而不休則弊，精用而不已則勞，勞則竭。水之性不雜則清，莫動則平，鬱閉而不流，亦不能清，天德之象也。故曰：純粹而不雜，靜一而不變，淡而無爲，動以天行，此養神之道也。(刻意)

得了養神之道，則憂患不能入，邪氣不能襲，德全而神不虧，然而又不是硬行遏抑，使神不外用，則縱能做到，亦非養神之道。看他說：「鬱閉而不流，亦不能清，」就可知他並不是全靜而不動。他是要

「靜而與陰同德，動而與陽同波，」動靜不違於理，故能保身全性養親盡年。所以他的養生要訣，只在養神。他的意思是神養好了，形自然不至於虧。最壞的就是專致力於養形，而不知養神，以富貴壽善爲尊，以身安厚味美服好色音聲爲樂，於是乎「喪己於物，失性於俗。」（繕性）終日營營，以養其形，竊天下之物以塡其慾，其結果則無一不爲戕生伐性之具。他說：

> 失性有五：一曰五色亂目，使目不明；二曰五聲亂耳，使耳不聰；三曰五臭薰鼻，困惾中顙；四曰五味濁口，使口厲爽；五曰趣舍滑心，使性飛揚。此五者皆生之害也。（天地）

> 養形必先之物，物有餘而形不養者有之矣。有生必先無離形，形不離而生亡者有之矣。生之來不能却，其去不能止。悲夫！世之人以爲養形足以存生，而養形果不足以存生，則世奚足爲哉？雖不足爲而不可不爲者，其爲不免矣！（達生）

五色五聲五味皆生之害，而養形者尙之。目必欲極五色之娛，耳必欲極五聲之好，口必欲極五味之美，凡窮奢極欲之事，在享受之者未嘗不自以爲是養生，然吾嘗見世人服食器用，極其美好，而形容枯槁，精神頹喪，則是莊子所謂「物有餘而形不養」了。倒是那些山居野老，織而衣，耕而食，看起來是粗陋簡樸，然而他却可以保身，可以盡年。我並不是要勸人個個都去做山居野老，更不是要反對物質文明，第吾以爲物質所養者，只是物質上的榮枯，於精神並無多少關係。精神苟失其養，則物質之奉雖有餘，終敵不過精神上的搖蕩摧殘。孟子曰：

牛山之木嘗美矣，以其郊於大國也，斧斤伐之，可以爲美乎？是以日夜之所息，雨露之所潤，非無萌蘖之生焉，牛羊又從而牧之，是以若彼濯濯也；人見其濯濯也，以爲未嘗有材焉，此豈山之性也哉？雖存乎人者，豈無仁義之心哉？其所以放其良心者，亦猶斧斤之於木也，旦旦而伐之，可以爲美乎？其日夜之所息，平旦之氣，其好惡與人相近也者幾希！則其旦晝之所爲，有梏亡之矣。梏之反覆，則其夜氣不足以存，夜氣不足以存，則其違禽獸不遠矣。人見其禽獸也，而以爲未嘗有才焉者，是豈人之情也哉？故苟得其養，無物不長；苟失其養，無物不消。

此是孟子養生之論，雖其立意主旨，在明「性善，」然其所形容的戕賊摧殘，實在是淋漓盡致。彼所謂「夜氣」「平旦之氣，」就是莊子所要養的「神。」把這種平旦之氣戕賊盡了，則任憑物質之奉如何美好，都是無濟於事。所以專談養生是不够的，定要養生之主。養生則不免於養形，養生之主，才是養神。養形有兩類：一是「吹呴呼吸吐故納新」的方士之流，一是樂五色五聲五味的富貴之輩。二者雖然有高下之殊，但是他們在目的上，確是一致的。養其形骸以求益生，都未得莊子養生主之意。我們看老子與南榮趎所論衛生之經的一段，就可知他們養生之意了。

老子曰：衛生之經，能抱一乎？能勿失乎？能無卜筮而知吉凶乎？能止乎？能已乎？能舍諸人而求諸己乎？能翛然乎？能侗然乎？能兒子乎？兒子終日嘷而嗌不嗄，和之至也；終日握而手不掜，共其德也；終日視而目不瞚，偏不在外也。行不知所之，居不知所爲，與物委蛇，而同其波，是衛生之經也。南榮趎曰：然則是聖人之德已乎？曰：非也。是乃所謂冰解凍釋者。夫至人者，相與交食乎地，而交樂乎天，不以人物利害相攖，不相與爲怪，不相與爲謀，不相與爲事，翛然而往，侗然而來，是謂衞生之經已。曰：然則是至乎？曰：未也。吾固告汝曰：能兒子乎？兒子動不知所爲，行不知所之，身若槁木之枝而心若死灰，若是者禍亦不至，福亦不來，惡有人災也？（庚桑楚）

右一段衞生之經，可算老莊養生的共同目標。這一段中有三層境界：第一，是與物委蛇，而同其波，所謂冰解凍釋者。第二是不以人物利害相攖。第三是禍福無有。與物委蛇，而同其波，是以我順物，雖與物無忤，但是顯然是有個我與物在；故只能謂之冰解凍釋，而猶未至至人之德。所謂冰解凍釋者，如冰凍之融解爲水，而無所梗滯。冰之本質是水，因外界空氣的緊縮而結爲冰；凍結爲冰凍，即不能如水那樣無形體，無方式，無所不容，無所不化。牠是堅强的，梗滯的，有一定形式而不容於他物的。一個人把主觀見解，看得太牢固了，亦正與此同。因爲主觀見解太堅强了，便覺得天地間除我見之外，更莫有可信之事理。能與物委蛇而同其波，是胸中主見已漸消融，故曰冰解凍釋。然只是冰解凍釋而已，胸中的利害之見猶未能免，故雖亦可以爲衞生之經，然究竟未至乎其極。衞生之經，是要如嬰孩那樣動不知所爲，行不知所之，無得失，無愛惡，無所謂福，無所謂禍，不離其性，而順乎天，眞我與假我常相合而爲一，斯不求養生而自得養生之道矣。這三層境界，自養形者觀之，都未免迂遠而不切於事實，然欲養神則非此不可。此三者都是超形骸的修養，超了形骸，然後才無累於精神，精神無所牽累，則翛然而往，侗然而來，禍福無所動於中，乃是養生最高的境界。

綜核老莊養生之論，在積極方面，都是要主張養神全性。在消極方面，則主張勿戕生與勿益生。再簡單些說，就是他們都要順生生之理以任其自然養育，就是他們養生之道。故凡違反自然養育，無論其結果爲戕生益生，都不是他們養生之旨。然則方士神仙之術，煉丹吐納，以求益壽長生，處處顯現着不自然狀態，去老莊養生之道，蓋不知其幾千萬里了。

第十一章　命論

命定之說，在中國幾乎成爲一種普遍的宗教，支配着人民心理，幾千年了。上自學士大夫，則曰：「得之不得曰有命，」曰：「死生有命；」下至農工商賈，亦莫不曰：「安分守命。」所以命的勢力在社會上簡直根深蒂固，不可顚撲。然而「命」究竟是什麼一回事？則又極抽象而極玄祕，似乎是大家都已公認有這回事，也就不必去追本窮源的探尋了。我們現在要想研究老莊論命的見解，不可不先明白命字的根本義意。

說文「命，使也，從口從令。」段玉裁曰：「令者發號也，君事也，非君而口使之，是亦令也。故曰：命者天之令也。」徐灝曰：「段說漫衍無當，戴氏侗曰：命者令之物也，令出於口，成而不可易之謂命。秦始皇改令曰詔，命曰制，卽詔與制，可以見命令之分。萬物咸命於天，故天命單謂之命。」這是就造字之源，見得命字有天予，（小爾雅廣言、命予也、）天令（春秋元命苞、命者天之令也、）之意，其見於六經則：

詩　永言配命。（箋、命猶敎命也、）——大雅下武

維天之命。（箋、命猶道也、）——周頌

昊天有成命。……夙夜基命宥密。（傳、命信也、疏、順信天命、）——周頌

書　皇天眷佑，誕受厥命。傳、命謂天命、——微子之命

若生子罔不在厥初生，自貽哲命。傳、自遺智命、無不在其初生、正義曰、命由天授、——召誥

易　各正性命。疏、命者人所稟受、——乾卦

窮理盡性，以至於命。注、命者生之極也、——說卦

禮　天命之謂性。注、謂天所命生人者也、是謂性命、——中庸

大凡生於天地之間者皆曰命。皇疏、謂窮通壽夭也、——祭法

左傳　民受天地之中以生，所謂命也；是以有動作禮義威儀之則，以定命也。疏、命雖受之天地、短長有本、順理則壽考、逆理則夭折、是以有動作禮義威儀之法則以定此命、言有法則、命之長得定、無法則夭無恆也、——成十三年。

論語　不知命無以爲君子也。皇疏、命謂窮通壽夭也、程子曰、知命者、知有命而信之也、人不知命、則見害必避、見利必趨、何以爲君子、——堯曰

賜不受命，而貨殖焉。王弼注、假命也、朱子曰、命謂天命、——先進

這是隨手引這幾條，以略見一般。六經中言天命性命的地方多極了，不必一一都抄引於此。就此所引之言來看可以得到的命字概念是：(一)天命就是天道。(二)天以此道賦之於人，人受天道以生，則謂之性。(三)人既受天命以生，就應該順受其正，以發揚光大所謂窮理盡性，以至於命。至於把窮通壽夭，都歸到命上，或竟安坐苟且委之於命，似乎是後人就古人之言，推衍放大之詞。古人所謂窮理盡

性，以至於命，是何等孳孳不倦的精神？那裏有絲毫頹廢的態度？我以爲天命之說，自古有之，後來遇着「大祥而衆忌諱」的陰陽家學者，遂鼓鑄其成功，更流而爲五行八字之推算，於是所謂命運，乃成爲窮通禍福之主持者，儼然是有神靈爲之左右，不容人力有絲毫活動。——此雖近於個人臆斷，沒有眞正陰陽家的文獻，供我們論證，但是陰陽家重災祥忌諱，重陰陽五行，參之史記孟軻傳，封禪書，呂氏春秋等，均可顯見其事實。

道家重自然，重天命，所論命理，往往爲他家所不及，而莊子文章，又是「寓言十九，重言十七，巵言日出。」不善讀莊子者，往往把莊子正意忽略過去，反注意他的寓言重言巵言。所以天命之說，在老子書中，尚不見有若何流弊，由莊子的巵言推演，就不免爲陰陽家臂助，而予怠惰苟安者以一大憑藉了。其實老莊對命的見解，根源都是同的，不過老子立言簡渾，莊子輒浩浩蕩蕩，橫無際涯，雖末流所及，莊子似不同於老子，然用心則初無二樣也。

老子曰：夫物芸芸，各復歸其根，歸根曰靜，靜曰復命。（十六章）

莊子曰：未形者有分，且然無間謂之命。（天地）

怎樣叫做「歸根？」這話說來很玄秘，我們現在都是夫物芸芸之中的一物，要懸想到我們未生之前，與受生之際的情形，那便是人的「根。」人稟天地之氣，與父母精血而爲人形，易曰：「天地絪氳萬物化醇，男女構精萬物化生。」當天地之氣與男女精血將會合而尚未成形之際，便是老子之所謂「根。」「根」就是人類感天地之氣以有命的開始。此時只是渾然元善，無形體，無物我，其他一切，更談不到了。老子十九章所謂「見素抱樸，」「樸」的涵義亦是如此。結了此根，然後漸漸以成人形，此萬物莫不然，人亦萬物中之一分耳。只是人類受生成形之後，爲物欲所障，已不自知自己的命根何在，所以老子教人做工夫，要各復歸其根。就是要「墮枝體，黜聰明，離形去智，同於大通。」果然如是，則自己的四肢百骸，都忘其所有，以通於大道了，那裏還有絲毫物我的芥蒂？此時既冥合大道，儼然是未生以前的景況，正是抱樸，正是歸根，即是老子之所謂「靜。」有了這種沈然寂靜的「靜，」然後可與未受生以前的境界，完全相合，則叫做復命。其實歸根就是復命，而老子要說「歸根曰靜，靜曰復命，」是示人以工夫次第，必如此一步一步的境界都得到了，才是復反到受命之初的光景。所以要做「歸」的工夫，得到靜的境界，才能見得自己的命根所在。由此我們可以知道「命」是人在未出世以前，感受天地之氣，恃以成人的最初一點，這一點雖然是極渺小極幽玄，渾然元善，而未有形氣之可言，但是其中關於成人以後的一切性情，局格，器量，才氣，都完成於此時；甚者且謂窮通壽夭亦註定於此時，便是命定理論的由來。大概謂窮通壽夭成於先天之命，未免把人類行爲，看得太機械了，亦且太看輕了後天感化。但是各個人的性情，局格，器量，才氣，確大部是先天之形成，後天感化祇是就先天所形成者，加以發揚光大，這便叫做窮理盡性，以至於命。我們平常聽人說某人天性太薄，或天生的局格太小，器量太淺，才氣太短，就都見得是先天的形成；雖然後天感化未嘗不可以稍變氣質，但是先天的根源，總是有相當的限制。或者因爲先天限制而影響到窮通壽夭，亦或意中之事，然人事紛繁，究竟不能有明確的規律。

孟子曰：「非天之降才爾殊也。」又曰：「若夫爲不善，非才之罪也。」又曰：「求則得之，舍則失之，或相倍蓰而無算者，不能盡其才者也。」這幾個「才」字，我以爲都是包括先天的全體。「才」字在說文上，是「艸木之初也。」段玉裁曰：「艸木之初而枝葉畢寓焉，生人之初而萬善畢具焉；故人之能曰才，言人之所蘊也。」拿「人之所蘊」來解釋才字，最得造字之意。孟子這幾個「才」字，亦應該作如此解。故平常所謂發展才力，就是指的發揚光大先天之所蘊蓄。個個人都發揚光大其所蘊蓄，則滿街都是聖賢。其或不能而至於「或相倍徙而無算者，不能盡其才者也。」（哲按盡即窮理盡性之盡、亦即此處所謂發揚光大、）因爲未能盡其才，而至於爲惡，則是其人「盡」的工夫沒有做好，並不是先天之才的罪過。所以說：「非天之降才爾殊也。」然則人至陷於罪惡，而推之於命，亦豈通理？

說明了老子歸根復命之義，然後再看莊子對命的解釋，就容易明白了。他說：未形者有分，且然無間謂之命。莊子書中論命的地方很多，而此句卻是鄭鄭重重替命字下的定義，所以研究莊子對命的見解，當以此句爲宗。其他都是這句話的演義，或者叫他卮言。這句話怎麼解呢？「未形者，」就是上面所說人類感受天地之氣以有命，渾然元善，尚未成形。「有分」就是說此時雖然尚未成形，但是關於成人以後的一切性情局格器量才氣都已完具，而有一定的分際。不但有一定的分際，並且自古及今，未嘗或爽，此之謂「無間。」間謂間隙，含有差誤的意思。合起來就是說：人在未成形以前，對於成人以後的一切蘊蓄，都具有一定分際，並且這種分際，還是自古及今，毫釐不爽，苟無此分，則不可以為人。且分薄者無以增其厚，分小者無以增其大，雖後天感化，不無變遷，但終不能去本分太遠，這便叫做命。此不與老子命論完全相同嗎？所以他在至樂篇中有這樣一段。

> 顏淵東之齊，孔子有憂色，子貢下席而問曰：小子敢問，回東之齊，夫子有憂色何耶？孔子曰：善哉汝問！昔者管子有言，丘甚善之，曰：褚小者不可以懷大，綆短者不可以汲深，夫若是者，以為命有所成而形有所適也。

這一段就是完全形容「未形者有分」的「有分」兩個字。「分」是「受其成形，」（莊子齊物論篇語）「大行不加，窮居不損，」（孟子語）增不得絲毫，損不得絲毫的，所以褚小者只能懷小，綆短者只能汲淺。假如褚小而定要懷大，綆短而定要汲深，才具短淺者定要擔當天下大事，則不但要「折鼎足，覆公餗，其形渥，」並且是螳臂當車，多見其不自量耳！此之謂「命有所成，而形有所適。」所適就如才小者去做小事，才大者去做大事，各就其所長而為之，自然綽綽餘裕，無所往而不適。且不獨才具之大小為然，即同一大才，亦往往適於此不適於彼，這也叫做「命有所成，而形有所適。」孔子曰：「不知命無以為君子，」自然，連自己所受生於天者之輕重厚薄，——淺一點說，就是自己天性上的短長，且不能知得明白，自然就要不度德，不量力，奔走鑽營，罹於刑戮，此孟子所謂「非正命也。」必定先知到自己所受於天者如何，然後依着所受之分以發揚光大，若再能遭逢好的時代與好的環境，則建大功立大業，正是指顧間事。譬如同樣時代，同樣環境，兩人辦同樣一件事業，而一勝一不勝，這不勝自然有一部分是人事不齊的原故，但是其天才短絀，亦必居重大原因，這亦叫做「命有所成，而形有所適。」在此時期，最容易怨天命予我之薄，或尤人未能予我援助，是皆謂之不知命者。所以孔子是不怨天不尤人，何以他能如此呢？就是因爲他能知命。莊子亦說：

知不可奈何而安之若命，惟有德者能之。遊於羿之彀中，中央者中地也，然而不中者命也。（德充符）

命與事業，似乎是一件事，而實在是兩件事。命與事並不成正比例，因爲其中有個時代與環境的關係。有了天才，又有良好時代，良好環境，然後才談到建大功立大業，故我們求其在己者，只是窮理盡性，以求發揚光大自己的命，人知之亦囂囂，人不知之亦囂囂，素富貴行乎富貴，素貧賤行乎貧賤，素夷狄行乎夷狄，此之謂知命。此之謂知其不可奈何而安之若命。然而要不是行道而有得於心者，就不免於怨天尤人了。故曰：「惟有德者能之。」「遊於羿之彀中，中央者中地也，然而不中者命也，」就是說有良好機緣，可以建功立業，而功業卒不成就，則是所受於天者有所限制，無可奈何之事。知其不可奈何而安之若命，即是孟子所謂「殀壽不貳，修身以俟之，所以立命也。」盡心凡先民之所謂「知命，」「安命，」「俟命，」「樂夫天命，」都含有積極精神，都是指的「修身不貳。」「窮理盡性，」那裏有絲毫消極意味？道家說命，自外表看來，像是消極了，但是他們有「日益」「日損」的工夫。何謂日益？要想發揚光大所受於天者之命，就不能不抱一守中，以窮理盡性。何謂日損？要想明心見性，復天命之本然，則不能不少私寡欲，克己復禮，以求歸根復命。凡此日益日損之功，何一不須存養省察，身體力行？稍不自振，便要一齊放倒了。此僅略舉日益日損之例，以見此宗之義，絕非後世頹廢者所得藉口，即莊子言論，不免太偏於獻給自然，但其書中之所謂「心齋，」「坐忘，」與齊物論篇中所示人之工夫，又何嘗不是兢兢業業，身體力行的呢？不過各家工夫，有各家方向。譬如我到東方，彼到西方，不可因爲彼到西方而未到東方，便埋沒其到西方之力，而名其不到東方爲消極。我覺得後世以儒墨自居而斥老莊爲消極者，都不免有這個意味。

誠然莊子在大宗師篇中，實不免露着許多消極意味，但是我仍覺得他是在發揮他對於自然力之信心，與德者安命的意義。至於他那樣的形容盡致，則他自己明明說到是「卮言日出，」定要拿他卮言，當做他的正意，豈不要冤枉殺人也？因爲莊子是極端崇拜自然的，而同時他所目覩的社會情形，又復紛然淆亂，莫可窮詰，莊子乃擴大其對自然界的信心，認人類的窮通壽夭，都由於自然界的支配，人是無能爲力的，只好安時處順，才是正道，在大宗師篇中，所謂「陰陽，」所謂「造化，」所謂「造物者，」都是指的自然，不過他把文章做得太酣暢了，眞象是萬物之外另有個主宰的神靈。他說：

> 子祀、子輿、子犂、子來，四人相與語曰：孰能以無爲首，以生爲脊，以死爲尻，孰知生死存亡爲一體者，吾與之友矣。四人相視而笑，莫逆於心，遂相與爲友。俄而子輿有病，子祀往問之曰：偉哉夫造物者！將以予爲此拘拘也！……子祀曰：汝惡之乎？曰：亡，予何惡？浸假而化予之左臂以爲雞，予因以求時夜；浸假而化予之右臂以爲彈，予因以求鴞炙；浸假而化予之尻以爲輪，以神爲馬，予因而乘之，豈更駕哉？……且夫物不勝天久矣！吾又何惡焉？
>
> 俄而子來有病，喘喘然將死，其妻子環而泣之，子犂往問之曰：叱！避！無怛化！倚其戶與之語曰：偉哉造化！又將奚以汝爲？將奚以汝適？以汝爲蟲肝乎？以汝爲鼠臂乎？子來曰：父母於子，東西南北，唯命之從；陰陽於人，不翅父母，彼近吾死，而我不聽，我則悍矣，彼何罪焉。夫大塊載我以形，勞我以生，佚我以老，息我以死，故善吾生者，乃所以善吾死也。今大冶鑄金，金踊躍曰：我且必爲鏌鋣！大冶必以爲不祥之金。今一犯人之形，而曰：人耳！人耳！夫造物者必以爲不祥之人。今一以天地爲大鑪，以造化爲大冶，惡乎往而不可哉？（大宗師）

他堅信「物不勝天久矣，」所以他把人類的智慧能力都看得異常渺小他說：「父母於子，東西南北，唯命之從，陰陽於人，不翅父母，」就是說人的一舉一動，都有一個命之者在那裏做主人，所以各人對他自己的所遇，不但不必有所好惡，亦且不能有所好惡。推其意，天地之化生萬物，殆如造偶像者之以土爲人，大小長短妍媸美惡，一任造者之意，偶像自己不能參雜一毫意見。人物死了，其精神還之大化，則如土偶人以土歸還於地，造偶像者再取之以造他物，或取以造牛，或取以造馬，或造蟲肝，或造鼠臂，彼大冶鑄金之喻，正是此理。人物在此大冶之中，但當任其所鑄之形以順受之，方是人的本命。他用這些譬喻演繹起來，就簡直象是人類一舉一動，都是有命的了，其實他這些議論，到不是發揮命理，而是在發揮自然力的偉大，他好像還並未把人類窮通壽夭，完全推之於命。他說：

死生存亡，窮達貧富，賢與不肖，毀譽，飢渴，寒暑，是事之變，命之行也。（德充符）

子輿與子桑友，而淋雨十日，子輿曰：子桑殆病矣！裹飯而往食之。至子桑之門，則若歌若哭，鼓琴曰：父耶？母耶？天乎？人乎？有不任其聲而趨舉其詩焉。子輿入，曰：子之歌詩，何故若是？曰：吾思夫使我至此極者而弗得也。父母豈欲吾貧哉？天無私覆，地無私載，天地豈私貧我哉？求其為之者而弗可得也。然而至此極者，命也夫！（大宗師）

所謂事之變，還是上面所說的「時代」與「環境」，我們姑假定「命」就是上面所說受生於天的「才」，但是誰也不敢擔保受生厚者就靠得住長生不死，是富，是達，是賢，是譽，是不會有飢渴寒暑之事。受生薄者就靠得住是夭死，是貧窮，是不肖，是毀，是終其身在飢渴寒暑之中。其實英雄豪傑之與大奸巨滑，堯舜之與桀紂，都是天才特優受天獨厚之人，而卒相差如此者，乃是「事之變」，這個「事」是指的人事時代環境，社會的教育，個人的修養，都在人事之列。天命我們一副良好天才，我們就順受其正，以發揚光大，又能遇着良好時代，與良好環境，使天才能無礙的發展，則可以叫做「事之正，命之行也。」命總是要行的，不管是事之正，事之變，牠都是在那裏行其固然命的本體上，是無所謂死生存亡，窮達貧富，賢與不肖，毀譽，飢渴，寒暑而卒有此現象者，是命行於事變之上。譬如曹操，是治世之能臣，亂世之奸雄，他受天之命是一個「治世」「亂世」就是他的「事之變」「能臣」與「奸雄」就是他命行的結果。所以窮通壽夭實在大部分是事之變。受命雖厚，亦無可奈何，唯有德者知其不可奈何，而安之若命。所謂「若命」就見得明明不是「命」而是「事」但是完全推到事上就要怨尤了；故子桑不怨父母，不怨天地，而獨歸之於命，正是形容子桑安命之德不過他雖然是在發揮自然力與安命之德，但是他把自然界的權威說得太大了，安命之德形容得太充暢了，後來研究者就難免「淮橘成枳」走向迷信的道上，而命定說的深入人心，也在此遠遠佈下一個種子。我們看僞列子的力命篇就不免是受莊子影響，而更加上些酵力。他說：

> 力謂命曰：若之功奚若我哉？命曰：汝奚功於物，而欲比朕？力曰：壽夭窮達貴賤貧富，我力之所能也。命曰：彭祖之智不出堯舜之上，而壽八百；顏淵之才，不出衆人之下，而壽四八。仲尼之德，不出諸侯之下，而困於陳蔡；殷紂之行，不出三仁之上，而居君位。季札無爵於吳，田桓專有齊國。夷齊餓於首陽，季氏富於展禽。若是汝力之所能，奈何壽彼而夭此，窮聖而達力，賤賢而貴愚，貧善而富惡耶？力曰：若如若言，我固無功於物，而物若此耶，此則若之所制耶？命曰：既謂之命，奈何有制之者耶？朕直而推之，曲而任之，自壽自夭，自窮自達，自貴自賤，自富自貧，朕豈能識之哉？

可以生而生天福也，可以死而死天福也；可以生而不生天罰也，可以死而不死天罰也。可以生可以死，得生得死有矣；不可以生不可以死，或生或死有矣。然而生生死死，非物非我，皆命也，智之所無奈何。

這種理論，已經是離開莊子本位，而遷就世俗命運之說了。這種說法，所以能普遍人心，其力量且超過老莊命說之上者，我以爲是社會無秩序，行爲沒有一定標準的緣故。在科學發達的國家，自然力的權威很小，社會秩序有法治精神去維持，個人在社會上只憑他的努力去生活，無所謂否泰，故亦無所謂窮達，所以命運之說，在西方爲絕無而僅有。東方原爲科學不發達的地方，政治則數千年來，所謂賢人政治，窮通得失，全憑一日短長，與少數人之提擢，故命運之說根深蒂固。梁啓超曰：「吾始以爲地位居我上者，其聰明才力歷練，必有以逾於我，夷考其實，則不過與我等耳，或反乃不如我，似此而欲生其敬服之心焉，決不可得也。與我等者，或反不如我者，而反居我上，欲人人安其遇而忠其職焉，決不可得也。求其故而不得，則曰是命耳！運耳！此種種迷信之所由生也。夫命與運，則常在不可知之數者也，彼命運能如是，安知吾命運不能如是，於是人人生非分之求，此僥倖心所由生也。」見國風報僥倖與秩序故社會愈無秩序，命運之說，愈象是信而有徵，而僥倖者黠桀者，乃利用這種畸形社會，以攫取私人利益。陳涉漢高和歷史上那些英雄豪傑，都是這類例子。而大多數的弱者惰者，號稱安命守分的份子，則又遇事委之於命而不去努力，社會乃處處顯見着消沉氣象，一部中國史，好像都是這樣形成的吧？所以反命之說在古代已有提倡之者，其旗幟最鮮明，而足予命定之說絕大打擊者，當首推墨家。墨家堅苦卓絕，認天下事均待人力始克枚定，對此因任自然倚賴自然的弱者惰者的態度，當然要極力排斥駁詰。墨子非命篇曰：

古者王公大人爲政國家者，皆欲國家之富，人民之衆，刑政之治；然而不得富而得貧，不得衆而得寡，不得治而得亂，則是本失其所欲，得其所惡，是故何也？子墨子言曰：執有命者以雜於民間者衆。執有命者之言曰：命富則富，命貧則貧，命衆則衆，命寡則寡，命治則治，命亂則亂，命壽則壽，命夭則夭，命雖強勁無益哉！上以說王公大人，下以駔百姓之從事，故執有命者不仁。

是故古之聖王發憲出令，設以爲賞罰以勸沮，是以入則孝慈於親戚，出則弟長於鄉里，坐處有度，出入有節，男女有辨。是故使治官府則不盜竊，守城則不崩叛，君有難則死，出亡則送，此上之所賞而百姓之所譽也。執有命者之言曰：上之所賞，命固且賞，非賢故賞也；上之所罰，命固且罰，不暴故罰也。是故入則不孝慈於親戚，出則不弟長於鄉里，坐處不度，出入無節，男女無辨，是故治官府則盜竊，守城則崩叛，君有難則不死，出亡則不送，此之所罰，百姓之所非毀也。（非命上）

今也王公大人之所以早朝晏退，聽獄治政，終朝均分而不敢怠倦者，何也？曰：彼以爲強（強猶勤也）必治，不強必亂，強必寧，不強必危，故不敢怠倦。今也卿大夫之所以竭股肱之力，殫其思慮之知，內治官府，外斂關市山林澤梁之利，以實官府，而不敢怠倦者，何也？曰：彼以爲強必貴，不強必賤，強必榮，不強必辱，故不敢怠倦。今也農夫之所以早出暮入，強乎耕稼樹藝，多聚昇粟而不敢怠倦者，何也？曰：彼以爲強必富，不強必貧，強必飽，不強必飢，故不敢怠倦。今也婦人之所以夙興夜寐，強乎紡績織紝，多治麻絲葛緒綑布縿而不敢怠倦者，何也？曰：彼以為強必富，不強必貧，強必煖，不強必寒，故不敢怠倦。今雖毋在乎王公大人，若信有命而致行之，則必怠乎聽獄治政矣，卿大夫必怠乎治官府矣。農夫必怠乎耕稼樹藝矣。婦人必怠乎紡績織紝矣。王公大人怠乎聽獄治政，卿大夫怠乎治官府，則我以為天下必亂矣。農夫怠乎耕稼樹藝，婦人怠乎紡績織紝，則我以為天下衣食之材，必將不足矣。（非命下）

世俗之所謂「命，」與墨子之所謂「強，」誠然是極端相反的兩件事。主命者是要順受自然，不用絲毫人力；「強」是孳孳矻矻，而不敢怠倦。墨子是以自苦為極的，是要用人力以征服一切，對此懶惰心理之表現的「命，」自應攻擊不遺餘力。他這種非命的主張，與服務社會的精神，本與社會有極大裨益，惟是「其行難為也，」「天下不堪，」故其非命之說，終掩不過有命之說。至今非命之說在社會上可算影響極微，而命定之說則普及於人心，雖然是中國的環境與中國的政治，有以助其成功，然而墨子之道「其行難為，」亦未嘗不是促成命定說的一個反面動力。梁啟超墨學微裏面亦有一段引申墨義，主張非命很有力量，節引如左：

……若夫彭壽而顏夭也，跖富而原貧也，田桓貴而孔子賤，持有命論者，以是為不可磨滅之論據，其實非也。蓋一由於社會全體之力未盡其用，而偏枯遂及於個人者；一由不正之力之濫用，而社會失其常度者。且如顏子之夭也，或其少年治學不免太劬，或為貧困所迫，未盡養生之道，其果坐此等原因以致之否，吾輩今日無從論斷，若果有之，則力未盡，非命之為也。藉曰無矣，顏子之對於己身之責任，其力已無不盡矣，則其所以致此之故，必由父母遺傳之有缺點也，否則幼時於養育之道未盡，使然也。且使醫學大明，衞生之思想與方法大發達，則顏子斷不至有羸弱之遺傳，斷不至有失宜之養育，而地理上人事上有何種障礙，皆可以排而去之，顏子或竟躋上壽，未可知也。不觀統計學家所言乎？十七世紀歐洲人平均得壽僅十三歲，十八世紀得壽二十歲，十九世紀乃臻至平均得壽三十六歲，然則壽夭者必非命之所制，而爲力之所制，昭昭明甚矣。若乃貧富貴賤，則因其社會全體之力，或用之正，或用之不正，而平不平生焉。

吾以爲命說之所從起，必自專制政體矯誣物競，壅窒物競始矣。就其最淺者論之，如科舉制度之一事，取彼盡人所能爲，而優劣程度萬不能相懸絕之八股試帖楷法策論而限額若干名以取之，以此爲全國選舉之專途，其勢不能不等於探籌兒戲，應舉者雖有聖智，無可以用其力之餘地也。而一升一沈之間，求其故而不得，夫安得不仰天太息曰：命也命也而已！吾中國數千年來之制度，殆無一不類是，故使國民彷徨迷惑，有力而不能自用，然後信風水，信鬼神，信氣運，信術數，種種謬想，乃盤踞人人之腦際，日積日深，而不能自拔，貧富貴賤有命之說，其最初之根原，皆起於是。然此果足爲有命說之根據乎？一旦以力破此制度，則皮不存而毛焉附矣。其他如喪亂也，偏災也，癘疫也，皆咸諉諸命而無異詞者也。豈知立憲政體定，則喪亂何從生？交通事業成，則偏災何從起？衛生預防密，則癘疫何從行？故以今日文明國國民視之，則如中國所謂有命之種種證據，已迎刃而解，無復片痕隻跡可以存立，而況今日所謂文明者，其與完全圓滿之文明相去，尚不可以道里計也？然則世運愈進，而有命說愈狼狽失據，豈待問矣。

梁氏之說，頗足以發明墨子非命之義，不過我覺得他們所非之命，都是世俗之所謂命，而非老莊之所謂命。他們只就中人以下立言，並未嘗有意攻擊老莊，故僅拿世俗之所謂命，以爲攻擊之對象。蓋老莊之所謂命，與世俗之所謂命，原是截然兩事。故我以爲無論是主張安命，還是主張非命，都應該先把命的定義認淸楚了，庶不致發出言論來有「無的放矢，」或「文不對題」的弊端。譬如明瞭人類的權能而努力做去，至死不休，如墨子之摩頂放踵，基督之捨身救世，釋迦之苦行渡衆，以及其他一切大宗教家大教育家，大政治家的殺身成仁，捨生取義，在別人看來，他們好像是自苦終身，在他們自己，或者還自以爲其樂無涯。假如這一干人要提倡非命，則非之亦是因爲他們的行爲，在事實上已經是盡命了，其所非者，必定是那些苟且偸安，希圖僥倖的人們。（墨子非命正是如此）此等非命，不但不是眞正命理的敵人，並且是眞正命理的功臣。掉轉過來主張安命，亦是如此。假如是要安於世俗之所謂命，則將閒居而不事事，而一委之於命，其流弊自不可勝言。假如所安之命，是歸根復命之命，是窮理盡性以至於命之命，則克己復禮，日益日損，安之正是聖賢入德之基，非但無害，且爲學者所不可少。是老莊所提倡之命，乃窮理盡性，歸根復命之命；墨子所非之命，乃世俗苟安之命。老莊墨子，看起來是極端相反，事實上或者還是殊途同歸吧？

第十二章　無爲之事與不言之敎

無爲之事與不言之敎，乃道家最高境界。且不獨道家，凡理之極處，殆莫不如此，事物之理，如木之分條，水之分派，研究之者，必追溯本源；所謂萬殊一本，一本萬殊，無爲與不言，正是理之極處，如水之源，如木之本，故各家之義，多以此爲指歸。孔子曰：「天何言哉！四時行焉，百物生焉，天何言哉！」又曰：「予欲無言。」佛書中凡最精微之理解，則稱之曰：「不可思議。」不可思議乃成爲「不二法門。」所謂不可思議，淺言之就是無欲無爲無識無相，湛然寂靜，而又不息生機者，差近其義。所以毗耶之會，文殊師利菩薩唱不二法門之旨，一時三十二說皆非，獨淨名居士不答一言，斯爲眞喻。可知一入言詮，便不是不二法門。理到極處，均非言語所能形容，惟視其人自己領悟，深者得深，淺者得淺，要不失爲自己心得。苟拾人牙慧，「口耳之間則四寸耳，曷足以美七尺之軀哉？」（荀子語）故專恃言詞以爲敎，其所敎者，亦僅能得其糟粕，無補於實際。是故事不在乎有爲，敎不在乎多言。常人以爲無爲就是不做事，不言就等於啞子，都是未能了解老莊之深意。他們之所謂無爲之事與不言之敎，第一：是取法於自然，是要求合於天地之道，第二：是他們深明「爲」與「言」不但無補於實際，並且有很大的弊端，第三：則他們之所謂無爲與不言，自有其根本意義。茲析言之如左：

一、法自然

道家最後目標，原在取法自然。自然是無爲無言，四時行百物生，人類恃之以生，萬物恃之以長。含生賦氣之倫皆各得其所了，而自然界仍是行其自然，全不見其有爲，老莊之意，就是要順此自然而不要有爲。蓋有爲則有不爲，有辯則有不見，爲與言都只能得到一隅的效果，此一隅之效果，未必圓滿，而天下之樸，已因此而喪失了。故曰：

聖人處無爲之事，行不言之敎，萬物作焉而不辭，生而不有，爲而不恃。（老子二章）

希言自然。（二十三章）

輔萬物之自然而不敢爲。（六十四章）

天道運而無所積，故萬物成；帝道運而無所積，故天下歸；聖道運而無所積，故海內服。明於天，通於聖，六通四辟於帝王之德者，其自爲也，昧然無不靜者矣。聖人之靜也，非曰靜也善，故靜也；萬物無足以鐃心者，故靜也。水靜則明燭鬚眉，平中準，大匠取法焉。水靜猶明，而況精神？聖人之心靜乎，天地之鑑也，萬物之鏡也。……靜則無爲，無爲也則任事者責矣。無爲則俞俞，俞俞者憂患不能處，年壽長矣。（莊子天道篇）

在老莊書中，處處都可以見得他們法自然的氣象，此處所引，是要見到無爲與不言是從自然中來。他說：聖人處無爲之事，行不言之敎，下面就接着說：萬物作焉而不辭，生而不有，爲而不恃。這幾項事都是自然界事，而聖人法之以爲行事立教之準。曰：「希言自然，」曰「輔萬物之自然而不敢爲，」都見得無爲與不言，是合乎自然，有爲與多言，便要失其自然之理，且徒勞而無益。韓非子曰：『宋人有爲其君以象爲楮葉者，三年而成，豐殺莖柯，毫芒繁澤，亂之楮葉之中，而不可別也。此人遂以功食祿於宋邦。列子聞之曰：「使天地三年而成一葉，則物之有葉者寡矣」故不乘天地之資，而載一人之身，不隨道理之數，而學一人之智，此皆一葉之行也。故冬耕之稼，后稷不能羨也；豐年大禾，臧獲不能惡也。以一人之力，后稷不足；隨自然則臧獲有餘。故曰：恃萬物之自然而不敢爲也。』喻老韓子此喻，最足以表明道家法自然之主旨，至於莊子天道篇之所云云，更於無爲不言之外，透示工夫之門徑。彼所謂「運」即是「爲」的一方面事，所謂「無所積，」則是無爲一方面事。老子曰爲無爲，事無事，此處正可爲其註解。下面他又說靜則無爲也，這一個靜字正是指示學者入道之門。他又怕單說一個靜字，太渾淪了，學者難於領會，故又曰：「萬物無足以鐃心者，故靜也。」可知靜是無爲的工夫，而「萬物無足以鐃心」又是靜的工夫。平常人所以不能靜，不能無爲，全是因爲萬物足以鐃心，急功近利，於是「目將熒之，色將平之，口將營之，容將形之，心且成之。」精神上何嘗有一息安寧？更何能談到無爲與不言？此係就其專爲個己功利，自然是下焉者了。賢智之士，形勞天下，汲汲然爲天下奔走栖皇，其結果亦未必能救天下；縱或做得一部分救天下之事，亦未免濡呴之惠，一葉之行，不足以語整個的天下。吾嘗以爲道家精神，最爲浩大，彼將爲一世蘄乎亂，而不欲弊弊焉以天下爲事，其胸懷偉大，直與佛祖普渡衆生，同一心願。他們既然所立之標準如此遠大，故其行事亦决非急功近利者所能望其項背。老子曰：「代大匠斲，希有不傷其手矣。」莊子曰：「平中準大匠取法焉。」所謂大匠，就是要爲一世蘄乎亂的偉大人物，這種偉大人物，胸懷既如此之廣，願望既如此之大，苟一點一滴，硜硜以從事於有爲，雖一人之身，化爲百千萬億，猶將不足以爲治；故惟有任其自然，使各自發展其才能，而一歸之於至善。孟子曰：「勞之來之，匡之直之，輔之翼之，使自得之，又從而振德之。」皆足以見吾先民之胸懷廣大，無爲而無不爲。然非與天地合其德，日月合其明，四時合其序，鬼神合其吉凶的大人，則所謂無爲者，鮮有不陷於廢弛懈怠矣。

吾言至此，忽憶及西方自文藝復興以來，被邦人士，競言殖民政策與傳教政策。此兩種政策，擾擾紛爭二三百年，殺人盈城，殺人盈野，而今後之患，猶未知依於胡底。他們每得一個殖民地，必定變易其生活習慣，改變其風俗制度。傳教亦是如此，呶呶不休，逢人強聒，傳者受者，都只記得幾個名詞，和幾句膚淺的門面話；故其結果，皆不爲正而爲負。其原因就是太勉強了，太有爲了，處有爲之事，行有言之敎，其現象自應如此。

二、爲與言之弊端

凡事太有爲了，其事必歸於崩壞，故須無爲。無爲如有千斤之力者，而擔二三百斤之重，自然行動言笑，一如平常。大才之人，使理庶事，往往人未見其行事，已經百事就理，此所謂無爲之事，亦卽所謂無爲而無不爲。不然，則如易經所謂「折鼎足，覆公餗，其形渥」了。大概凡事之不勝任者，總是顯現着忙碌有爲的氣象，爲之裕如者，總是顯現着閑雅無爲的氣象。無爲就是順自然之理。屠牛坦一朝解十二牛，是有爲了，而芒刃不頓，就是無爲。其所以芒刃不頓者，就是能「依乎天理」「因其固然」，故無爲並不是寂然無聲，漠然不動，引之不來，推之不往。淮南子曰：「無爲者，私志不得入公道，嗜慾不得枉正術，循理而擧事，因資而立權，自然之勢，而曲故不得容者。（高誘曰曲故巧詐也）事成而身弗伐，功立而名弗有，非謂其感而不應，攻而不動者。若夫以火熯井，以淮灌山，此用己而背自然，故謂之有爲；若夫水之用舟，沙之用鳩，泥之用輴，山之用蔂，夏瀆而冬陂，因高爲田，因下爲池，此非吾所謂爲之。」（脩務訓）故凡自命有爲者，皆不免於私志嗜欲曲故而背自然，安有不敗之理？

凡至理都是不可用言語解釋的，一用言語解釋，將只見理之渣滓與理之流弊。蘇子瞻的日喻說明此意很妙。他說：「生而眇者不識日，問之有目者。或告之曰：日之狀如銅槃。扣槃而得其聲。他日聞鐘，以爲日也。或告之曰：日之光如燭。捫燭而得其形。他日揣籥，以爲日也。日之與鐘籥亦遠矣，而眇者不知其異，以其未嘗見而求之人也。道之難見也甚於日，而人之未達也無以異於眇。達者告之，雖有巧譬善導，亦無以過於槃與燭也。自槃而之鐘，自燭而之籥，轉而相之，豈有旣乎？故世之言道者，或卽其所見而名之，或莫之見而異之，皆求道之過也。然則道卒不可求歟？蘇子曰：道可致而不可求。何謂致？孫武曰：善戰者致人而不致於人。孔子曰：百工居肆以成其事，君子學以致其道。莫之求而自至，斯以爲致也歟？」一

這一段很可以見得「言」的弊害了。所以事不是靠爲而成的，道不是靠言而明的。故曰：

多言數窮，不如守中。老子五章

知者不言，言者不知。五十六章

爲者敗之，執者失之。二十九章

知北遊於玄水之上，登隱弅之丘，而適遭無爲謂焉。知謂無爲謂曰：予欲有問乎若。何思何慮則知道？何處何服則安道？何從何道則得道？三問而無爲謂不答也，非不答，不知答也。知不得問，反於白水之南，登狐闋之上，而睹狂屈焉。知以之言也問乎狂屈。狂屈曰：唉！予知之，將語若。中欲言而忘其所欲言。知不得問，反於帝宮，見黃帝而問焉。黃帝曰：無思無慮始知道，無處無服始安道，無從無道始得道。知問黃帝曰：我與若知之，彼與彼不知也，其孰是耶？黃帝曰：彼無爲謂眞是也，狂屈似之，我與汝終不近也。夫知者不言，言者不知，故聖人行不言之教。莊子知北遊

無始曰：道不可聞，聞而非也；道不可見，見而非也；道不可言，言而非也。知形形之不形乎？同上

無始曰：有問道而應之者，不知道也。雖問道者亦未聞道。道無問，問無應。無問問之，是問窮也；無應應之，是無內也。以無內待問窮，若是者外不觀乎宇宙，內不知乎太初，是以不過乎崑崙，不遊乎太虛。同上

無爲之事與不言之教，是一件事的兩面。故在老子書中，每以此兩事同時並舉。莊子雖有時把這兩句分開發揮，但是其所發揮之境界，仍是相同。蓋斷沒有無爲而多言，或不言而有爲。就其淸淨鎭定一方面言，則謂之無爲之事，就其簡默沈靜一方面言，則謂之不言之教。莊子所謂無爲謂，其寓意卽含無爲與無謂的兩重意義。他又謂問道應道，都是不觀乎宇宙，不知乎太初，是以不過乎崑崙，不遊乎太虛。何謂宇宙？他說：有實而無乎處者宇也，有長而無本剽者宙也。就是無古無今無始無終的「天門」「天門者無有也，萬物出乎無有。」這是宇宙的本源。他又曰：「泰初有無，無有無名，一之所起，有一而未形。」（天地）是故外觀乎宇宙，則知道體渾沌，無古今終始；內觀乎太初，則知天地萬物，原本於無。形之與名，都是道之末事。問道應道，都只能就末事上問，就末事上應，終得不到道的眞境。故曰：「不過乎崑崙，不遊乎太虛。」所謂崑崙太虛，就是道的源頭境界，要自己從那裏過，到那裏遊，才能見得眞切。故曰：「道不可聞，聞而非也；道不可見，見而非也；道不可言，言而非也。」就是說道須自己體驗，不是靠言語可以形容得出的，不是靠勉强造作可以達到的。凡言語形容出來的，與勉强造作出來的，都已不是道之原體了。所以黃帝稱「無爲謂眞是也，」就是因爲他對知北三問而不答，不答便要破碎支離，把道鑿小了。不答便是老子之所謂守中，守中便是不言之言，言之不言，就是言與不言，皆出於「天籟，」同於「㲉音，」如「孺子終日號而嗌不嗄，」故言如未言，雖言無妨於道體。不能如是，則將雜以私意，「隱於榮華，」强不知以爲知，逞其雄辯以務服人之口，於是道爲之隱，而有眞僞是非，而不可以究詰。故老子屢謂「塞其兌，閉其門，」莊子亦曰：「狗不以善吠爲良，人不以善言爲賢。」（徐無鬼）誠然，西諺亦曰：「舌長者手短，能言者未必能行。」愼言之義，好象是各家都認爲應該尊重之事吧，蓋多言則同於好辯，好辯則將强傳己見而執一，孟子曰：「所惡執一者，爲其賊道也。」老子曰：「爲者敗之，執者失之。」這是給「爲」與「言」的一個結論。

三、無爲與不言之根本意義

所謂無爲與不言，就是要養到虛靜的地位。虛以守柔，自然不見其有爲；靜以守默，自然不見其有言。然而虛以待物，雖不見其有爲，却是無所不爲；靜以待動，雖不見其有言，却是無所不言。不過爲之而不見其形，言之而不見其跡。故曰：

> 損之又損，以至於無爲，無爲而無不爲。（老子四十八章）
>
> 道常無爲而無不爲。（三十七章）
>
> 上德無爲而無以爲。（三十八章）
>
> 不言則齊，齊與言不齊，言與齊不齊也，故曰無言。言無言，終身言，未嘗言；終身不言，未嘗不言。（莊子寓言）

文子上仁篇曰：「夫道退故能先，守柔弱故能矜，自卑下故能高人，自損弊故實堅，自虧缺故盛全，處濁辱故新鮮，見不足故能賢，道無爲而無不爲也。」韓非子曰：「所以貴無爲無思爲虛者，謂其意無所制也。夫無術者，故以無爲無思爲虛也。夫故以無爲無思爲虛者，其意常不忘虛，是制於爲虛也。虛者謂其意無所制也，今制於爲虛，是不虛也。虛者之無爲也，不以無爲爲有常。不以無爲爲有常則虛，虛則德盛，德盛之謂上德。故曰：上德無爲而無不爲也。」（解老）觀二子之所疏論，要以守虛爲無爲之本。虛則胸無私見，不爲物先，故能無爲。虛者因物與合，故又無所不爲。不言之義，亦基於此。故曰「非巵言日出，和以天倪，孰得其久？」（寓言）郭象註曰：「夫唯言隨物制，而任其天然之分者，能無夭落。」所以終身言，未嘗言，終身不言未嘗不言，是無爲之根本意義，乃在於無不爲；不言之根本意義，乃在於無不言。是乃虛靜之極，無心而成化，雖爲而無爲，雖言而未言。故曰：

善言無瑕謫。（老子二十七章）

不言之教，無爲之益，天下希及之。（四十三章）

言者有言，其所言者特未定也。果有言耶？其未嘗有言耶？（莊子齊物論）

大道不稱，大辯不言。（齊物論）

常季問於仲尼曰：「王駘兀者也，從之遊者，與夫子中分魯，立不教，坐不議，虛而往，實而歸，固有不言之教，無形而心成者耶？是何人也？」仲尼曰：「夫子聖人也，丘也直後而未往耳！丘將以爲師，而況不若丘者乎？奚假魯國？丘將引天下而與從之！」（德充符）

言者所以在意，得意而忘言。吾安得夫忘言之人，而與之言哉！（外物）

至言去言，至爲去爲。齊知之所知則淺矣。（知北遊）

爲與事是兩事，言與敎亦是兩事。善做事者不見其有爲，善立敎者不見其有言。言與爲都是一種工具，敎與事乃是目的。太注意於工具了，就要防害到目的。孟子曰：「不以言害辭，不以辭害意，以意逆志，是謂得之。」莊子亦曰「言者所以在意，得意而忘言。」都是覺得一入言詮，就不免要着了形跡，落了邊際，於意的本身上就不免要發生差誤。故只要能達到眞意，最好是不必用言，王駘「立不敎，坐不議，」能使人「虛而往，實而歸，」此爲最善於敎者，亦爲「敎」之最高境界，此之謂「大道不稱，大辯不言。」此種境界，自然不是盡人皆能，不得已而思其次，就應該明白言既是一種工具，得了意就應該忘言。因爲「言者有言，其所言者特未定也。」所以聖人未嘗不言，然無意、必、固、我，因人之言，然；然，不然，不然；可，可；不可，不可；未嘗堅白同異，此言之善者，故無瑕讁。無瑕讁然後言滿天下無口過，行滿天下無怨誹，此雖未至乎至言至爲，但是已可免於有過了。何謂至言至爲？莊子曰：「至言去言，至爲去爲。」至言至爲，正是不言之敎，無爲之事。然而天下希及之，此世之所以多故也。

第十三章　齊萬物與一死生

道家哲學，最爲偉大，他不是以人類爲中心者，故沒有「人爲萬物之靈」的論調；他更不是以個己爲中心者，故不主張「親親而仁民，仁民而愛物，」「老吾老以及人之老，幼吾幼以及人之幼，」這一類的議論。他是天地並生，萬物爲一，他是民吾同胞，物吾與也。這種廣大的胸懷，在佛學未入中土之前，簡直是無與爲匹。他們是視天地萬物爲一體，而以自然之道爲中心主宰。以人爲喩：自然之道好像是一個腦神經，天地萬物就是四肢百骸九竅六臟，人對自己之四肢百骸九竅六臟，無不體惜愛護，各盡其能，各取其長，無所貴賤，無所恩怨，故以道觀之，凡天下[illegible]癃殘疾，惸獨鰥寡，皆其四肢百骸之固疾，思有以復其原而後快；不但如此，雖山川草木之荒廢淒涼，蟲魚鳥獸之宛轉刀刃，亦同視如四肢百骸之慘痛，思有以遂其生長而後快。故曰「常善救人，故無棄人，常善救物，故無棄物。」無棄人無棄物，正是此種胸懷之表現。梁啓超曰：「道家大惑，在以人與物同視。」（參閱先秦政治思想史一七三至一七八文長不具錄）其實以人與物同視，正是道家獨有的偉大胸懷，不以人與物同視，則將以人爲貴物爲賤，浸假而以我爲貴人爲賤，此疆彼界，愈演愈狹了。梁氏是服膺儒家的道理，亦頗有儒家的精神，故論斷道家，猶不免以儒家爲主，儒家把人看得很大，天地萬物，都要待人來治理，故見道家以人與物同視，很有些不順眼。梁氏更把自然與人爲混爲一談，故其論斷結果謂「狀賊自然者，莫彼宗若也。」此皆以人爲中心的一貫原因，故認道家之說不能圓滿。道家眼光在最高的絕對的原理萬事萬物都是由此最高原理下的分支，這種分支下來的事物，都是片面的，相對的，自萬事萬物的自相比視，則長短高下美惡貴賤大小……懸殊；若返視到這些懸殊的根源——最高原理，則又渾然絕對，無所謂懸殊。掉轉過來，自最高原理以視萬事萬物，雖然有長短高下美惡貴賤大小……的懸殊，但是皆各有其用，如四肢百骸之各有所能各效其用以成一個人體。在人體之中，無美惡貴賤的懸殊，奈何萬事萬物，不但有懸殊，並且階級森嚴，不可逾越？此之謂「自貴而相賤。」老莊之道，齊萬物而一死生，自恆情論之，物之不齊，物之情也，比而同之，將亂天下，至於生死，更是極大的懸殊，所謂「死者不可復生，」又曰「死生亦大矣，」都是把死生的分別，看得很大；然而老莊獨把這兩件事——萬物死生，看爲齊一，我以爲他們有兩種看法：

第一是從源頭去看覺得事物雖然是森然萬態，但是天地萬物生於有，有生於無，故源頭之理，總是齊同。天地之大是出於此，蟲肝鼠背亦出於此，正不能以形質較大則謂之大，形質較小則謂之小。自其源頭觀之，則萬物無不齊，死生無不一矣。故曰：

唯之與阿，相去幾何？善之與惡，相去何若？（老子二十章）

大小，多少，報怨以德。（六十三章）

不欲琭琭如玉，落落如石。三十九章

天下莫大於秋毫之末，而泰山爲小；莫壽乎殤子，而彭祖爲夭。天地與我並生，而萬物與我爲一。莊子齊物論

胡不使彼以死生爲一條，以可不可爲一貫者，解其桎梏，其可乎？德充符

萬物一府，死生同狀。天地

「萬物一府，死生同狀，」是他們齊萬物一死生的根本原理。他們認天地萬物都是一個大爐中的出品，宜乎沒有什麼差異；縱有差異，亦是由萬物自相的比較而來，相去應不甚遠。萬物都是同樣原質做成功的，雖有聚散分合，其原質總是不變。人之生死，正如由原質而爲物，又由物而還爲原質，故曰「死生同狀。」世人不明此理，全從枝節上着想，從比較上爭執，於是唯之則喜，阿之則怒，而斤斤然分別之曰：此爲善，彼爲惡，此爲恩，彼爲怨，紛紜糾轕，莫可究極，而不知源頭既無差異，此所謂差異，都是比較上的差異，比較上的差異，何嘗可爲定論？以大小論：小者與大者較，固然是小；小者與更小者較，則又是大。大者與小者較，固然是大；大者與更大者較，則又是小。故所謂大，竟可名之曰小；所謂多，竟可名之曰少。總之在形質上去論大小多少，總是沒有結果，只有泯絕這些形質上的比差，去從源頭上着想，則「唯之與阿，相去幾何？」「善之與惡，相去何若？」「大小多少，報怨以德。」「死生爲一條，可不可爲一貫」了。他們是以「道」爲標準的，「我」與「天地」「萬物」都是「道」之一體，應該全與

「道」合，而不現一毫痕跡才是正當。他說：「天下莫大乎秋毫之末，而泰山爲小，莫壽乎殤子，而彭祖爲夭。」這種議論，不知者以爲太離奇了，其實是源頭觀點上必然結果。泰山之大，彭祖之壽世人既極稱之；然而泰山比於道之全體，則何啻一毫之末？彭祖比於天地之無古今，則何啻朝菌蟪蛄？故以合乎道的全體爲標準，到是秋毫之末爲最大，而殤子爲最壽。我們知天地之間充滿了大氣微塵，萬物的生死榮枯，都不過是這種大氣微塵的聚散。以科學言：這種大氣微塵，就是所謂元子電子，亦卽莊子之所謂秋毫之末，此種元子電子，既充塞於天地之間，而無從分割，故其大無外。殤子之夭在世俗之見當然與彭祖莫之能比了，但是要以道的觀點來說，殤子却與道爲最近，故得稱壽。質而言之，莊子是以毫無形質者爲最大，不生不死爲最壽，凡佔有形質，則大中有大，雖大不可爲大；有生則有死，雖壽不可爲壽。道無形體，而「無乎不在，」故名之曰大；天地是無終始，故名之曰壽。秋毫之末與殤子，雖未能完全脫離形質與生死，但究竟爲比較的近似，故借以爲言。他又恐怕人容易誤會他的意思，拿平常形質生死去論，則此二語爲不經之論了，所以下面接着說「天地與我並生，萬物與我爲一，」就是指明大小壽夭的標準，應該看他能不能與天地萬物合而爲一，才能決定，世人拘於形質之論，生死之觀，故所認爲大小壽夭者，全與道的立場相反。老子曰：「不欲琭琭如玉，落落如石。」就是教人不要把世事區分得太厲害了。世人以爲玉是貴的，石是賤的，其實玉石未區分之前，都渾名之曰璞，璞則無貴賤之可言了；

所以不要琭琭如玉，落落如石這樣區分得清清楚楚，則萬物無不齊，死生無異狀，人生桎梏，就可以解免了。

以上是從原理上看，萬物是應該齊同的，是他們第一種看法。現在再從效能上看：雖然形式確有長短高下美惡貴賤大小……但是牠們各有所能，各效其用，如四肢百骸之分司其務，而合以爲人，雖一毫之末，皆有其護衛身體之用，故自萬物之效能上看，也是應該齊同的，這是他們的第二種看法。

不尙賢，使民不爭，不貴難得之貨，使民不爲盜。（老子三章）

自其異者視之，肝膽楚越也，自其同者視之，萬物皆一也。（莊子德充符）

所謂「賢」，不過是某種環境下的適用，換一個環境，則所謂賢者往往不賢，所謂不賢又或賢了。難得之貨亦只如此，故賢不賢之名，竟無自而立。卽退一步承認所謂賢者果賢了，尊尙此少數賢者，大多數人的天才，勢必受其汩沒，而無以盡其能。貴少數難得之貨，則大多數之貨，必將受其鄙棄而無以盡其用。淮南子曰：「夫明鏡便於照形，其於函食不如簞；犧牛粹毛宜於廟牲，其於致雨不若黑蜧。（按蜧音戾、玉篇、黑蜧、神蛇也、高誘曰、黑蜧、蛇也、潛於神泉、能致雲雨、）由此觀之，物無貴賤，因其所貴而貴之，物無不貴也；因其所賤而賤之，物無不賤也。夫玉璞不厭厚，角觿不厭薄，漆不厭黑，粉不厭白，此四者相反也，所急則均，其用一也。今之裘與蓑孰急？見雨則裘不用，升堂則蓑不御，此代爲常者也。譬若舟車楯肆窮廬，故有所宜也。」（齊俗訓）此言深得道家齊物之旨。故就其效用言，則萬物同功，萬物齊一，若囿於形態，囿於環境，則物各自異，無所與同。莊子曰：「自其異者視之，肝膽楚越也；自其同者視之，萬物皆一也。」誠然，同是一個人類，而有種族之別，國家之別，一國之中，又不免於黨同伐異，同室操戈，眞是莊子所謂「肝膽楚越也。」老莊之意，原不僅在人類，彼將並容天地萬物於一鑪而共冶之，尙何有形態環境於其間？此種齊物精神，吾無以名之，則名之曰偉大！

在平常意識之下，萬物之所以不能齊同，且有懸遠之差異者，完全是以人類爲中心，甚者以各個己爲中心，故其動作行爲，皆囿於一個片面，而不能得其平衡。莊子曰：

> 昔者海鳥止於魯郊，魯侯御而觴之於廟，奏九韶以爲樂，具太牢以爲膳。鳥乃眩視憂悲，不敢食一臠，不敢飲一杯，三日而死。此以己養養鳥也，非以鳥養養鳥也。夫以鳥養養鳥者，宜棲之深林，遊之壇陸，浮之江湖，食之鰌鰷，隨行列而止，委蛇而處。彼唯人言之惡聞，奚以夫譊譊之爲乎？咸池九韶之樂，張之洞庭之野，鳥聞之而飛，獸聞之而走，魚聞之而下入，人卒聞之，相與還而觀之。魚處水而生，人處水而死，故必相與異，其好惡故異也。故先聖不一其能，不同其事，名止於實，義設於適，是之謂條達而福持。（至樂）

這一段是說以人養養鳥之失，九韶太牢，人之所美，鳥乃眩視憂悲，三日而死，可知萬物各具自性，以人養養萬物，是祇知人類而不知人類之外更有萬物，故敢爲殘忍偏私而無疑。老莊是以天地萬物爲一體者，故莊子於齊物論篇中，論天下正處正味正色，而以下等動物與人類相提並論，就是因爲他們心中沒有「人類中心」的觀念對一切萬物猶尙如此，對同一範圍的「人，」自然更要尊重各個人的個性，而不斤斤於君子小人之辨了。故曰：「先王不一其能，不同其事，名止於實，義設於適。」儒者分天下爲勞心勞力兩派，曰：「有勞心者，有勞力者，勞心者治人，勞力者治於人。」孟子語「勞心者使人，勞力者使於人。」韓愈語 又曰：「君子勞心，小人勞力。」國語敬姜語 於是既硬分天下爲勞心勞力之兩橛，更硬派勞心者爲君子，勞力者爲小人。此種邏輯，不但於事實萬萬不合，縱令相合，亦是「各有其能，各有其事，」安能固執一端以概其餘？莊子提出「實」與「適」這兩個字，眞是齊物論的唯一妙諦。名不相同，而各有其效用之實則相同，義不一致，而各有其施行之宜則一致。故實副其名則條達而不塞，義適於宜則禍去而不危；如此則不齊萬物，而萬物自齊。不能如是，則將：

有左有右，有倫有義，有分有辯，有競有爭，此之謂八德。六合之外，聖人存而不論；六合之內，聖人論而不議；春秋經世，先王之志，聖人議而不辯。故分也者，有不分也；辯也者，有不辯也。莊子齊物論

這不獨以人爲中心，並且以個己爲中心，萬物就更不能齊了。明明是一個整個的空間，而要分出左右前後，不知吾所謂左，正彼所謂右；吾所謂前，正彼所謂後。所以聖人對世事採取不論不議不分不辯的態度，然後物我無分，人己無間，玄同妙境，萬物無不齊了。

以上是言老莊齊萬物之理由，茲更言其一死生之眞義。死生的意義如何呢？他說：

生而不有。（老子二章）

死而不亡者壽。（三十二章）

人之生氣之聚也，聚則爲生，散則爲死，若死生爲徒，吾又何患？故萬物一也，是其所美者爲神奇，所惡者爲臭腐，臭腐復化爲神奇，神奇復化爲臭腐，故曰：通天下一氣耳！（莊子知北遊）

至陰肅肅，至陽赫赫，肅肅出乎天，赫赫出乎地，兩者交通成和，而物生焉。……生有所乎萌，死有所乎歸，始終相反乎無端，而莫知乎其所窮。（田子方）

人生天地之間，若白駒之過卻，忽然而已！注然勃然，莫不出焉；油然漻然，莫不入焉。已化而生，又化而死，生物哀之，人類悲之，解其天弢，墮其天袠，紛乎宛乎，魂魄將往，乃身從之，乃大歸乎？不形之形，形之不形，是人之所同知也。（知北遊）

萬物皆出於機，皆入於機。（至樂）

他們是以生死爲精神的聚散，聚則爲生，故生亦不必自有，散則爲死，故雖死未必卽亡；惟是此種精神，受之於天，惟有道者能守而勿失，雖形骸化去，而精神常在，此之謂「死而不亡者壽。」常人深於嗜慾，天機斲伐淨盡，形骸雖在，精神早離，此之謂「哀莫大於心死，而身死亦次之。」（田子方）李石岑曰：『生爲道之發現，何得云有？死爲道之復歸，何得云亡？（原註云、所謂夫物芸芸、各復歸其根、）生死不過爲道之循環，又何所用其欣戚？嚴幾道說：「苟知死而有其不亡者，則夭壽一耳。」（原註云、見所著評老子、）道家齊生死之說，都是從道上着眼，換句話說，都是從藝術上着眼，因爲從藝術看生死，則生死不惟不足以生其欣戚，而生死反足以表揚其藝術。所以老子非厭世論者，因爲他處處闡明不死之理。譬如說：「谷神不死，」譬如說「善攝生者……以其無死地。」李氏之所謂道之循環，卽此處所謂精神之聚散，亦卽莊子所謂「通天下一氣耳。」氣在天地間散布流行，爲「不形之形，形之不形，」生，死，始，終，臭腐，神奇，都是一氣循環，然則所謂生死者，只是就軀殼言。萬物之生，其形爲軀殼，其神爲精神，而縮轂此形體與精神者，卽莊子此處之所謂「氣，」與老子之所謂「常道。」常人知有形體與精神，而不知縮轂此形體與精神者，爲萬類同藁之大道；故軀殼一謝，精神卽離，大地間遂永無是人。蓋人的精神本應該與道體通而爲一，道是無古今，無終始，先天地生而不爲久，長於上古而不爲老，故其壽爲無可比擬。其實說到壽，已經是落於形器，至人認生死壽夭皆爲一氣之聚散流行，「注然勃然，莫不出焉；油然漻然，莫不入焉，」形質上看來是化生化死，實際上還是一氣的循環，若拘泥於形質上生死壽夭，則無論其爲彭祖，爲冥靈，爲大椿，都只能算是白駒過隙。再深刻些，卽都只能算是天死。更進一步言之，「我」之所以生者不是靠此形骸，亦不是靠此視聽言動之精神，乃是那縮轂此形骸與精神之大道。牠是萬物共同之大我，牠若死了，便是天地萬物同歸消滅，自然也更談不到什麽爲萬物之靈的人。然而牠是先天地生，長於上古，永無息滅的時會，故萬物待之以生以死，互萬古而如一日。莊子「罔兩問景曰：曩子行，今子止；曩子坐，今子起；何其無特操歟？景曰吾有待而然者耶？吾所待又有待而然者耶？」此處涵義，正是說形骸須待精神以生，精神更須待大道以存，故曰：「吾所待又有待而然者耶？」聖人之心，與道體合而爲一，故曰：「先天而天弗違，後天而奉天時。」又曰：「大人者與天地合其德，與日月合其明，與四時合其序，與鬼神合其吉凶。」故其軀殼之我，不過是借以爲表見事功的寄託，而所謂事功，亦是過化存神的行所無事，非矯揉造作強要功名於後世者所能比於萬一；故有此凡軀以爲道之表現，固亦未嘗不可，卽一旦凡軀化謝，而道旣常在天地之間，未嘗離散，則亦無所用其憂戚。然後知莊子所謂「適來夫子時也，適去夫子順也，安時而處順，哀樂不能入也，」是有至當不易之理由。且明此然後知他所謂「萬物皆出於機，皆入於機，」並不是玄祕之言。「機」是什麼？淺言之就是生機，就是萬物生生之理，就是萬物共同之大我。謝逸壽亭記曰：「孔子所謂仁者壽，老子所謂死而不亡者壽，釋氏所謂無量壽，三聖人者，其言雖異，其意則同。蓋仁者盡性，盡性則死而不亡，死而不亡則豈有量哉？彼徒見髮毛爪齒歸於地，涕唾津液歸於水，暖氣歸火，動轉歸風，而以爲其人眞死矣，然不知湛然常存，未嘗死也。」（見谿堂集）所謂「湛然常存，未嘗死也，」就是指的萬物同稟之大道，所以他們處生死的態度，自重視形骸者視之，簡直是近乎兒戲，然而他們却是有重要之理由呢！

莊子妻死，惠子弔之，莊子則方箕踞鼓盆而歌。惠子曰：與人居，長子老身，死不哭亦足矣，又鼓盆而歌，不亦甚乎？莊子曰：不然，是其始死也，我獨何能無槩然？察其始而本無生，非徒無生也，而本無形；非徒無形也，而本無氣。雜乎芒芴之間，變而有氣，氣變而有形，形變而有生，今又變而之死，是相與春秋冬夏四時行也。人且偃然寢於巨室，而我噭噭然隨而哭之，自以爲不通乎命，故止也。（至樂）

子桑戶、孟子反、子琴張三人相與友，曰：孰能相與於無相與，相爲於無相爲？孰能登天遊霧，撓挑無極，相忘以生，無所終窮？三人相視而笑，莫逆於心，遂相與友，莫然有間，而子桑戶死。孔子聞之，使子貢往待事焉。或編曲，或鼓琴，相和而歌曰：嗟來桑戶乎？……而已返其眞，而我猶爲人猗！子貢趨而進曰：敢問臨尸而歌，禮乎？二人相視而笑曰：是惡知禮意！子貢返，以告孔子，曰：彼何人者耶？修行無有，而外其形骸，臨尸而歌，顏色不變，無以命之。彼何人者耶？孔子曰：彼遊方之外者也，而丘遊方之內者也。外內不相及，而丘使女往弔之，丘則陋矣。彼方且與造物者爲人，而遊乎天地之一氣。彼以生爲附贅懸疣，以死爲決疣潰癰，夫若然者，又惡知死生先後之所在？假於異物，託於同體，忘其肝膽，遺其耳目，返復終始，不知端倪，芒然彷徨乎塵垢之外，逍遙乎無爲之業。彼又惡能憒憒然爲世俗之禮，以觀衆人之耳目哉！（大宗師）

這兩段最足以見得他們處生死的態度，他們的根本意義，是在「察其始而本無生，非徒無生也，而本無形；非徒無形也，而本無氣……是相與春秋冬夏四時行也。」因爲本來是無，故無所用其哭泣。且道家之所以要貴其身愛其身者，無非是要借此凡軀以爲道之寄託，換言之，卽是有了凡軀，就應該能夠明道，能夠建功立業，以輔萬物之自然，這種凡軀才值得貴愛。不然則行屍走肉，飯囊衣架，萬物之中，又何貴多有一我？故自此點言之，眞無怪其「以生爲附贅懸疣，以死爲決疣潰癰。」他這種思想，好像是要丟開一切人間的責任，去度其出世生涯者，實則他是「相忘以生，無所終窮。」他是要「以造物者爲人，而遊乎天地之一氣。」他是要以天地之生死爲生死，天地不息，彼亦不息，天地長生，彼亦長生。偶然間有了這個凡軀，雖說是可以爲道之寄託，可以建功立業，以輔萬物之自然，然究竟其所建立，比之於天地生成，將不免於一蚊一虻之勞矣。所以他看世人悅生惡死的鄙瑣可憐，而同時又見天地之道無所終窮，故立言之間，不免把死的境界說得太痛快了，頗有使人疑他是厭世主義者，實則他的言論，泰半是對世人悅生惡死鄙瑣可憐的狀態而發。他說：

> 予惡乎知悅生之非惑耶？予惡乎知惡死之非弱喪而不知歸者耶？麗之姬，艾封人之子也，晉國之始得之也，涕泣沾襟，及其至於王所，與王同筐床，食芻豢，而後悔其泣也。予惡乎知夫死者之不悔其始之蘄生乎？齊物論

> 莊子之楚，見空髑髏，髐然有形，撽以馬捶，因而問之曰：夫子貪生失理而爲此乎？將子有亡國之事，斧鉞之誅，而爲此乎？將子有不善之行，愧遺父母妻子之醜，而爲此乎？將子有凍餒之患，而爲此乎？將子之春秋故及此乎？於是語卒，援髑髏枕而臥。夜半，髑髏見夢曰：子之談者似辯士，諸子所言，皆生人之累也，死則無此矣。子欲聞死之說乎？莊子曰：然。髑髏曰：死無君於上，無臣於下，亦無四時之事，從然以天地爲春秋，雖南面王樂，不能過也。莊子不信，曰：吾使司命復生子形，爲子骨肉肌膚，反子父母妻子，閭里知識，子欲之乎？髑髏深矉蹙頞曰：吾安能棄南面王樂，而復爲人間之勞乎？至樂

> 古之眞人，不知悅生，不知惡死，其出不訢，其入不距，翛然而往，翛然而來而已矣。不忘其所始，不求其所終，受而喜之，忘而復之，是

之謂不以心捐道，不以人助天，是之謂眞人。（大宗師）

依此說來。死之樂既同於南面王，則人都可以自殺了，何必孳孳於生人之累呢？則他們哲學，直可名之曰「人死哲學，」而價值也就有限了。然而莊子意思，決不如此。我何以知之呢？莊子自己並未自殺，而全書之中亦沒有提倡自殺的議論；故我知其不是主張速死以棄人間之勞而去領略那「雖南面王樂不能過也」的死味。他的眞意，還是在「不知悅生，不知惡死，其出不訢，其入不距，翛然而往，翛然而來而已矣。」因爲死生既是一氣之聚散，忽化爲生，忽化爲死，都是一氣變化之常，根源上本沒有什麼大小輕重，更何來悅惡的情形？古之眞人，知其生本不生，故不忘其所始，既生則與道同遊，混萬物而爲一，故不求其所終，亦不求超脫萬物以另尋極樂世界。生則受之，於生人之累無所憂戚，故曰：「受而喜之。」無思無慮，渾忘而化，以還其本無之天眞，故曰：「忘而復之。」此則所謂以死生爲一條，以可不可爲一貫，齊萬物一死生之旨，要不外乎是矣。

第十四章 老莊哲學與道教

道教在中國社會上，最普遍而又最神祕。其所以如此者，一方面是拿道家理論牽强傅會，借以標榜；一方面則收羅一切民間低下思想共一爐而冶之。是以歷數千年，其教不衰。且勢力之潛滋暗長，駸駸不可遏止。中下級社會受其迷惑且勿論矣，獨怪號稱學者士大夫，亦受其蒙蔽而反爲之辯。蓋彼宗標榜老子，襲取老子書中養生之論，而傅以彼宗之術，又謂老子西渡流沙化胡，老子遂由「人格的」而變爲「神話的，」然後老子乃有做道教宗主之資格，老子眞面目亦遂從此隱蔽。道家與道教乃從此混雜而不淸。歷來學者，縱有時感覺道教方術與道家理論，逈異其趣，然多認道教爲道家流變，或竟認爲道家之一派；故研究之者至無由分析兩家之途徑，總是混兩者爲一談。自朱晦庵、馬貴與、梁啓超，（啓超著中國古代思潮、謂老子之學分爲玄理、丹鼎、符籙、占驗、四派、）都不免於此類見解，其他抑又何言？

關於道家與道教之書籍，中國既混而爲一，而日本人士尙有專研道教之內容者，眞所謂禮失而求之野矣！然彼亦終認老子爲道教之宗，而不知道家與道教，固截然兩事，不容相混。古者學在王官，自周失其政，官師失守，私家學者，遂各以所學，教導徒衆。有以儒術教者，遂名之曰儒家；有以道術教者，遂名之曰道家；有以强本節用自苦爲極教者，因其爲墨翟所倡，遂名之曰墨家。私家之學，與私家之名，皆由於此，道家便是此中之一份子。道家中堅學者，是老聃莊周，他們的思想學術，並沒有宗教的意味，和矯揉造作不自然的情形，有之，便是道教徒羼雜偽造，借以標榜鳴高的。

秦漢以來，陰陽方士之流，號以其術迷惑人主，至後漢張陵乃確立道教，具宗教儀式，而標榜老子為教主，（道教標榜老子之原因、金陵學報一卷一期劉國鈞兩漢道教概說一篇可參閱、）於是老子學術，從此蒙上一層深黑色的面罩。學者的研求，都不免在這面罩上面鑽仰，而不去研究陰陽方士之流，標竊老子名號以達其私的途跡，且更坐老子以巫祝怪異之罪，眞是寃煞人也！朱子曰：

> 老氏初只是清靜無為，卻帶得長生不死，後卻只說得長生不死一項，如今恰成個巫祝，專只理會厭禳祈禱，這自經兩節變了。
>
> 道家之學出於老子，其所謂三淸，蓋倣釋氏三身而為之耳。佛氏所謂三身：法身者，釋迦之本性也；報身者，釋迦之德業也；肉身者，釋迦之眞身而實有之人也。今之宗其教者，遂分為三像而駢列，則既失其指矣。而道家之徒，欲倣其所為，遂尊老子為三清，元始天尊、太上道君、太上老君，而昊天上帝反坐其下，悖戾僭逆，莫此為甚！……老氏之學，但當自祀其老子關尹列莊之徒，以及安期生魏伯陽輩，而天地百祠自當領於天子之祠官，而不當使道家預之。（朱子語類一百二十五卷）

中國過去學者，關於這一類的議論很多，翻開道藏的序跋，大概都是這樣的論調，我都嫌他有些眉目不清，硬把道家與道教，老聃莊周，張陵魏伯陽，混為一談。朱子所論盡是張陵以後之事，所謂道教範圍內事，而他都一一上在老子賬上，他雖然也承認且惋惜這是老子以後的流變，但是在他立言中，把道家與道教這兩個名詞，竟毫不分別，且主張老子、關尹、列、莊、安期生、魏伯陽，列爲一祠，我們就更可決定朱子是把道家與道教混爲一談。且非獨朱子，中國過去學者，對於道家與道教的觀念，殆尠有不如是者。

名不正則言不順，道家與道教這兩個名目，不分辨清楚了，自然立起言來，難免混淆。尤奇怪的，許多學者口裏大聲疾呼在罵邪說亂道，心裏却又服膺其道理。宋明以來的學者，往往有這樣的陋習，所以道教雖然未能如佛教耶教那樣顯赫，但是他的潛勢力在中國社會上，到是上達帝王學者，下至販夫走卒，心目中多少都受他若干影響。因此道家之學，一天一天的蒙蔽，道教之術，到一天一天的膨漲。故後世凡言老莊之學者，都不免夾些道教的意味。道教何以有此力量呢？請先述道教之源流。

一、道教之源流

魏書釋老志曰「道家之源，出於老子，其自言也：先天地生，以資萬類，上處玉京，爲神王之宗，下在紫微，爲飛仙之主。千變萬化，有德不德，隨感應物，厥迹無常。授軒轅於峨嵋，教帝嚳於牧德，大禹聞長生之訣，尹喜受道德之旨，至於丹書紫字，昇玄飛步之經，玉石金光，妙有靈洞之說，如此之說，不可勝紀。其爲教也，咸蠲去邪累，澡雪心神，積川樹功，累德增善，乃至白日昇天，長生世上，所以秦皇漢武，甘心不息，靈帝置華蓋於濯龍，設壇場而爲禮。及張道陵受道於鵠鳴，因傳天官章本千有二百，弟子相授，其事大行，齋祠跪拜，各成法道，有三元九府百二十官一切諸神，咸所統攝。」後漢書皇甫嵩傳：『鉅鹿張角，自稱大賢良師事奉黃老道，畜養弟子，跪拜首過，符水咒說以療病，病者頗愈，百姓信向之。角因遣弟子八人，使於四方，以「善道教化天下」相誑惑。十餘年間，衆徒數十萬，連結郡國，自青、徐、幽、冀、荆、揚、兗、豫、八州之人，莫不畢應，遂置三十六方。大方萬餘人，小方六七千人，各立渠帥。訛言蒼天已死，黃天當立，歲在甲子，天子大吉。』又三國志張魯傳「魯祖父陵客蜀，學道鵠鳴山中，造作道書，以惑百姓，從受道者，出五斗米，故世號米賊。陵死，子衡行其道，衡死，魯復行之。」故亦稱三張之法，所謂三張之法，就三國志後漢書參合觀之，約有數點：

(1)初學道者，名爲鬼卒，已信道者，號爲祭酒。各領步衆，多者爲治頭大祭酒。

(2)教民以誠信不欺詐，有病自首其過，犯法者三原，然後行刑。

(3)作義舍以供人住宿，並於義社中置米肉，以給行旅，食者量腹取足，過多鬼輒病之。

(4)不置官吏，以祭酒兼管政事。

又神仙傳云：「陵語諸人曰：爾輩多俗態未除，不能棄世，止可行吾行氣導引房中之事，或可得服食草木數百歲之方耳。」眞誥云：「黃赤之道，混氣之法，是張陵受教施化爲種子之一術耳，非眞人之事也。」是張陵之法，除上述四條之外，更有服食房中之事，蓋已具道教之雛型。我們在此雛型之中，有可注意之點就是他們教義，一部分是個人修煉，一部分是社會活動。像三張之法，還是偏於個人修煉者多，張角則純以社會活動爲目標了。濫觴如此，流衍亦如之。後世道教往往爲禍於社會者，不爲無根。

以上所云，可算道教之發端。綜其發達之歷史，則可分爲五期：(一)開創時期。(二)教會組織時期。(三)教理研究時期。(四)經典完成時期。(五)衰落時期。

第一期自後漢張道陵，至於東晉之末，約二百七十年間，爲道教開創時期。蓋自張道陵自稱張良八世孫，得煉丹術於蜀之鵠鳴山中，子衡孫魯皆修其術；至張魯之子張盛，乃移於江西之龍虎山，子孫世襲，稱「天師。」此時雖具宗教儀式，然僅以口說方術，號召愚衆，雖口頭上標榜老子，却並沒有學理的根據。後蜀時，有彭曉者，謂漢桓帝時，有魏伯陽以所著周易參同契示於青州徐從事，徐乃匿名以註之，而授之於淳于叔通。但以上諸人之行事，俱未見正史，僅抱朴子遐覽篇有魏伯陽內經之書目。大概魏伯陽總是東漢西晉間人，其精確的生卒年月，竟無從考訂。所謂參同契者，意謂參通老易而契合於天地萬物之道。其書文字極簡潔古奧，內容頗講煉丹之術，與房中之術，爲道教最古之經典。自是道教不但有學理的立場，並且把易經理論也拉進來了。到晉時，葛洪著抱朴子，頗闡揚道教之理，在道教經典中，抱朴子與參同契，有同等的重要。葛洪字稚川，號抱朴子，丹陽句容人。依他自敘，他的遠祖，是葛天氏。其祖曾做過荊州刺史，後因兵禍，家道中衰。他幼年喪父，耕作之餘，肆力讀書，其從祖葛玄爲左慈之弟子，卽世俗所稱爲葛仙翁者。仙翁授其學於鄭隱，隱以之傳於洪，洪又從學於鮑玄，玄愛其才學，以爲女婿。干寶亦器重之，曾薦於元帝，洪固辭不就。晚年隱於羅浮山，煉丹修道，在山七年，著成抱朴子全書。成帝咸和八年年八十一歲，端坐若睡而卒，顏色如生，體亦柔軟，舉尸入棺，輕如空衣，據彼宗人云，是尸解得仙去了。總這一期的道教中人及其經典大抵很注力於煉養服食，陰陽五行諸端，開丹鼎派之先河；惟西晉陳瑞、王浮，東晉之鮑靚等則以章醮符書布教，開符籙派之先河。

第二期自北魏寇謙之，至南北朝之末，約百六十年間，爲教會組織時期。在第一期之初，雖社會上從者甚多，但三張所號召者，悉爲低下級的社會分子，世或以匪教目之。自魏伯陽葛洪相繼而起，予道教以學術的基礎，知識分子，始漸漸注意，然究竟未能使道教備宗教之體系。逮佛教盛於魏晉六朝，寇謙之等，採取佛教儀式，以鑄成宗教模型，更仿佛經體裁，以作道經，從此道教之形式整備，道教之理論始有鞏固之基礎。又得當時帝王宰相之贊助，道教勢力，遂一縱而不可遏止，駸駸乎與佛教相頡頏矣。

寇謙之字輔眞，好仙道，修張魯之術，服食歷年，而其效未見。後從仙人成公興遊，入嵩山修道垂十年，神瑞二年十月乙卯，太上老君自天而降，嘉謙之修道之誠，授以天師之位，賜以雲中音誦新科之誡二十卷。且曰：「吾此經誡自天地開闢以來，不傳於世，今獲中宜出之運數，故以此新科與之，用此者則凡三張之僞法，租米錢稅，男女合氣，以及其他妖術，皆可一掃之。」這自然都是寇謙之自造的謠言，不過我們細玩此中語句，所謂「三張之僞法，租米錢稅，男女合氣，以及其他妖術，皆可一掃，」則可知謙之之道，比之三張，似乎要歸正些，不似三張那樣以邪道歛錢，以房中之術誘惑愚衆，從此道教才成一種有組織的宗教。北魏太武帝深信任謙之，而宰相崔浩又是以張良自命的人，所以道教受此君臣之保護，氣焰乃日益旺盛。武帝曾受符籙，親自巡視工程，爲謙之起天師道場，爲五層之重壇，由百二十僧侶供之，每日祈禱六次，習以爲常。謙之更乘間勸太武帝排斥佛教，人民翕然崇信，一時幾有壓倒佛教之勢。北朝如此，南朝則梁武帝、陳武帝、都尊信道教，而梁武帝且屢問政事於道士陶宏景。宏景秣陵人，隱於句容，時人稱爲山中宰相。修道業，辟穀導引，能前知，自號華陽陶隱居。因所居茅山，爲道家第八洞宮，名金陵華陽之天，故以爲名。士民從之受道者甚衆。年八十二歿，顏色不變，屈伸如常，香氣氤氳，據說是成仙去了。北朝寇謙之，南朝陶弘景之外，北周則有張賓之、衞元嵩等，南方則有宋之陸修靜、顧觀，齊之孟景翼、張融、陳顯明，皆一時有名道士，備受帝王尊禮。而衞元嵩且自佛僧還俗，而皈依道教，亦可見當時道教之勢力與士民之傾向了。

此時期中道教異常發達，不但教會的組織漸臻完備，即理論基礎，與各派形式，亦日以縝密。如何晏、王弼的玄理派，魏伯陽、葛洪的丹鼎派，寇謙之、陶宏景的符籙派，費長房、于吉、管輅、左慈的占驗派，皆在社會上佔重大勢力。

第三期自隋至五代約三百七十年間爲教理研究時期此時期以唐玄宗爲中心。唐朝因爲起於前代官閥而爲天子，不能不找一位體面的祖先，以掩飾時人的耳目。聰明的道士，乃自稱在羊角山中會見老子，老子說：「唐天子是我子孫，汝宜奏之天子。」李淵聞之大悅，遂立定老子爲皇室祖先，詔就其地立老子廟。從此尊老子爲太上玄元皇帝。至玄宗之世，則更加昌盛。舊唐書禮儀志：「開元二十年正月己丑，詔兩京及諸州，各置玄元皇帝廟一所，並置崇玄學，其生徒令習道德經及莊子列子文子等，每年準明經例舉送。又天寶元年，詔史記古今人表玄元皇帝昇入上聖，莊子號南華眞人，文子號通玄眞人，列子號沖虛眞人，庚桑子號洞虛眞人。改莊子爲南華眞經，文子爲通玄眞經，列子爲沖虛眞經，庚桑子爲洞虛眞經。兩京崇玄學各置博士助教，又置學士一百員。」而道觀亦徧佈天下，據唐六典全國道觀，凡一千六百八十七所。（一千一百三十七所道士、五百五十所女道士、）又命士庶人家，各置道德經一部，王公以下，皆須習道德經，令明經舉人策試，以道士隸宗正寺，班在諸王之次。凡考試學子，輒從老莊等書命題，而玄宗廟號，亦以見尊崇道家之意。只可惜當時所尊崇者，仍是一般流俗道士，那裏談得到眞正道家！看太宗、憲宗、穆宗、武宗、宣宗，不都是上了道士的當，誤服丹藥枉送性命嗎？

上有好者，下必有甚焉。唐朝既以國姓之故，尊崇道教，故一時道士輩出，天下翕然向風。太宗時，王玄策使印度，得方士那羅邇娑婆寐還，命造延年藥，歷年而成。帝服之，致暴疾崩。高宗時，有烏茶國婆羅門盧迦逸多，自言能合不死藥，帝將服之，東臺侍郎郝處俊諫，乃止。又使嵩山劉道合作金丹，丹成而死。帝恨曰：「爲我合丹而自服仙去！」憲宗廣求方士，或薦山人柳泌，其後服泌藥，日加燥渴，數暴怒，竟以遇弒。穆宗卽位，以泌付京兆杖死。未幾，復聽道士趙歸眞之說，亦餌其藥，疾作而崩。敬宗逐歸眞，而寵劉從政，使採藥江南。武宗召歸眞等八十一人，於禁中鍊丹，餌之，得疾崩。宣宗立，誅歸眞，既而又迎羅浮山道士軒轅集，問長生之道。集曰：「王者屏欲而崇德，則自然受天遐福，何更求長生？」宣宗不信，服太醫李玄伯等所治之丹劑，病燥疽發背崩。僖宗時，杜光庭亦以道士而爲戶部侍郎，道教勢力在唐朝總算是全盛時期了。

周世宗時，有道士陳摶者，宋初賜號曰希夷先生。他頗明易學，大概也是參同契一路的思想，他以所學授穆修，修授北海李之才，之才授邵康節，而有宋一代學術思想，邵康節實開其先河，所以陳摶的道教，與宋明的理學，有極大影響。惟陳摶頗重學理，不若前此那樣重丹鼎符籙耳。

形式內容，在上期均已粗定；故本期關於建樹方面，頗不如前期之輝皇勇猛，然前期爲粗具規模，本期則細細咀嚼。前期理論僅達於一部分之學者，本期理論則幾普及於臣工衆庶。凡前期一切儀文理論，均經本期而成熟；故本期名爲教理研究時期。

第四期自有宋初葉，至明神宗三十五年，約六百五十年間，爲道教經典完成時期。本期最大的成功，就是道藏經的編定。先是宋眞宗時，張君房奉勅命編纂的雲笈七籤，當爲嚆矢。全書百二十卷，是君房把四千五百六十卷的道書整理輯成的。大概六朝時，道教文籍已非常浩瀚，看抱朴子遐覽卷十九所載道士鄭君的道書有千餘卷，就可想而知了。所謂道藏者，蓋襲取佛教大藏經之名而來，且不獨這一個名目是襲取佛教，卽全部內容，亦多貌襲佛教。依其所言，彼宗最尊之神曰元始天尊。元始天尊化身而爲三淸：第一爲無形天皇，卽天寶君，住玉淸宮，時在龍漢元年。第二爲無始天尊，卽靈寶君，住上淸宮，時在建元元年。第三爲梵形天尊，卽神寶君，住太淸宮，時當赤明元年。各年相距爲四十二億萬年。天寶君所說之經典，曰洞眞部，是爲上乘。靈寶君所說之經典，曰洞元部，是爲中乘。神寶君所說之經典，曰洞神部，是爲下乘。此外更有四輔：太元部爲洞眞之輔，太平部爲洞元之輔，太淸部爲洞神之輔，正一部則總括正副諸經。而三經又各分爲本文，(解說第一原理者)神符。(隱符之類)玉訣，(秘訣)靈圖，(鬼神之像)譜錄，(教法之傳來)戒律，(修道之戒律)威儀，(關於齋戒祭醮儀式)方法，(拘制魂魄等術)衆術，(鍊丹之類)紀傳，(老子等紀傳)讚頌，(如佛經中之偈)表奏，(奏上鬼神之祈願文)此三大部藏之綱領。凡此三大部藏，皆謂由於天啓。所謂道藏，卽包括此等道經。明朝正統年間，宋披雲曾雕印道藏四百八十函，五千三百零五卷。萬歷三十五年，天師張國祥復編纂道經，續加三十二函，百八十卷。於是道教經典，至此完竣。現今北平白雲觀所藏之道藏，都五百十二部，五千四百八十五卷。其簡單之題解，則有道藏目錄詳註二冊，其他道藏輯要之二百冊，乃集錄道藏中之重要者及其集錄以外之書。上海商務印書館影印之道藏，卽是依白雲觀之原本。

宋眞宗時，因惑於王欽若之說，對道教崇信備至，加老子號爲太上老君混元上德皇帝。又詔張道陵後張正隨於龍虎山，賜號曰眞靜先生，蠲其田租。自是凡嗣世者，皆賜號以爲常。徽宗時置道官二十六等，立道學太學辟雍，各置內經道德經莊列博士二員。又集古今道教事爲紀志名曰道史。凡爲道士者，皆有俸祿。帝又自以爲是上帝元子太霄帝君所降生，令臣下冊之爲教主道君皇帝。此時道教之盛，殆莫與比京矣。至元太祖時，有道士邱處機者，號長春眞人，著有西域旅行日記，卽今世所傳之西遊記，他曾參贊太祖帷幄，頗以敬天愛民爲言，太祖殺機，爲之稍斂。元室優禮終身。而元室歷代君主，亦多崇拜道教，其時道教有眞太教，太一教，正一教，三宗。正一教之天師爲張道陵三十六世孫張宗演，元世祖待以客禮，賜銀印，命主領江南道教。宗演卒，子與棣、與材，相繼襲掌江南道教。成宗大德八年，授與材正一教主，主領三山符籙；武宗卽位，進授金紫光祿大夫，封留國公，賜金印。明朝諸帝，亦頗尊信，世宗尤崇敬之，建殿宮中，齋醮無虛日，道士陶仲文、邵元節等，並加優禮，因此符咒燒煉扶乩之術，盛行一時，士大夫至有借以干進者，可見道士輩在當時所受之寵眷了。

第五期自萬歷三十六年之後，至於現在，約三百二十年間，爲道教衰落時期。衰落的原因，自然是因爲牠的本身多由佛教貌襲而來，在思想界無挺然不拔的建樹，是以不能立足，雖廟觀建築極輪奐之美，但是因爲其中分子，多係無知愚衆與少數貪生畏死之帝王將相，所以遇着一代帝王寵眷了，牠便氣焰萬丈；加以遏抑，便要漸漸衰落。不能像佛教那樣有深淵的理論與其一切儀文制度，帝王尊信，固然可以促進其教化；即帝王摧抑，亦不致損失其教理教義，此所以道教雖然很普遍，而價值終不能如佛教，即此之故。

先是明世宗時，道徒極蒙優禮；穆宗初立，吏部主事郭諫臣上章請奪天師世封。下江西守臣議，巡撫任士憑等，力言宜革，乃去眞人號，改授上清觀提點，秩五品，給銅印。雖萬歷五年仍舊給予金印，復其封號，而崇禎末年亦曾蒙優渥；然卒以禮官力駁其謬，勢已稍殺。明史方伎傳曰：「張氏自正常以來，無他神異，專恃符籙祈雨驅鬼，間有小驗；顧代相傳襲，閱世既久，卒莫廢去。」蓋道教神通，漸漸爲人識破，其光焰亦漸消沉。淸朝入關，未遑於此，惟康熙二十二年之上諭，有「一切僧道，原不可過於優崇」之語，至道光年間更有張天師停止入覲之事，民國十五年國民軍至江西，盡毀龍虎山一切儀文制度，廢各地同善社一善堂等；於是數千年來之道教形式，至此告終。

以上分期，略本日人常盤大定，（見東洋學報）而參以己意，序述道教興衰之經過，起張陵，訖民國十五年。至於前此諸人，見於史記孟荀傳與封禪書者，如鄒衍、宋毋忌、正伯僑、充尙、羨門高、盧生、李少君、欒大之徒，雖後世道教，亦引爲同調，然究竟他們是陰陽神仙之流，可以認爲道教先聲，不可認爲道教。（東洋學報第一卷、日人妻木直良分道教爲三期、自上古至晉代爲草創時期、自六朝至宋代爲大成期、自元代至至近世爲融合期、案此種分法甚粗、蓋道教具有宗教雛型，自張陵始，故斷自張陵。

二、道教思想的分析

要分析道教的思想，須先觀察其內容形式。秦漢之際，陰陽方士神仙讖緯之說朋興，而民間種種迷信，又復紛紜雜出，張陵乃網羅這各方思想而成爲道教；故道教內容，直可謂以方士神仙爲主，以適應民間種種迷信；故其力量能如此普遍，且浹於人心者，能如此之久。在秦漢時，方士神仙之說，顯分兩派：一爲丹鼎派，以鍊丹求仙卻老爲主，秦皇漢武所信之方士，便是這一類。一爲符籙派，出於巫覡，以祈禱符咒療病爲主，盛行於民間，巫蠱之禍，就是這班人鬧出來的。更經張道陵、魏伯陽、葛洪、陶宏景、寇謙之、杜光庭等的增損修造，遂雜而多端，幾令人有千門萬戶之感。茲錄馬貴與述道教的一段如左，以見一斑。

> 道家之術，雜而多端，先儒之論備矣。蓋清淨一說也，煉養一說也，服食又一說也，符籙又一說也，經典科教又一說也。黃帝、老子、列禦寇、莊周之書，所言者清淨無爲而已，而略及煉養之事，服食以下所不道也。至赤松子、魏伯陽之徒，則言煉養而不言清淨，盧生、李少君、欒大之徒，則言服食而不言煉養，張道陵、寇謙之之徒，則言符籙而俱不言煉養服食，至杜光庭而下，以及近世黃冠師之徒，則專言經典科教，所謂符籙者，特其教中一事，於是不惟清淨無爲之說略不能知其旨趣，雖所謂煉養服食之書，亦未嘗過而問焉矣。然俱欲

言以老氏爲之宗主而行其教。蓋嘗卽是數者而詳其是非：如淸淨無爲之言，曹相國、李文靖師其意而不擾，則足以致治，何晏、王弼、樂其誕而自肆，則足以致亂。蓋得失相半者也。煉養之說，歐陽文忠公嘗刪正黃庭經，朱文公嘗稱參同契，二公大儒，攘斥異端，不遺餘力，獨不以其說爲非，山林獨善之士，以此養身全年，固未嘗得罪於名教也。至於經典科條之說，盡鄙淺之言，庸黃冠以此逐食，常欲與釋子抗衡，而其說較釋氏不能三之一，爲世患蠹，未爲甚鉅也。獨服食符籙二家，其說本邪僻謬悠，而惑之者罹禍不淺。欒大、李少君、于吉、張津之徒，以此殺其身，柳泌、趙歸眞之徒，以此禍人而卒自嬰其戮，張角、孫恩、呂用之之徒，遂以此敗人天下國家，然則柱史五千言曷嘗有是乎？蓋愈遠而愈失其眞矣。（文獻通考經籍考卷五十一）

此處所言道教派別甚詳，各派都還可以說得失參半，獨服食符籙兩派，爲禍最烈，而吸引力且特大。古詩云：「服食求神仙，多爲藥所誤，」卽可知當時人士信之者衆，而受禍亦多。蓋此宗理想中之最高勝境爲神仙，欲爲神仙必求不死之藥，不死之藥卽後世道士之所謂丹，抱朴子仙經曰：「服丹守一，與天相畢，還息精胎，延壽無極。」（見對俗金丹等篇）按丹有內外之別，內丹始見於屈原，外丹始見於鄒衍。屈原遠游：「湌六氣而飮沆瀣兮，漱正陽而含朝霞，保神之淸澄兮，精氣入而麤穢除。……道可受兮不可傳，其小無內兮其大無垠，無滑而魂兮彼將自然；壹氣孔神兮於中夜存；虛以待之兮，無爲之先。」其說與丹經無異。外丹之說，始於鄒衍。史記封禪書曰：「鄒子之徒，論著始終五德（水火木金土）之運，及秦帝而齊人奏之，故始皇採用，而宋毋忌、正伯僑、充尙、羨門高，最後皆燕人，爲方仙道。形解銷化，依於鬼神之事。鄒衍以陰陽主運，顯於諸侯，而燕齊海上之方士傳其術，」這可算是內丹與外丹的濫觴。（參閱夏曾佑中國歷史教科書第二冊一百五十一頁）至於煉丹之說，則三國志虞翻之納甲說，與魏伯陽之參同契，頗載其說。大概內丹乃以天地所賦與混沌眞一之元氣，而分成陰陽，以陰陽二氣之消長盈縮錯綜變化，以維持其生命。淺言之，就是注意於呼吸氣息之調節，蓋即所謂呼吸吐納；亦屬此宗之一派。外丹就是服藥法，所謂服食求神仙，正是指此。此中之術，抱朴子書中言之甚詳。依他說法，服上藥的人，不僅可以安身延命，並且可以昇天登仙，遨遊上下。而所服藥的種類高下，亦可使所成之仙，有天仙，地仙，下仙諸差別。歷代帝王所以傾心向慕，以致喪失生命者，大率是沈醉於此法。

以上說道教內容的一部分，是收羅方士神仙之說；現在再說其內容之又一部分，就是讖緯。讖與緯原是兩事，四庫提要云：『儒者多稱讖緯，其實讖自讖，緯自緯，非一類也。讖者詭爲隱語，預決吉凶，史記秦本紀稱盧生奏錄圖書之語，是其始也。緯者經之支流，衍及旁義，史記自序引易「失之毫釐，差以千里，」漢書蓋寬饒傳引易「五帝官天下，三王家天下，」注者皆以爲易緯之文是也。』曝書亭集云；「緯讖之書，相傳始於西漢哀平之際，而小黃門譙敏碑稱其先故國師譙贛，深明典奧，讖錄圖緯，能精微天意，傳道與京君明，則是讖緯遠本於譙氏京氏也。」蓋這兩樣東西，可以代表漢人大部分思想，自然是漢人摭拾前言，揑造出來的。漢人富於迷信與雷同性，以爲由這種圖讖，可決國家興廢。譬如周太史儋對秦獻公說的那圖讖，就是一例：「秦初合周，合而離，五百歲復合，合十七年，而霸王出。」果然秦昭王滅周那年起，到始皇元年，恰十七年。又始皇本紀裏盧生入海歸時奏的圖讖裏有「亡秦者胡也」這樣一句話，始皇乃傾一代精力增築萬里長城。光武未騰達時，有人獻赤符，其中有「劉秀作天子」一句，他於是就奮起轉戰，卒登大寶。因此他後來遂率先信讖緯，政治上，學問上，都應用之不遑。大儒鄭玄且為之注解，天下更靡然從風。這一類神奇奧妙不可捉摸的思想，自然與張道陵他們最相默契，所以道教中人也把牠拉進來，做他們符籙派與占驗派的論據。

此外則民間種種迷信傳說，奇事靈跡，如小說家之所謂「騰雲駕霧，」「分身，」「隱身，」「能知千里外事，」……皆一一網羅無遺。（參閱夏曾佑中國歷史教科書第二冊六十二節）日人渡邊秀方說『道教的起源，是後漢張道陵以黃老思想為基礎，做成宗教形式的教理。然雖基於老莊，和老莊的哲學，却沒有交涉；不過單取其可為「眞人」「至人」的養生論而止。且因純以民衆為對象的原故，其中包含的思想，千差萬態，并不專是一種。……秦皇漢武時隆盛極了的神仙說，因其思想和老莊養生說同類，牠不待說早就收取着了——方士李少君之術，祀灶神，祈福德，絕穀道，輕身卻老，以成神仙，次之陰陽道，——陰符經參同契等內所說的從陰陽的自然以修養身心之說，牠也收進來了。其他如「永火匡廓」之說，「金鼎玉爐」之用，則取之易學；預言借之於讖緯，符籙則用作脅制，——一切左道旁門，凡可以愚民惑衆的東西，牠一網打盡的概收取無遺了。此外且把儒家的孝經，收作道書，三世因果的佛說，飾爲教理，惟其如此，所以我們只要仔細把牠研究一下時，支那民族的信仰，當可全悉。而其教理之多歧多端，爲說之荒唐無稽，當尤可說遙出於耶佛二教典以上。』原來中國這塊地方，尤其是古代，是迷信最發達的區域，凡民間一舉一動，一事一物，幾乎都有鬼神怪異在其中，雖未成爲有系統的宗教模型，確是深入人心，匪伊朝夕。張道陵他們起來要想拿神道籠絡庸衆，此時苟另倡一種教義，則非但曠日持久，並且與中土人士原來的口味不合，其勢必不能奏效，所以就因此自然傾向，收羅各方面的力量，上自陰陽方士神仙讖緯，下至迷信傳說與夫房中之術，都兼收並蓄，盡其所有而收藏之，以成一大宗教。

至於他們的經典，大概都是以淺俗的意思，標竊老莊書中的一兩個名辭，再貌襲佛教的形式，便成他們的經典，如道藏中之高上玉皇本行集經，太上老君父母恩重經，又法琳破邪論所舉之道士法輪經，智慧觀身大戒經，老子大權菩薩經，靈法輪經等，皆一望而知其模擬剽竊，而文章內容，亦鄙俚膚淺，空洞無物，所以道藏一書，除幾部道家書籍外，在中國學術方面，不佔地位者，就因牠沒有獨立思想的原故！

因此我們可以說道教思想，完全以中土原有思想爲思想，並沒有什麼增損與改進，而且牠的意向，是偏於低下級的社會，和迎合中國人士的弱點，故所採取之思想，太半在水平線以下，其發生之現

象與效果，於下節言之

三、道教思想與中國社會

由前節所述，可知道教的形成，是由方士神仙之說煽於前，符籙丹鼎飛昇之說惑於後，復竊取佛徒科教的方法禮懺祈禳，以成民間之普遍信仰。現在我們再追求牠所以合中國人之口味者，在那些地方？然後就可以知得牠與中國社會現狀，具有極大的原動力。日人渡邊秀方說：「道教依據的聖典，不待說是道家的書，但是最大特色，還是利用支那民族的迷信，收一切信仰的對象於自己藥籠中，作自家教理的立足點。」他又說：『道教最能理解支那人的國民性，他乘着支那人的利己心，「點金術」「不老術」、「長生術」、乃至「房中術」，都發明出來了。且用作道士的專賣品。所以其及於信仰上的效果的偉大，由此當更不難推察。』他這幾句話，自然未能盡道教的短長，即未必能使道教中人心悅誠服；但是此宗之所傳點金不老諸方術，確是迎合一般人貪財怕死的心理。李少君、欒大、公孫卿之流，皆以此得高官厚祿。李少君曰：「祠灶則致物，致物而丹沙可化爲黃金，黃金成以爲飲食器則益壽，益壽而海中蓬萊仙者乃可見，見之以爲封禪則不死。」既得黃金又可長生不死，世人安得不思而沈醉？尤其是貴爲天子，富有四海的皇帝，一切願望都可以人力致之，獨壽命不常，不能永享人間逸樂，最易戚戚於心。長生不老之術，乃最合其口味。且皇帝居深宮之中，無所事事，苟非有大過人之氣度，鮮有不流於縱欲敗度之一途，於是「房中術」得乘機而入。道教在中國社會上的最大後援，就是這一類的皇帝。看前節所述，即可知了。

其在民間，則恆以社會不安之故，而有高世遠舉之心，賢如諸葛猶欲「苟全性命於亂世，不求聞達於諸侯。」可知亂世人民思想大率如此。翻開中國歷史，總是亂日多而治日少，道家之術所以能支配社會上大部份之心理，就是因任此種自然趨勢，初非其教的本身，具有此偉大力量。是故因社會之亂，而欲高世遠舉者，則清淨神仙之說，得由而入。因社會之亂，而放縱逸樂者，則房中之術得由而入。因社會之亂，而怯懦庸弱，希圖僥倖者，則符籙、占驗、丹砂、變金等說，得由而入。而科學不發達，醫學衞生之設備皆付缺如，彼宗關於醫疾養生之術，頗能著效，此則尤爲吸引士民之鞠櫱；不但如此，他們還有倫理教條，與種種戒律，都與社會能發生極大影響。據彼宗載籍所言，不論如何煉養服食，若不積德行善，則不能成仙。

求仙者，要當以忠孝和順仁信爲本，若德不修，而但務方術，終不得長生也。抱朴子

玉體金漿，交梨火棗，此則騰飛之藥，不比金丹；若體未眞正，穢念盈懷，恐此物不肯來也。

學仙者有五性：暴，淫，奢，酷，賊。克去五性，反諸柔善，當有冀耳。

富貴淫麗，是破骨之鋸斧，載罪之舟車。以上三條俱見眞誥

治心之最，不忘須臾，心神乃定，定則入道。其狀在外：愼其言語，懼觸物也。節其飲食，慮貪生也。衣粗而靜，存素淡也。居陋而隱，守篤靜也。恭謹一切，避凌辱也。不敢爲先，免疾謗也。始終淳信，潛化導也。進止和光，密行敎也。挫銳解紛，明道有時也。出處變化，見神應之速也。（定眞玉籙）

凡此都見得彼宗之倫理教條。此外尤普遍於社會人心者，爲太上感應篇、陰騭文，及功過格三種。三種所言，大抵屬於因果報應，勉人爲善去惡。這可算是他們的普通道德信條。其戒律之最著者，有所謂十敗：

一、不可好淫
二、毋陰賊凶惡
三、毋酗酒
四、毋穢慢不淨
五、毋食父母之本命肉
六、毋食自己之本命肉
七、毋食一切肉類
八、毋食五辛

九、毋殺一切昆蟲
十、毋北向大小便毋仰視三光

據其所言，修道者若能謹守其道德信條與戒律，則上一等的可以上升虛空，逍遙於宇宙間，謂之天仙。中一等的可以生息於所謂三十六洞天，及七十二福地，謂之地仙。下一等的則留肉體於現世，而魂魄遊離以去，此名爲尸仙，或名爲尸解仙。

綜觀他們的道德信條與戒律，雖然是偏於消極方面者多，但是他對社會上的攝引力，却是很大。現在社會上一般安分守命，忍辱含垢，處處表現着停滯不前的氣象，不是很普遍很牢固嗎？雖此種積習，不無社會多方面之激使，但我以爲受此宗教條之陶鑄，實爲重大原因。於是中國社會與道教思想，乃成互爲因果之連環性。然此猶是就靜的一方面說，其思想在社會上尚不甚顯著。其最顯著而又最足以肇亂者，便是由祕密結社，而至於擾亂社會。自後漢以來，藉此以爲亂於社會者，不一而足。張道陵時，世人已稱他米賊，三國志張魯傳就稱他們「大都與黃巾賊相似。」後來孫恩盧循，則更以此而爲亂於天下。晉書孫恩傳「世奉五斗米道，叔父泰，師事錢塘杜子恭，而子恭有祕術，嘗就人借瓜刀，其主求之，子恭曰：當卽相還耳。既而刀主行至嘉興，有魚躍入船中，破魚得瓜刀，其爲神效往往如此。子恭死，泰傳其術，浮狡有小才，誑誘百姓，愚者敬之如神。泰見天下兵起，以爲晉祚將終，乃扇動百姓，私集徒衆，三吳士庶多從之，會稽內史謝輶發其謀，道子誅之。恩逃於海。衆聞泰死，惑之，皆謂蟬蛻登仙，故就海中資給。恩聚合亡命，會稽吳郡等八郡，一時俱起，旬日之中衆數十萬。於是恩據會稽，自號征東將軍，號其黨曰長生人。」又「劉裕大破恩於扈瀆，恩遠迸海中，竊蹙赴海自沈，妖黨及妓妾謂之水仙，投水從死者百數十。餘衆復推恩妹夫盧循爲主。」自是之後，至於明清以來，凡祕密結社，假宗教迷信之力，號召愚衆，爲亂一時者，很少不占有道教意味。如所謂白蓮教，天理教，紅陽教，白陽教，青蓮教，八卦教，無爲教等，大抵都是道教中的支流餘裔。庚子義和拳之役，那班所謂「義民」，即是八卦教教徒。自謂有神術，可以扶淸滅洋，而卒召八國聯軍之禍。近時之紅槍會，及各地之種種祕密會社，也還是此宗餘孽。而社會上那些占卜命相，迷惑庸衆者，亦莫非此宗之遺。梁啓超曰：「自西京儒者翼奉、眭孟、劉向、匡衡、龔勝之徒，既已盛說五行，夸言讖緯，及光武好之，其流愈鬯。東京儒者，張衡、郎顗最稱名家，襄楷、蔡邕、揚厚等，亦班班焉。於是所謂風角、遁甲、七政、元氣、六日七分、逢占、日者、挺專、須臾、孤虛、雲氣諸術，（諸術名義，俱見後漢書方術列傳注）盛行於時。後漢書方術列傳所載三十三人，皆此類也。然其術至三國而大顯，始儼然有勢力於社會。若費長房、于吉、管輅、左慈，其尤著者也。其後郭璞著葬書，注青囊，（此書今佚）爲後世堪輿家之祖。而嵇康亦有難宅無吉凶論，則其風水說之盛行可知。隋志著錄珞琭子一書，（六朝人撰）言祿命者以爲本經。而臨孝公有祿命書，陶弘景有三命抄，實算命家之祖。衞元蒿著元包，庾季才著靈台祕苑，爲後世言卜筮者之大成。陶弘景著相經，爲後世言相法者之祖。凡千年以來，誣罔怪誕之說，汨溺人心者，皆以彼時確然成一科學。」（中國古代思潮第五章）由是言之，中國社會之形成，道教竟要占大部分之原動力，雖至今日，名爲道教窩巢——龍虎山已經毀廢，而各地同善社，一善堂等皆已取締，然其實道教之思想已深澈人心，絕非短少時期，所可轉變。

四、道教價值與老莊哲學

道教與老莊哲學既絕不相侔，而其立教之本，又專恃一般愚衆，及貪生畏死之帝王將相爲之維護，其本身於思想上，學術上，宗教上，均無多少貢獻。世有盛稱其養生之術者，實則此宗之所謂養生，其目的只在長生不死，與白日昇天，因求養生而枉送其生者，自古至今，何可勝數？蓋其弊端在違反自然，而不能順應自然，此即道教與老莊哲學之最大分水嶺。歐陽修曰：「道者自然之道也，生而必死，亦自然之理也。以自然之道，養自然之生，不自戕賊夭閼，而盡其天年，此自古聖智之所同也。……後世貪生之徒，爲養生之術者，無所不至，至茹草木，服金石，吸日月之精光。又有以謂此外物不足恃，而求諸內者，於是息慮絕欲，鍊精氣，勤吐納，專於內守，以養其神，其術雖本於貪生，及其至也，尙未可全形而卻疾，猶愈於肆欲稱情以害其生者，是謂養內之術。故上智任之自然，其次養內以却疾，或下委意以貪生。」（刪正黃庭經序）歐陽子此論，最爲平允，他所不滿於道教者，就是因爲他們要違反自然。然於此不滿意之中，不得已而思其次，則其息慮絕欲，以養其內，尙有可取。惟服食貪生，最爲下乘。蓋人欲橫行，以自然之道養自然之生者，旣渺不可得；則淸虛寡欲，鍊氣吐納，養神以郤疾，較之淫奢暴酷以自戕其生者，固亦未嘗無補。雖其立論目標，在於成仙成道，苟誠能謹守其義而勿失，以淸虛寡欲，則養生之道，已在其中，獨患行之者，旣志在成仙成道，稍稍曠日持久，恐怕就要嫌其奏效太遲，而另求捷徑耳！我們看漢武內傳及王母傳上元夫人與武帝之言及武帝與王母之言論，都可見得養生之道，端恃寡欲。

上元夫人三天上元之官，統領十萬玉女名籙者，謂武帝曰：汝好道乎？數招方術登山祀神，亦爲勤矣；然汝胎性暴，胎性淫，胎性奢，胎性酷，胎性賊，五者恆舍於榮衛之中，五臟之內，雖獲良針，固難愈也。暴則使氣奔而攻神，是故神擾而氣竭。淫則使精漏而魂疲，是故精竭而魂消。奢則使眞離而魄穢，是故命逝而靈失。酷則喪仁而自攻，是故失仁而眼亂。賊則使心鬭而口乾，是故內戰而外絕。此五事者，皆是截身之刀鋸，刳命之斧斤矣。雖復志好長生，不能遣玆五難，亦何爲捐生而自勞乎？若從今閉諸淫，養汝神，放諸奢，從至儉，勤齋戒，節飮食，絕五穀，去羶腥，鳴天鼓，飮玉漿，蕩華池，叩金梁，按而行之，阿母必能致汝於元都之墟，迎汝於昆閬之中，位以仙官，遊於十方，子勵之哉！（漢武內傳）

武帝問長生之道。王母曰：汝能賤榮樂卑，躭虛味道，自復佳耳。然汝道恣體欲，淫亂過甚，殺伐非法，奢侈恣性。夫侈者裂身之車也，淫者破身之斧也，殺者嚮對，奢者心爛，積欲則神隕，聚穢則命斷。以子蕞爾之身，而宅殘形之賊，盈尺之材，乃攻之者百刃，欲以解脫三尸，全身永久，不可得也。有似無翅之鷃，願鼓天池，朝生之菌，而樂春秋者哉。若能蕩此衆亂，撥穢易意，保神氣于絳府，閉淫宮而不開，靜

奢侈於寂室，愛衆生而不危，守慈務施，鍊氣惜精，倘有若斯之事，豈無髣髴邪？若不爾者，譬如抱石而濟長河耳？（王母傳）

在此兩段中，很可以見到清虛寡欲，為養生要訣。後來抱朴子一班人所講養生之術，多係這一部思想。照這一部思想做去，雖未能如老莊養生術之不益生與不戕生，（見前第十章）但是究竟於人生是好處多而壞處少。這是關於他們養生一部份的價值。至於祈禱齋醮等事，自然全屬迷信，無價值之可言。不過在科學未發達，民智未大開時，假神道以設教，在無辦法的辦法中，固亦未嘗不無小補。馬貴與曰：「蓋人之生於天地，稟氣於陰陽五行，日月星辰，實照臨之，山川神祇，實擁護之；則夫疾痛而呼籲，厄難而叩祈，首過雪愆，祈恩請福，而天地明神，鑒其誠懇，為之悔禍降祥，則亦理之所有，……而亦人情之所不能免也。至以三清為三炁，五方為五炁，九天為九炁，雖不能必其有無，然其說亦通，特不當指太清為老子，蓋務尊其師，而反流於僭妄耳。」（文獻通考經籍考五十二）馬氏這一段話，是承認祈禱齋醮有相當的價值；惟自今日觀之，馬氏之言也就無甚意義了。我以為與其說他是「理之所有，而人情之所不能免，」到不如說他是假神道以設教，對於化導愚衆，為無辦法之辦法。不過這種辦法，總不應該永久維持下去。民智漸開，就應該拿教育科學去替代，而況他們還未能完全照化導愚衆這條大道上去做？此外所謂房中術，點金術等，至少可以說與社會是沒有補益，其價值也就可想而知了。

要之道教內容，原是無價值之可言，不得已而言之，則如上所述養生一部分，與神道設教一部分耳。至於中國社會之種種頹敗，無論積極方面，消極方面道教都應該負很大責任。而他們還要比附於老莊，而不知他們源頭上就根本與老莊絕不相干。老莊是無爲而無不爲，何嘗丹鼎符籙祈禳齋醮，忙個不休？老莊是淡泊寡欲，以養天眞，何嘗戚戚然以不能長生爲慮？老莊是不殀生，不益生，以自然之道，養自然之體，何嘗服食鍊丹，以自速其死？看整個的道教，與整個的老莊哲學，這二者之間，簡直是「風馬牛不相及也，」那裏能妄相比附？然而老莊哲學，被他們蒙上這層面罩幾千年矣！幾千年來的學者，都往往把道教所造罪惡，一一上在老莊賬上，而研究老莊學理者，亦恆以道教之義相附會，坐令老莊哲學之眞面目，不能顯露，要算中國學術史上一大冤案。

我的意思就是要把道家思想與道教思想，分成兩途，如涇水渭水之不必相混。凡後世以道教思想註解老莊，或其他著作託老莊之意，而實係道教之意者，悉當歸之道藏一類。研究道家者，即應該以老莊本身爲主，不應牽强傅會，爲虎作倀。雖太史遷老子傳中，有那樣迷離恍惚的一段，但我以爲那是當時之傳說，史公引來做辨正的資料，我們不應該作繭自縛。雖莊子書中有眞人神人至人等名詞，與在宥篇中所謂修身千二百歲的話，但我以爲莊書多寓言，只可在他寓言之外，看他的哲理，不應該鑽到他寓言之中，永不出來。態度如此，道教徒便無從標榜，即標榜亦可一望而知，不致受其蒙蔽了。

第十五章　老莊哲學與法家關係

司馬遷以老莊申韓同傳，而贊之曰：「申子卑卑，施之於名實，韓子引繩墨，切事情，明是非，其極慘覈少恩，皆原於道德之意。」而韓非書中，又有解老喻老兩篇，於是後之學者，遂謂道家為各家所從出，而老莊尤為法家之祖。實則吾既言之，（見前第三章）太古學者並無所謂家數，同生長於大自然的環境中，或求順應，或求征服，要其共同目標，則在社會之安寧與人類之平治。而其所以在同一目標之下，演成各家各派者，則由於歷史的背景，與四周的環境，與各個學者的師承，和個性，糅合而成。以韓非論，本是荀卿的學生，他的學說論證，大多數還是以荀卿性惡論為根據，老莊之道，不過使他學說基礎，格外鞏固，增加他幾分自信力，和施行時的勇氣罷了。故法家學說的成立，自然受了不少道家的影響和暗示，但是學者的個性，和時勢的需求，佔有重要成分。要說法家直接是出於道家，則我總不敢苟同；然而要說兩家全無關係，則又不然。且道法二家，原有不可強分之混合性，他們有共同的目標，與相近的個性，而又有一貫的學理和議論；不過所形成的結果，顯然成兩條大路而已。試拿兩家書籍而匯參之，其中確有息息相關之處。更如管子慎子等書，竟不可強分為道家或法家。漢書藝文志列管子八十六篇於道家，隋書經籍志則以管子十九卷冠法家之首。慎子四十二篇，（隋書著錄慎子十卷）則藝文志經籍志共認為法家之書，然其書中議論，固多同於道家，以此知兩家學術，原有不可强分者在。惟察其結果，則又似鑿枘之不相容者：——道家貴慈儉，法家則慘刻；道家棄禮法，法家則以法相繩。然皆有其嬗變之意義在焉。蓋二家之政治目標，大抵相同，而政治設施之方術，則因「勢異時移，事業不必同」（太史公語）而分歧。茲析言其概要。

一、老莊與法家在政治上之共同目標

無爲而治，是老莊政治思想的最大目標。故其言曰：「上德無爲而無以爲，下德爲之而有以爲。」（老子三十八章）又曰：「取天下常以無事，及其有事不足以取天下。」（四十八章）莊子亦曰：「遊心於淡，合氣於漠，順物自然而無容私焉。」（應帝王）翻開他們的書籍，可說隨處都獲得這類思想。法家如何呢？可以說他們純粹是要走到這條路上。略引管子、愼子、韓子的幾句話，就可明白此理了。

天行其所行，而萬物被其利，聖人亦行其所行，而百姓被其利；是故萬均自誇衆矣。是以聖人之治也，靜身以待之，物至而名之，正名自治，奇名自廢，（從王校改）名正法備，則聖人無事。（管子白心）

君臣之道，臣事事而君無事，君逸樂而臣任勞，臣盡智力以善其事，而君無與焉，仰成而已，故無不治。治之正道然也。（愼子民雜）

道者萬物之始，是非之紀也，是以明君守始以知萬物之源，治紀以知善敗之端；故虛靜以待令，令名自命也，令事自定也，虛則知實之情，靜則爲（從兪校）動者正。有言者自爲名，有事者自爲形，形名參同，君乃無事焉，歸之其情。（韓子主道）

此處所引三家之言，有令我們不能躊躇滿志的，就是愼子之書，已不是原璧。漢書藝文志作愼子四十二篇，隋書經籍志作十卷，崇文總目作三十七篇，今則僅此寥寥五篇，恐怕還是後人雜錄而成。拿此五篇議論來與莊子天下篇愼子那一段相比較，就沒有莊子所論的透澈而能見其全體。莊子曰：

……愼到……齊萬物以爲首，曰：「天能覆之而不能載之，地能載之而不能覆之，大道能包之而不能辨之。」知萬物皆有所可，有所不可。故曰：「選則不徧，敎則不至，道則無遺者矣。」是故愼到棄知去己，而緣於不得已，冷汰於物，以爲道理。曰：「知不知，將薄之而後鄰傷之者也。」謑髁無任，而笑天下之尚賢也，縱脫無行，而非天下之大聖。椎拍輐斷，與物宛轉，舍是與非，苟可以免。不師知慮，不知前後，魏然而已矣。推而後行，曳而後往，若飄風之還，若羽之旋，若磨石之隧，全而無非，動靜無過，未嘗有罪。是何故？夫無知之物，無建己之患，無用知之累，動靜不離於理，是以終身無譽。故曰：「至於無知之物而已，無用賢聖，夫塊不失道。」豪傑相與笑之曰：「愼到之道，非生人之行，而至死人之理，適得怪焉。」

據此我們知道愼子的思想大半還是在老莊的道路上，若不是漢書藝文志隋書經籍志把他列在法家，與流傳下來這五篇文章裏還看到些法家意味，我們恐怕簡直要把愼子當做道家學者，也未可知。

總之道法二家，源頭見解是相同的，他們絕不像儒家學者那樣主張遇事必躬親，主勞而臣逸，甚至徒勞而無功。法家對於老莊無爲而治的政治目標，是毫無疑意的完全接收，管子所謂「靜身以待之，物至而名之，」就是無爲而治的氣象。靜身以待之，有如一面明鏡，空洞皎潔，無絲毫塵影。物至而名之，正如物之大小妍媸，到明鏡之前，即表露其原形，所謂「無成勢無常形，」正是如此。人君爲政，亦應該如此；而最好的模範，就是「天行其所行，而萬物被其利。」天惟行所無事，故萬物各蒙其利，人君之道，亦惟「若飄風之還，若羽之旋，若磨石之隧」的行所無事，「仰成而已，」然後可以正天下紀綱而收無爲而治之效。惟此處須認淸楚者，就是所謂臣事事而君無事，君逸樂而臣任勞，並不是叫人君不做事，把一切政事交給臣下，自己去放縱淫樂，則將無爲而亂了。君無所事，是「名正法備，」天下各得其所，然後可以垂拱而天下治，更何須熙熙攘攘，吸吸不休呢？這正是老子所謂「爲無爲則無不治，」「我無欲則民自化，我好靜則民自正，」與莊子所謂「主上無爲，臣下有爲」的意思。蓋凡事都有其最高原理，即就形下而論，凡事亦有其根本辦法，拿得最高原理與根本辦法，天下事還有不成之理嗎？是故不管他天下事物有多少名，有多少形，你只把他形名的根本意義參通了，自然就能「知實之情，爲動者正。」古今事物往往異時異地，即異其宜，苟考其所以然之原理，要不出「與時遷移，應物變化」自結繩畫卦以至今日文字形體的演變，眞是不一而足，論其原理，則在求「百工乂萬品察。」由此類推，天下事物莫不如此。得其總原理，便是「知實之情。」持此總原理以馭天下之繁，便是爲動者正，——爲天下事物之準繩。如是則儘由他「名自命也，事自定也，」我惟虛靜以待之，不失其「名」

「形」之情罷了，此之謂「守始以知萬物之源，治紀以知善惡之端。」故韓子又曰：「明君無爲於上，羣臣竦懼於下。」（主道）他這句話可以代表全體法家了。

凡此都見得法家在政治上的目標，完全與老莊相同，都是希望達到無爲而治的境界；但是老莊對於這個目標，是要用順應自然的方法去達到，法家則要以人力代自然去達到，這可算是兩家最大的界域；自這個界域分晝之後，兩家途徑便自不同，請於下節述之。

二、老莊與法家政治設施之分途

老莊是拿順應自然爲其政治設施之方略，蓋大家都在自然大化中悠游作息，則一切禮義法度，皆成贅疣，故其言曰「法令滋章，盜賊多有，」「絕聖棄智，民利百倍，絕仁棄義，民復孝慈，絕巧棄智，盜賊無有。」然而人之生也，不能無欲，有欲則衝突爭併，所謂郅治之世，終不可得。老子亦知此義，故力主「寡欲」「日損，」他說：「損之又損，以至於無爲。」就是要把欲念克伐盡了，然後智巧不生，奇物不起，天下就可無事。故曰：「不見可欲，使民心不亂，」「常使民無知無欲，故無爲而無不治。」都見得老子政治設施的第一步，在使民寡欲。然而人事日繁，人欲無竟，是不獨社會進步之一定階梯，而亦人類生存性之自然趨勢，則所謂寡欲者，或僅能及於一部分人，勢難普及於全民衆。法家就是眼光注射到這一點，覺得克欲這件事，既難人人辦到，則順應自然，以達郅治之極，終不免於空想，到不如用人力代自然，訂成種種法律制度，使人民在一定規律之中悠游作息而不相侵犯，不相紊亂，使社會盎然有定，不亦可以無爲而治嗎？故法家對老莊政治的目標是完全贊同的，只是怎樣才能達到這個境界，便自不同了。然其所以不同之故，仍有其相關之迹，茲就其最顯著者，抉摘數端於左：

一、齊物與法律平等　道家認爲天下不平，全由於物論不齊而生出許多差別相；世人又拘於差別相而爭論攻訐，天下乃從此多事。故老莊首示人以差別相不過是一時假定，把牠看穿了，自然就無所謂不齊。如曰：「唯之與阿，相去幾何？善之與惡，相去何若？」與莊子所謂「因其所大而大之，則天下莫不大，因其所小而小之，則天下莫不小，……」都是他們齊物之旨。果使天下之人都能具此見解，自然可以無爲而治。無如天下渾含者少而黠桀者多，則老莊之道，終不易於實現；且法家是要求速效者，他們既對道家政治目標竭力贊同，對於齊物之旨又患其曠日持久，且未必能如其所期，因思以人力達到齊物之境，拿法律代替自然，使法律之下人人平等，則也就算是齊物之效了。故法律平等，可算是法家共同的信條。莊子天下篇序愼子的學說，劈口就說「齊萬物以爲首，」愼子是法家學者，他的齊萬物，自然不是像道家那樣任其不齊，以爲天下之齊。他說：「法者所以齊天下之動，至公大定之制也。故智者不得越法而肆謀，辯者不得越法而肆議，士不得背法而有名，臣不得背法而有功。我喜可抑，我忿可窒，我法不可離也。骨肉可刑，親戚可滅，至法不可闕也。」（愼子逸文、見馬驌繹史百十九卷所輯、）又曰：

「法雖不善，猶愈於無法，所以一人心也。」至於韓子，則這類思想，更是多極了。韓子原是集法家學術之大成，而本人個性的毒辣，也可以說是兼有前此諸法家而有餘；太史公說他「慘礉寡恩」，眞是不寃枉他。在他的思想，法的力量，簡直是萬能，凡儒家所謂仁義理智忠孝廉明等，在韓子看來，其力量都只能達少數的君子，要想維持全社會的安寧而毫無掛漏者，只有「法」。看他說：

> 禁姦之法，太上禁其心，其次禁其言，其次禁其事。（說疑篇）
>
> 無棰策之威，銜橛之備，雖造父不能以服馬。無規矩之法，繩墨之端，雖王爾不能成方圓。無威嚴之勢，賞罰之法，雖堯舜不能以為治。（姦劫弒臣篇）
>
> 明主之守禁也，賁育見侵於其所不能勝，盜跖見害於其所不能取。故能禁賁育之所不能犯，守盜跖之所不能取，則暴者守愿，邪者反正，大勇愿，巨盜貞，則天下公平，而齊民之情正矣。（守道篇）
>
> 服虎而不以柙，禁姦而不以法，塞偽而不以符，此賁育之所患，堯舜之所難也。故設柙非所以備虎也，所以使怯弱能服虎也；立法非所以避曾史也，所以使庸主能止盜也；為符非所以豫尾生也，所以使衆人不相謾也。（守道篇）

他這些議論，都為的是要齊物，要使天下平，民情正。而所以能達到這種功效者，則完全是「法」的功能。有了「法」，就不管他賁育、盜跖、曾史、尾生，都同在法制之下，一律平等，共同對國家盡力，而無所容其私，這是法的效能。若沒有法，則「彊者害弱而奪之，衆者暴寡而譁之，天下之悖亂而相亡，不待頃矣。」荀子語 故曰：「雖堯舜不能以爲治。」有了法庸主可以止盜跖，沒有法堯舜不能以爲治。到法的效能可使庸主止盜跖，則萬物齊同，可以無爲而治了。尹文子曰：「萬事皆歸於一，百度皆準於法。歸一者簡之至，準法者易之極，如此頑嚚聾瞽可與察慧聰明同其治。」大道上 這幾句話，很可以表示法家法律平等的態度。

法家如此雷厲風行的主張法律平等，雖仇敵親近，不能稍枉其法，固然是要以法律功能替代齊物的工夫。此外還有一個動力，就是儒家階級思想亦很給法家許多激厲。儒家是主張爲尊者諱，爲親者諱。又曰：「禮不下庶人，刑不上大夫。」法家頗反對這類思想，故商君相秦，對於公子虔、公孫賈、一般法之不行自上犯之的人們，是毫不客氣的繩之以法。這種法律平等的精神，是其他各家所沒有的。

二、不尙賢與任刑賞 道家要齊物，故所謂賢人政治，所謂智巧，所謂仁政，都在所擯斥之列。他們要因自然以爲治，當然這一類東西，等於附贅懸疣。法家既認法爲治天下不二法門，故一切任之於法，亦反對賢人政治。蓋賢人政治的危險，在靠少數人的努力；這少數人一旦去了，天下便要崩潰。再就普徧的政治說，所謂禮義教化，只能行於少數君子，大多數還是不受感化的，則賢人政治的設施，就會得到相反的結果。所以愼子是「謑髁無任而笑天下之尙賢也，縱脫無行而非天下之大聖。」便是法家不尙賢的表現，而韓非子則更言之透闢。他說：

擧仕而求賢智，爲政而期適民，皆亂之端，未可與爲治也。難一

今貞信之士不盈於十，而境內之官以百數；必任貞信之士，則人不足官，則治者寡而亂者衆也。五蠹

夫聖人之治國，不恃人之爲吾善也，而用其不得爲非。恃人之爲吾善也，境內不什數，用人不得爲非，一國可使齊。爲治者用衆而舍寡，故不務德而務法，夫恃自直之箭，百世無矢；恃自圜之木，百世無輪矣。自直之箭，自圜之木，百世無有一，然而世皆乘車射禽者，隱栝之道用也。雖有不恃隱栝而有自直之箭，自圜之木，良工弗貴也。何者？乘者非一人，射者非一發也。不恃賞罰而自善之民，明主弗貴也。何則？國法不可失，而所治非一人也。顯學

仲尼天下聖人也，修行明道，以遊海內，海內說其仁，美其義，而爲服役者七十人。蓋貴仁者寡，能義者難也。故以天下之大，而爲服役者七十人，而仁義者一人。五蠹

今世皆曰：尊主安國，必以仁義智能，而不知卑主危國者之必以仁義智能也；故有道之主，遠仁義，去智能，服之以法。說疑

仁暴皆亡國者也，不能具美食，而勸餓人飯，不能爲活餓者也；不能辟草生粟，而貸施賞賜，不能爲富民者也。八說

引此具見韓子不尙賢之理由，一方面是天生的賢人根本就不多，有了少數的賢人，也絕不够國家之用。另一面則所謂賢也者，不過如世俗所謂仁義智能，實則所謂仁義智能者往往挾己之賢以藐視國法，或故自清高而不爲世用，皆卑主危國之具也。所以他斷然把「仁」與「暴」相提並

論且詛咒之爲亡國者也，爲的就是空口說「仁」而無補於實際等於「勸餓人飯而不能活餓者也。」以孔子之聖，總算公認仁義智能之士了，海內皆說其仁，美其義了但是結果如何呢？「爲服役者七十人而仁義者一人！」則所謂仁義智能者，其成效也就未免太小了。故就成效言，亦有不尙賢的理由。因此不但是賢人太少不够尙，而賢人不能循法則尤不足尙。然而仁義智能固然是空談，而所謂法者又如何呢？對賢人政治既已完全擯棄，則將如何以整齊人類，維持社會，以達無爲而治的目標呢？在道家的不尙賢，是有自然法做他的後盾。法家既不主自然，而尙人爲，故其不尙賢的後盾，就不能不賴有賞罰，有了賞罰。所以不須仁義，不須賢能，只要把賞罰標準定好了，掌之者謹守而勿失，則天下自然會趨吾賞而畏吾罰，便是無爲而治的成效。這可算是法家的共同策略。

以禮義招仁賢，所得仁賢者，萬不一焉；以名利召不肖，所得不肖者，觸地是焉。故曰：禮義成君子，君子未必須禮義；名利治小人，小人不可無名利。慶賞刑罰君事也，守職效能臣業也，君科功黜陟，故有慶賞刑罰，臣各愼所務，故有守職效能。君不可與臣業，臣不可侵君事，上下不相侵與，謂之名正，名正而法順也。（尹文子大道篇上）

君人者舍法而以身治，則誅賞予奪從君心出矣。然則受賞者雖當，望多無窮；受罰者雖當，望輕無已。君舍法而以心裁輕重，則同功殊賞，同罪殊罰矣，怨之所由生也。（愼子君人篇）

刑賞不當，斷斬雖多，其暴不禁。夫公之所加，罪雖重，下無怨氣；私之所加，賞雖多，士不爲歡。（管子禁藏篇）

明主所導制其臣者，二柄而已矣。二柄者，刑德也。何謂刑德？曰：殺戮之謂刑，慶賞之謂德。為人臣者畏誅罰而利慶賞，故人主自用其刑德，則羣臣畏其威，而歸其利矣。（韓非子二柄篇）

白刃在前，斧鑕在後，而卻走不能死也，非其士民不能死也，上不能故也。言賞則不與，言罰則不行，賞罰不信，故士民不死也。（初見秦）

誠有功則雖疏賤必賞，誠有過則雖近愛必誅。近愛必誅，則疏賤者不怠，而近愛者不驕也。（主道篇）

我嘗想法家學者最能深察人類的弱點，且最善利用人類的弱點，故以六家而論，雖然太史談說他是「皆務為治者也，」但是論起收功之大，與收功之速，則我以為六家之中，當首推法家。蓋人情莫不貪生而惡死，慕慶賞而畏刑罰，法家就看透了這一點，就把他們整個的法建築在這一點上。所以賞罰這兩件事，就是法家法字下的兩根大鐵柱子，離了賞罰，他們就沒有神通了。有賞罰而人不趨向，他們也就沒有神通了，故所謂清高之士，如許由、夷、齊之流，皆為法家所厭恨。大概法家的行動，最講究乾脆而有實效，最厭惡空談而不切於實際，故覺得與其拿禮義去招賢者，不但所招未必眞賢，即眞賢了，也是極少數，到不如拿名利去招不肖，使他利吾名利而守吾法，自然能各愼所務，守職效能，畏其威而懷其利。拆穿了法家的西洋景，他們只有這一套法寶。他們自己也明知只有這一套法寶，所以使用起來，確十分愼重。我們可以看得他們三個路向：（一）賞罰之權，只可人君獨擅。韓子曰：「明主之所導制其臣者，二柄而已矣。」這就見得明主利器，除此二柄之外，就別無其他了。他在二柄篇中更申明其義曰：「今人主非使賞罰之威利出於己也，聽其臣而行其賞罰，則一國之人，皆畏其臣而易其君，歸其臣而去其君矣。此人主失刑德之患也。」可見人君離了法的權威，人君地位就不能保；而法亦必待人君之勢，才可施行有效。他說：「無慶賞之勸，刑罰之威，釋勢委法，堯舜戶說而人辯之，不能治三家；夫勢之足用亦明矣。」難勢篇又曰：「桀為天子，能制天下，非賢也；勢重也。堯為匹夫，不能正三家，非不肖也；位卑也。」功名篇這是見得他們主張賞罰之權操之於君的重大理由。

（二）賞罰之權，雖然操之於君，但人君行法，卻不可任其私意施於其所好惡，則法的效力，根本就要失去；且根本就不可名為法治，只可名為身治。慎子說的好：「君舍法而以心裁輕重，則同功殊賞，同罪殊罰矣；怨之所由生也。」不但如此，假如賞罰沒有客觀標準，則賞罰也絕無價值。人將曰：人君的親戚近愛，自然受賞；人君的仇怨疏遠，自然受罰；則受賞者雖當，望多無窮；受罰者雖當，望輕無已。按望顧也就是說賞罰失了客觀標準，而為私人好惡之工具，則刑賞縱當，而百姓不以為當。到刑賞不能見信於民的時候，則斷斬雖多，其暴不禁，法律就要失其功效。管子所謂公之所加，罪雖重，下無怨氣；私之所加，賞雖多，士不為歡。此可見賞罰有沒有客觀標準，其得失有如此者。所以韓子很斷然的說：「誠有功則雖疏賤必賞，誠有過則雖近愛必誅。」法家精神總算吐露得淋漓盡致了。把此種精神充類致盡的做去，自難免慘覈寡恩；然而法的施行，果能如此公平正直，百姓也是心服的。（三）施行賞罰的時候，最少不了的一個條件，就是「信」與「必」。賞不信，罰不必，則無論法理條文如何完備，也是行不出去；所以商鞅之法見信於移木。韓子云：「賞莫如厚而信，使民利之；罰莫如重而必，使民畏之。」（五蠹篇）只要百姓對你的賞罰知道利之畏之了，則雖白刃在前，斧鑕在後，自然有人去替你犧牲。管子曰：「嚴刑罰則民遠邪，信慶賞則民輕難。」（牧民篇）言賞不與，言罰不行，人君雖非私所好惡，也同樣要喪失法的精神。——以上所言這三件事，都是施行賞罰必具的條件，稍稍忽略而失其正，整個的「法」，就要根本取消。

從上所言，我們知道法家的任刑賞，就等於道家的不尙賢，同爲達到無爲而治的工具。也可以說法家之任刑賞，爲更進一步之事實。他們覺得怎樣才能使不尙賢的政治，眞正實現呢？怎樣才能不需要賢人君子，而仍能達到無爲而治的目標呢？故以信賞必罰的精神，公之天下，使任何人都在法的精神下平等生活，就可以達到不尙賢的實境。

三、反弱與寡恩　老子是一位理智太過的人。凡理智太過，總是缺乏感情，把天下事物之理，都看透了，拆穿了，大小多少，得喪生死都不過是那一回事；故雖至失喪之時，常人所不能忍受者，他亦淡然視之。若更推此意以及於天下，則縱多殺幾個人，多犧牲了若干生命，也不過是那一回事。而况所犧牲者爲的是要齊天下之不齊，則更何足多恤？所以蘇子瞻論韓非，謂其得老莊輕天下而齊萬物之術，是以敢爲殘忍而無疑。（見所著韓非論）老子曰：「反者道之動，弱者道之用。」反猶反面之反，凡事有往必有反，有正面必有反面，常人沉於正面，而不知反面也是事理之常。樂的反面是悲，得的反面是喪，白的反面是黑，雄的反面是雌，由此類推，天下事物，莫不有此反面。苟僅沉酣於正而不思及其反，則反者一至，便莫知所措，不能臨大事而不變，臨大難而不亂。故老子是知白守黑，知雄守雌的，我們可以絕對相信老子是任何時期任何環境中絕不會攖動其心，他所以能如此者，則由其守下守弱的結果。

從前有人問朱子：「反者道之動，弱者道之用。」朱子曰：「老子說話，都是這樣意思，緣他看得天下事變熟了，都於反處做起。且如人剛强咆哮跳躑之不已，其勢必有時而屈，故他只務爲弱，人才弱時，却蓄得那精剛完全，及其發也，自然不可當。故張文潛說老子惟靜，故能知變，然其勢必至於忍心無情，視天下之人皆如土偶爾，其心都冷冰冰地了，便是殺人也不恤，故其流多入於變詐刑名。太史公將他與申韓同傳，非是强安排，其源流實是如此。」（朱子語類卷一百二十五十一頁）朱子這一段話，把老莊申韓的流變說的至爲透澈，法家理想確是很傾向於老莊之道，然而他們之所設施，與其言論之極，則又非老莊之所及料。法家要拿法去替代老莊之所謂「道，」不能驟至，故明法令，嚴賞罰，以齊天下之動，嚴刑峻法而無所顧惜。在他們法的施行之下，無所謂尊卑親疏，而韓子更於父子夫婦之間，不敢信任，眞是寡恩之極了。他說：

愛多者則法不立，威寡者則下侵上，是以刑罰不必，則禁令不行，其說在董子之行石邑，與子產之教游吉也。——董閼于爲趙上地守，行石邑山中，見深澗峭如牆，深百仞，因問其旁鄉左右曰：人嘗有入此者乎？對曰：無有。曰：嬰兒盲聾狂悖之人，嘗有入此者乎？對曰：無有。牛馬犬彘嘗有入此者乎？對曰：無有。董閼于喟然太息曰：吾能治矣。使吾之無赦，猶入澗之必死也，則人莫敢犯也，何爲不治？子產相鄭，病將死，謂游吉曰：我死後子必用鄭，必以嚴涖人。夫火形嚴，故人鮮灼，水形懦，故人多溺，子必嚴子之刑，無令溺子之懦。子產死，游吉不忍行嚴刑，鄭少年相率爲盜，處於萑澤，將遂以爲鄭禍，游吉率車騎與戰，一日一夜，僅能克之。游吉喟然嘆曰：吾蚤行夫子之教，必不悔至於此矣。內儲說上七術篇

今上下之接，無父子之澤，而欲以行義禁下，則交必有郄矣。且父母之於子也，產男則相賀，產女則殺之，此俱出父母之懷衽，然男子受賀，女子殺之者，慮其後便，計之長利也。故父母之於子也，猶用計算之心以相待也，而況無父子之澤乎？六反篇

鄭君已立太子矣，而有所愛美女，欲以其子爲後，夫人恐，因用毒藥賊君殺之。內儲說下六徵篇

引這幾段，是見得他主張嚴刑峻法之理由與慘覈寡恩之事實。大概主張嚴刑峻法，則其勢不能不慘覈寡恩，兩件事很有互爲因果的循環性；然其根本原因，我則以爲其理智太過的原故。理智與情感往往互相消長的掩蓋，故韓子很反對「愛」，「愛」便是感情中的主要成分。他認爲父子之愛，夫婦之愛，都是靠不住的，所靠得住者，只是嚴刑峻法。有了嚴刑峻法，則一切仁義教化，都可以束之高閣，而天下自然無事。他對人物事理的看法，好像除了利害關係之外，就沒有其他。所以親如父子，

愛如夫妻，都不免專爲自己打算，而不恤施用毒辣手段以求達到利己的目標，其他更可想而知了。韓子這種思想基礎，固然是由於理智過盛受了不少老子的影響；還有一個基礎，就是我前面說過，是他先生荀卿的理論。荀卿主張性惡，說人類利己心是先天的，他一開口便是「人之生固小人。」爲政者既深信天下皆是天生的小人，自然刀鋸斧鉞何施而不可？又況深於理智，把天下事都看穿了，輕天下而齊萬物，得喪死生，都不過是那一回事，所以他的學說，是有學理的根據，有事實的證明，源源本本，有條不紊，大膽施行而無所疑忌。不過老子所說「反」的道理，是要守弱以自處，荀子所倡性惡，是要教人尊師隆禮，却想不到因爲「反」的理論而流爲殘忍，因爲性惡的根據而流爲尙刑。這種流變，便是時代環境的關係，和學者個性的關係了。

四、滅名與正名　道家認名爲亂天下之具，故竭力設法泯滅種種名目，而反對名的存在。曰：「道常無名樸，」「繩繩不可名，復歸於無物。」又曰：「名者實之賓也，」「德蕩乎名，……名也者相軋也。」都見得他們是以名爲不祥之器。（參閱前第六章）法家政治目標，既與道家相同，其所設施，雖與道家有分途的跡痕，但是多少還有道家的影響，現在關於名的問題，怎樣呢？在法家學者的理想，如能澈底把世間一切名都泯滅了，也是好事，無如既有了名，要把牠重新滅了，則不但不可能，縱或能了，且足以紊亂社會的秩序，所以他們就覺得與其沒有方法把名滅去，就不如把世間一切名分，都正得好好的，使不相踰越，也未嘗不是維持社會秩序的積極辦法。故法家非特不主張滅名，並且一切的名都應該精密的正起來。他們覺得必須把名正好了，然後才能立法，然後政治才有軌道，人民才有遵循，然後才談得到無爲而治，看他們的言論：

> 大道無形，稱器有名，名也者，正形者也。形正由名，則名不可差。（尹文子大道上）
>
> 名以檢形，形以定名，名以定事，事以檢名。察其所以然，則形名之與事物，無所隱其理矣。名有三科，法有四呈。一曰命物之名，方圓白黑是也。二曰毀譽之名，善惡貴賤是也。三曰況味之名，賢愚愛憎是也。一曰不變之法，君臣上下是也。二曰齊俗之法，能鄙同異是也。三曰治衆之法，慶賞刑罰是也。四曰平準之法，律度權量是也。（同上）
>
> 審名以定位，明分以辯類。（韓非子揚權篇）
>
> 君操其名，臣效其實，形名參同，上下和調也。（同上）
>
> 用一之道，以名爲首，名正物定，名倚物徙；故聖人執一以靜，使名自命，令事自定。（同上）
>
> 有言者自爲名，有事者自爲形，形名參同，君乃無事。（主道篇）

尹文子漢書藝文志把他列在名家，自我看來，他並不能算是純粹名家，蓋由道家而流爲法家，尹文乃其間轉樞的人物；故其言出入於黃老申韓之間。周氏涉筆謂其自道以至名，自名以至法，確是尹文的面目。綜合他的思想，可以說形而上者，渾然無名，形而下者就不可不有名以定分，既有名了，就不可不有法以齊名。如是「形名之與事物，無所隱其理矣。」我們再看他所謂三科之名，與四呈之法，若自老莊看來，則都是名，都是不必有之物。尹文子把他這樣分得清清楚楚，一方面是就形下之器立言，不如此則無從別彼此而檢虛實，故曰定此名分，則萬事不亂也。再一方面則必有此名分，然後法才有所根據以施行，故韓非信賞必罰的基礎，就立在「審名定位，明分辯類」上面。名審定了，然後位次不可踰越，分都明了，然後事類不相混亂，然後君以其名責其實，名實相符，則上下和調，君乃無事。名不當其實，則嚴刑峻法以正之。故法家所以要把名正得清清楚楚，不容淆亂者，爲的是形下之器，沒有法子把名滅了，故不如循名核實以爲立法標準。在他們意思，只要名正好了，法立定了，賞罰嚴明了，任何人不相踰越，則正名之效，正等於道家滅名的理想。

由上面四節的序述，我們可以看到兩家分途，端在人爲與自然二者之間而已。道家一切任自然，法家一切要以人力替代自然。——他們之所謂人力，與儒家所重視之人力，又自不同。儒家雖亦視人類心力爲萬能，而猶時時顧及人類之個性與情感，法家則不顧一切而篤信人力所製成的法，他們要以人力之法達到道家自然的理想。掉轉過來說，道家之所謂道，也不過是人類一種自然法。我們平常說某事不合法，此所謂法，卽是道理，並不是幾百幾十幾條的法律。又從前人歡喜罵人「無法無天，」以法與天並行，還是古代自然法的遺義。故在未有完整法律以前，總是以自然法爲維持社會的工具。

道家是自然法最高遠的理想者，因此我們可以說道家之道，與法家之法，竟有異曲同功之妙用。不過法家專利用人類弱點，根本覷人類爲天生小人，舉凡仁義禮智孝弟忠信他們都認爲無足重輕，他們簡直承認是法律萬能。當天下大亂之秋，偶一用之，固未嘗不可以收奇效，所謂治亂國用重典；然苟欲行之久遠，則不獨他們的路途太狹，且把人民的廉恥心，渾厚心，都要喪盡爲止，而他們所希冀的社會秩序，亦絕不能長保，李斯趙高等教秦二世嚴督責，而天下土崩瓦解，便是一個好例。

第十六章 老莊哲學與儒家哲學

太史遷曰：「世之學老子者，則絀儒學，儒學亦絀老子，道不同不相爲謀，豈爲是邪？」(史記老莊申韓列傳) 誠然門戶之見，爲學者所不應有，而尤下者就是並未深明其義，也自命爲某家信徒，非薄異己，斥爲異端。其不然者，又或牽强傅會，强異爲同，都不免要失其本態。關於儒道兩家的異同，古今研究比較者甚夥，而以太史談之論斷爲比較的允當。他說：

> 儒者以六藝爲法，六藝經傳以千萬數，累世不能通其學，當年不能究其禮。故曰：博而寡要，勞而少功。若夫列君臣父子之禮，序夫婦長幼之別，雖百家弗能易也。
>
> 道家使人精神專一，動合無形，贍足萬物，其爲術也，因陰陽之大順，采儒墨之善，撮名法之要，與時遷移，應物變化，立俗施事，無所不宜，指約而易操，事少而功多。儒者則不然，以爲人主天下之儀表也，主倡而臣和，主先而臣隨，如此則主勞而臣逸。至於大道之要，去健羨，絀聰明，釋此而任術。夫神大用則竭，形大勞則敝，形神騷動，欲與天地長久，非所聞也。

他認爲儒家的大長處，在「列君臣父子之禮，序夫婦長幼之別；」而缺點則在「博而寡要，勞而少功，」「累世不能通其學，當年不能究其禮。」道家能兼有各家之長，而無其蔽，「指約而易操，事少而功多，」「立俗施事，無所不宜。」他所論斷，都是事實，深得兩家精蘊。不過他要拿這幾句抽象的理論，來汎籠兩家的學術，自然只能代表其大端，未可語於詳盡。

兩家學術源頭皆出於大自然之刺激與暗示，吾既言於前第三章中。道家爲欲順應自然，故輕人而重天，儒家爲欲征服自然，故重人而遠天。是以兩家思潮，雖同發源於大自然之環境，然觀點不同，立言斯異，方法行事，亦莫不逈殊。儒家因爲重人事，故所言論，往往不逮道家之偉大，而切於實事，準乎人情，便便蕩蕩，使千百世後行其道而無弊，則是儒家獨有之特色。因此他們對天道的見解，對人物的見解，都像是很懸遠的兩個壁壘；但是最後的心境，則又並無二致。茲析言之如左：

一、論天

老莊對天的觀念，已具見前第四章，他們的中心思想在自然，所以對天的見解，就等於對自然的見解。老子曰：「天法道，道法自然，」可見天與自然，原是一個系統，依此系統，天是要稟承自然之意以行事的。也可以說天就是自然的一個代表。故天之一切現象，就是自然的一切現象，天之意志，就是自然意志，人也是自然系統下之一個單位，所以人的一舉一動，亦不應該違犯這自然原則；苟違犯了，便要觸禍的。我在第四章的末節，已將此意說的很多，現在不多說了。

儒家如何呢？他們是要利用自然，征服自然的。他們是視人類心力爲萬能的，對虛無縹緲與人事無多關係者，都不甚重視；所以他們說天，也還是以人爲主。其意若曰：天是一個玄虛縹緲的空體，縱有意志，也是以人的意志爲意志，只要是大德的聖人，則其意志行爲，卽可與天一致，卽可做天的代表。古書上往往稱頌聖人曰天德，曰天威，而所謂三才之義，要人與天地參，(音三、言人與天地合而爲三也、凡言參天地之化育、與天地參、皆當讀三、)都是把人看與天地相等。禮記中庸篇謂「天命之謂性，」亦是見得天與人原是一氣相承，天意就是人意，人之修德，應以天爲準，所以到才全德備的聖人地位，則不但是與天地參，並且是與天地合而爲一。如曰：

唯天下至誠，爲能盡其性；能盡其性，則能盡人之性；能盡人之性，則能盡物之性；能盡物之性，則可以贊天地之化育；可以贊天地之化育，則可以與天地參矣。(禮記中庸篇)

博厚配地，高明配天，悠久無疆。……天地之道，博也，厚也，高也，明也，悠也，久也。(同上)

人者天地之心也。(禮記禮運)

夫大人者，與天地合其德，與日月合其明，與四時合其序，與鬼神合其吉凶；先天而天弗違，後天而奉天時。(周易乾卦)

天聰明自我民聰明，天明畏自我民明威。(書皋陶謨)

天視自我民視，天聽自我民聽。(書泰誓逸文孟子引)

天工人其代之。(書皋陶謨)

民之所欲，天必從之。(書泰誓逸文左襄三十一年傳引)

萬章曰：「堯以天下與舜有諸？」孟子曰：「天子不能以天下與人。」「然則舜有天下也孰與之？」曰：「天與之。」「天與之者，諄諄然命之乎？」曰：「否天不言以行與事示之而已矣。……昔者堯薦舜於天而天受之暴之於民而民受之故曰天不言以行與事示之而已矣。」（孟子萬章）

天行有常，不為堯存，不為桀亡，應之以治則吉，應之以亂則凶。強本而節用，則天不能貧；養備而動時，則天不能病；循道而不忒，（從王校）則天不能禍，故水旱不能使之饑，寒暑不能使之疾，祆怪不能使之凶……故明於天人之分，則可謂至人矣。不為而成，不求而得，夫是之謂天職。如是者雖深其人不加慮焉，雖大不加能焉，雖精不加察焉，夫是之謂不與天爭職。天有其時，地有其財，人有其治，夫是之謂能參。舍其所以參而願其所參則惑矣。（荀子天論篇）

大天而思之，孰與物畜而制之？從天而頌之，孰與制天命而用之？望時而待之，孰與應時而使之？因物而多之，孰與騁能而化之？思物而物之，孰與理物而勿失之也？願於物之所以生，孰與有物之所以成？故錯人而思天，則失萬物之情。（同上）

凡此可以略見儒家對天的見解，雖然他們各人的言論不無微異之點；但是以人事為中心，以人力為天意之代表，則是一致的意向。而禮運篇所謂「人者天地之心，」尤為透澈而扼要。因為是天地之心，故人類之意向，就是天地之意向，而人可以贊天地之化育，與天地參。因為是天地之心，故與天地為一體，而能與之合其德，合其明，合其序，合其吉凶。完全相合，自然先之而不違其意，後之而能奉其時。大概儒家所懸的最高理想人物，要備具「剛、健、中、正、純、粹、精，」（見易乾卦）七個條件，才可以夠得上領袖人才的資格。然而談何容易，能把這七件事都做到美滿的境地？不得已就假懸一個「天」做這理想目標吧。故其對天之理想，就是要取做人事的標準。聖人就是體驗這個理想標準去代天行事的；然又恐强者未至聖人位分而妄稱天意以行其私，乃以民意爲天之限制。就是說天德雖高，終須以大多數民衆之好惡爲好惡，天德才能踏實。故以民視民聽爲天視天聽之標準。具體點說：就是人類心力應以最大多數最大幸福爲指歸，而天亦須以此爲指歸，才是天德。故曰：「民之所欲天必從之。」能做到從民之所欲者，就是合天之德，就是剛、健、中、正、純、粹、精，便是「天工人其代之。」這都是儒家對天的中心見解。至於荀子，雖亦儒家學者，然對天却是一個大大的反動份子。這固然是他本人的精神如此，而大半還是受道家的激動。他看道家把天看得太偉大了，整個的人生，都躺在天的懷抱裏，他覺得太藐視我們人類心力了，很有些不服。所以他譏莊子爲「蔽於天而不知人，」譏老子爲「蔽於詘而不知伸。」依荀子的見解，簡直認老莊之蔽，爲庸弱的表徵；所以他的天論篇，乃至於他的全書，都不但要利用天行，還要征服天行，要拿我們人力來轉移天行。易言之，就是要使天受人制裁，不要使人受天支配。他亦承認三才思想，但他意思是天有天的職分，地有地的職分，人亦必做出人的事業來，才能稱人的職分，才配談得到與天地參。如其不然，或空空洞洞的去慮天道如何的深，察天道如何的精，或依賴天地而不做自己應做的事，都不免失人之「分。」他覺得天地雖有生養萬物之能，但若沒有人去制裁他，還是不能使萬物各得其所。蓋天地是無意義的生出萬物了，要使這些無意義的萬物，都能相生相養，相扶相助，而擴張，而進化，而各得其所，只有「人」能够負起這個責任；人若不負這個責任，天地亦將失其能力。故在荀子思想中之「天」，是要待人制裁才能顯著其德。

二、論道

以上略述了兩家論天的大概，我們可以結總的說一句：道家以自然爲主，故所謂天者，只是代表自然，以行所無事。儒家以人爲主，故所謂天者，應以合於人事爲準。這是兩家對天之異趣，再看他們兩家對於「道」的見解如何呢？

老子曰：「人法地，地法天，天法道，道法自然。」又曰：「有物混成，先天地生。」又曰：「道生一，一生二，二生三，三生萬物。」莊子曰：「泰初有無，無有無名，一之所起，有一而未形。」老子所謂混成之物，與莊子之所謂「一」，都指的是「道。」此處所引數句，當然不能見道之全；但是道之作用，與道之體系，却能略見於此了。道之作用，就是能生出天地，且爲天地之法。道之體系，當以老子人法地，地法天，天法道，道法自然，爲最明顯。莊子雖然未曾這樣明顯的排列，但是有道而後有天地，有天地而後有萬物，換句話就是道爲天地萬物之主宰，確是他們共有的觀念。若問：「道」究竟是什麼呢？則微妙玄通，深不可識，不可以言語形容。故曰：「道可道，非常道。」「玄之又玄，衆妙之門。」觀莊子與東郭子論道那一段，（知北遊篇）我們雖然明白「道」是無所不在，但終覺他把道字形容得太玄祕，令人難以捉摸。儒家便不如是。凡與人事無關，易涉玄虛者，似乎皆不在他們道字範圍之內。曰：「道猶路也。人所共由者爲道。」故儒家論道之處較爲具體，而其體系亦與道家大相逕庭。

立天之道，曰陰與陽。立地之道，曰柔與剛。立人之道，曰仁與義。（易繫辭）

天道遠，人道邇，非所及也，何以知之？（左昭十八年）

天命之謂性，率性之謂道。

道也者，不可須臾離也，可離非道也。

君子之道費而隱，夫婦之愚可以與知焉，及其至也，雖聖人亦有所不知焉。夫婦之不肖，可以能行焉，及其至也，雖聖人亦有所不能焉。

道不遠人，人之爲道而遠人，不可以爲道。

君子之道，辟如行遠必自邇，辟如登高必自卑。

大哉聖人之道，洋洋乎發育萬物，峻極於天，優優大哉，禮儀三百，威儀三千，待其人而後行。故曰：苟不至德，至道不凝焉。（以上六條俱見禮記中庸）

人能弘道，非道弘人。（論語衛靈）

誰能出不出戶，何莫由斯道也。論語雍也

道在邇而求諸遠事在易而求諸難。孟子離婁

夫道若大路然，豈難知哉。孟子告子

道者非天之道，非地之道，人之所以道也，君子之所道也。荀子儒效篇

觀此我們可以知得儒家亦頗言道，但是與道家之道，確乎大異。第一便是體系上的不同，道家認道在天地之前，儒家則以道爲人類努力創造之結果。故曰：「人能弘道，非道弘人。」又曰：「率性之謂道。」其次則道家係拿一個道字統攝天地萬物，儒家則分道爲三截曰天道，地道，人道。道家所言道，多涉於玄虛，不易爲一般人共曉，彼亦未嘗求一般人共曉。故曰：「上士聞道，勤而行之，中士聞道，若存若亡，下士聞道大笑之，不笑不足以爲道。」惟其如是，故每一談道，總是極高深玄妙，視之不見，聽之不聞，搏之不得，是以後世得假爲神祕之說。儒家言道，最爲顯著而切實。曰：「夫道若大路然。」曰：「道也者不可須臾離也。」所以夫婦之愚，可以與知，夫婦之不肖，可以能行。

儒家爲什麼要把道分做三個階級呢？爲的是要切近人生。既分別若爲天道，若爲地道，若爲人道，然後從現實的人生着想，自然應該在人道上研求。人道的大端曰仁與義。孟子爲孔子後儒家中堅份子，其全書七篇，幾盡爲發揮仁義二字之作，這便是儒家重人道之事實。他說：「仁人之安宅也，義人之

正路也，棄安宅而不居，舍正路而不由，哀哉！」又曰：「道在邇而求諸遠。」所謂安宅正路都不過是道字的變名，卽是立人之道的人道。大概孟子爲人道二字近於抽象，且發揮起來必兼舉天地之道以爲比例，故直言仁義，既不涉於玄虛，又能切於實際。不但如此，中庸一篇，可算儒家論道的總匯，而其所論則曰：「造端乎夫婦。」又曰：「道不遠人。」又曰：「君子之道，辟如行遠必自邇，辟如登高必自卑。」造端乎夫婦就是先修其身，「刑於寡妻，至於兄弟，以御於家邦。」所謂本諸身徵諸庶民，此何等切近，何等親密，且爲任何人所不可逃之環境。有父子便有親之道，有君臣便有義之道，（梁啓超曰：君字不可專作王侯解、凡社會組織、總不能無長屬關係、長卽君、屬卽臣、例如學校、師長卽君、生徒卽臣、工廠經理卽君、廠員卽臣、師長對生徒、經理對廠員、宜止於仁、生徒對師長所授學業、廠員對經理所派職守、宜止於敬、不特此也、凡社會皆以一人兼君臣二役、師長對生徒爲君、對學校爲臣、乃至天子對天下爲君、對天爲臣、儒家所謂君臣、應作如是解、——見所著先秦政治思想史一二四頁）有夫婦便有別之道，有長幼便有序之道，有朋友便有信之道。以莊子之曠達，尙稱此類情形爲無所逃於天地之間，（參閱人間世篇）則所謂道不可須臾離，眞是至當不易之論了。故儒家之所論道，十之八九是指的人道，所以荀子就顯然的說：「道者非天之道，非地之道，人之所以道也，君子之所道也。」意謂天道地道，皆屬杳冥不可知之數，號爲先覺之君子，卽應在人類活動圈裏爲人類造些幸福，才不失其所以爲人，才不失其所以爲君子。然而中庸上面却談了不少天地之道，如曰：「爲物不貳，生物不測，」「博厚高明悠久，」「上天之載，無聲無臭至矣。」都是說的天地之道。但是天地之道，雖然到「至矣」的境界，猶必「待其人而後行。」就是天地之道必待人而後弘。此之謂人能弘道，非道弘人。可知儒家在形式上是把道分作天地人三截，實際還是拿一個「人」字爲樞紐。天地之道，不過是人事活動之極則而已。因此儒家的宇宙觀和其人生觀，簡直有不可强分之勢。

三、論人物

「人」「物」兩種觀念，在道家思想中，可說是絕對平等。他們認定「天地之間，其猶橐籥乎。」人與物都是「動而愈出」的結果，其生命其動作，皆另有主宰之者，故人物之生成，正如大冶造器，或爲干將莫邪，或爲畚鍤刀鏟，本身毫無自主之力，一任自然而已。蓋他們根本觀念是「萬物與我爲一」，萬物與我爲一者，猶人身之有百骸九竅六藏，名雖不同，但皆爲我一體，當然無貴賤賢愚之別；所以莊子論道，輒以人、猿、鰌、魚、蝍且、螻蟻，相提並論，因爲他根本未承認人與物有高下之殊，或爲蟲肝，或爲鼠臂，悉聽其自然，此莊子所謂物化的境界，亦爲道家最高的境界。儒者則以爲人的心力可以治理一切，有聖人出，則風雨霜露，能得其宜，天災時變，能自銷息。而數罟不入洿池，便是魚鼈受其福利；斧斤以時入山林，便是草木受其福利；雞豚狗彘之畜，無失其時，便是牲畜受其福利。上自天時，下至昆蟲草木，皆待人力然後始各得其所，人的地位，是如何重大？然而他們亦不是賤視他物，只是愛有差等，不若道家那樣以天地人物爲一耳。其意若曰：天地萬物，均待人而後理，假如不先把自己治好了，那裏配說到治人？而治又必由自己之左右前後始，苟其行爲尚不足以事父母兄弟，更那裏談得到他人與他物？所以「親親而仁民，仁民而愛物，」乃是儒家對人物的一條法規。孟子曰：老吾老以及人之老；幼吾幼，以及人之幼」，便是親親仁民的實施。在常情之下，君子之於禽獸也，見其生不忍見其死，聞其聲不忍食其肉，固亦未嘗不是仁者之用心；但是狗彘食人食而不知檢，以至於途有餓莩，則不免率獸食人，爲不知類了。是知儒家並不是不愛禽獸，只是愛的程度，不應超過愛自己的同類；更不是不愛他人，意謂愛他人的程度，不能超過愛自己的父母兄弟。苟有所過，便不免所厚者薄，而所薄者厚，爲不近人情，或係矯情干譽，或係另有所圖，如豎刀、易牙、開方之類，爲天下之忍人，爲人類所共棄矣。蓋儒家之愛，重在一個「推」字，孟子曰：「仁者以其所愛，及其所不愛。」此處「及」字，就是推的意思。又曰：「古之人所以大過人者無他焉，善推其所爲而已矣。」又曰：「推恩足以保四海，不推恩無以保妻子。」推者，推己之心以及人之心，我愛我之親，乃推知他人亦必重愛其親，我愛我之子，則推知他人亦必重愛其子，這便是孔子所謂「絜矩之道」，所謂「恕。」恕就是推恩的工夫，就是以己度人的意思。荀子曰：「聖人者以己度者也。故以人度人，以情度情，以類度類。」（非相）故儒家之愛，是由一個出發點推及於他人他物。苟其出發點之愛力很厚，則所推出者自亦隨之而厚，苟其出發點之愛力很薄，則所推者自然亦薄。若出發點厚而所推乃薄，則其人不免爲自私自利；若出發點薄，而所推乃厚，則失人之情，或非其心之本意。孟子曰：「君子之於物也，愛之而弗仁；於民也，仁之而弗親。親親而仁民，仁民而愛物。」朱子箋云：「物謂禽獸草木。愛謂取之有時，用之有節。」程子曰：仁推己及人，如老吾老以及人之老，於民則可，於物則不可。統而言之則皆仁，分而言之則有序。」這幾句話，可以盡儒家人物觀念之意了。

這幾層的等差，全由比較而顯著。對自己的父母而言，則於民為仁之而弗親；對自己同類的人而言，則於物為愛之而弗仁。所謂弗親弗仁，皆為相比的次序。見得對萬物無不愛，而施由親始。儒家萬物皆備於我的精神，與道家萬物與我為一的精神，原自一致；惟儒家始終是拿一個「我」字做中心，要使萬物皆備在我字上面。道家所謂萬物與我為一，是無物我之分，把「我」的影像，完全化除而與物為一，我亦物，物亦我，莊周之化為蝴蝶，與蝴蝶之化為莊周，在他們看起來，都無須分辨。故兩家異同，自然還是中心思想「人」與「道」兩種觀念在那裏做原動力。道家工夫，要做到太上忘情，故能達到物我無分的境地；儒家行為，處處皆須切於人事，切於實用，要在不失人情，要使愚夫愚婦皆易知易行，因就一般人情之中，立為親親仁民愛物三個等差。就其淺者言之，誠愚夫愚婦之所能行，而及其至也，則聖人有所不能盡焉。此儒家之所以切實，而道家之所以偉大。

四、仁與道

儒道兩家，各有其理想境界。道家要使天地萬物同歸於道化，故其千言萬語，只在說明一個道字。

儒家的最高理想，則在使天地萬物同歸於仁，研究儒家哲學，不從這仁字着手，終不免枝枝節節，摸不着頭腦。而不懂得仁的內容和仁的範圍，亦不足以盡儒家之全體大用。關於道家的道，本書言之綦詳。儒家之仁，實際就等於道家之道，不過其途徑有不同耳。

仁是什麼？淺言之，即桃仁杏仁之仁。推之其他，草木莫不有種子，種子之內，皆莫不有仁，核內之仁，可算是草木生生之理，我們或者叫牠「生機。」儘可百圍大樹，而溯其初生，則由於一粒之仁。惟人亦然，固然是男精女血，構而成人，既成人，則莫不具有先天靈氣，而人之所以爲人，能贊天地之化育者，全恃有此先天靈氣。此先天靈氣者，就是人類之仁。故「仁」乃萬物共同的生生之理，而醫生稱人手足痺痲曰四肢不仁。朱子曰：「仁者心之德愛之理。」仁與心並非兩事。欲認識人的本性，須先認淸人之所以爲人之仁。樹無根核，不足以成樹，人無此仁，亦不足以爲人。孟子曰：「無惻隱之心非人也。」又曰：「惻隱之心，仁之端也。」程子曰：「學者須先識仁，仁者渾然與物同體，義理智信皆仁也。識得此理，以誠敬存之而已。不須防檢，不須窮索。若心懈則有防，心苟不懈，何防之有？理有未得，故須窮索，存久自明，安待窮索？此道與物無對，大不足以明之，天地之用，皆我之用。孟子言萬物皆備於我，須反身而誠，乃得大樂；若反身未誠，則猶是二物有對，以己合彼，終未有之，又安得樂。」識仁篇又曰：「仁者以天地萬物爲一體，莫非己也，認得爲己，何所不至？若不有諸己，自與己不相干，如手足不仁，氣已不貫，皆不屬己，故博施濟衆，乃聖人之功用。仁至難言，故曰己欲立而立人，己欲達而達人，能近取譬，可謂仁之方也已。欲令如是觀仁，可以得仁之體。」語錄 由這兩段看來，仁乃萬物之共相，最顯著的表現，就是同情心，由此同情心推衍出去，發揚光大，則所謂天地位萬物育而仁覆天下矣。故仁是生人的根荄，故曰仁者人也。認定這個根荄，則舉凡孝弟忠信禮義廉恥，和其他一切美德，都是從這個根荄上發出來的枝芽。聖人就是要拿他自己這個根荄，去引導天下人，使皆豁然憬悟其各個人之根荄有發揚光大的根性；至一世之人皆覺醒了，便是大學所謂明明德。蓋人生莫不有其明德，哲按即前所謂先天的靈氣、亦即是仁、惟往往爲物所蔽而不自覺，經他人的至誠感化，亦能復其原有之明。用一個譬喻：則先知先覺的人，有如電燈廠之總機關，此機一開，天下之燈都爀然光耀。仁者以其心之所向，覆育天下，則非但一夫不獲，時予之辜，即舉天地間禽獸草木山川土石，都能各得其所，才是仁者的心願。這種理想表現於世，則如禮運所云：

大道之行也，天下爲公，選賢與能，講信修睦。故人不獨親其親，不獨子其子，使老有所終，壯有所用，幼有所長，鰥寡孤獨廢疾者，皆有所養，男有分，女有歸。貨惡其棄於地也，不必藏諸己；力惡其不出於身也，不必爲己。是故謀閉而不興，盜竊亂賊而不作，故外戶而不閉，是謂大同。

儒家最高理想，即在於此；而又原知此種理想，不可驟及，然其目標大道，則務向此理想以進行，故孔子自言曰：「丘未之逮也，而有志焉。」禮運 其自述己志亦云：「老者安之，朋友信之，少者懷之。」論語公冶都是一路的理想。這種最高理想既不可驟及，故平常教人乃另立出一個「恕」字，和一個「力行」的教義。這兩件事都是向仁字方面的路道。而對仁的全體大用，則罕言之。（論語子罕言利與命與仁）卽諸生問仁，亦只各就其所需之德行，而對症以針砭，勸其在力行的道路上努力，並不以此廣大精微之理，輕於見告，蓋恐諸子未能有得，而流於好高騖遠之途。且孔子一生，亦從未輕許某人是個仁者，觀其與諸弟子品第人物，總是感覺「爲得仁，」就可見足當仁字者，實不容易。

堯舜是儒家理想人物，尤其是孔子祖述堯舜，憲章文武；然而論到仁的範圍，孔子亦不輕許堯舜。在論語書中稱贊堯舜的地方固然很多；但是稱「堯舜其猶病諸」者，乃竟兩見：

貢曰：「如有博施於民而能濟衆，何如？可謂仁乎？」子曰：「何事於仁？必也聖乎？堯舜其猶病諸？夫仁者，己欲立而立人；己欲達而達人。能近取譬，可謂仁之方也已。」（雍也）

子路問君子。子曰：「修己以敬。」曰：「如斯而已乎？」曰：「修己以安人。」曰：「如斯而已乎？」曰：「修己以安百姓。修己以安百姓，堯舜其猶病諸？」（憲問）

這兩段的「堯舜其猶病諸，」我以爲都是對仁的表現說話。第一個堯舜其猶病諸，是因子貢問「如有博施於民，而能濟衆，何如？可謂仁乎？」孔子覺得博施於民，而能濟衆，不過是仁之事，（事猶作事之事、朱註事當也、朱註、）那裏算是仁的本體？假如事在仁的事上摸索，不但太瑣碎而不得大體，並且「爲政者每人而悅之，日亦不足矣！」雖堯舜之聖，亦或未能完全無憾呢！他還恐子貢未能完全了解，故又就當下情形，告訴他仁者己欲立而立人，己欲達而達人，這便是推己及人之意。且完全是就仁的啓發上立言。孟子云：「教人以善謂之忠。」又曰：「勞之來之，匡之直之，輔之翼之，使自得之。」「教人以善」與「使自得之」，都是己立立人，己達達人之事。然以此化導少數人或尙容易，若能使天下百姓個個如此，則篤恭而天下平，天地位，萬物育，氣無不和，理無不正，便是仁的全體大用了。然而談何容易，而可以至此？故曰：「堯舜其猶病諸。」所以仁這一字，眞是語大天下莫能載焉。然而儒家畢竟以人事爲主，雅不欲託諸空言，故雖然一面把仁的涵義說得如許廣大，但在此廣大之中，却有「仁之方。」何謂仁之方？孔子叫我們要近取譬，其實還是「恕」的意思，與「推」的意思。因爲人既生而莫不有是仁，則人同此心，心同此理，皆用此心此理以待人，自無過不及之差。平常人口頭上所謂良心，便是指的此心中之仁。是以一人之心，與天下人之心，都是息息相通，感無不應。孔門諸子，能體會及此者，大概甚鮮；故對諸子之問，多以片面答之。惟顏淵篇「其心三月不違仁」故孔子敎之云：「一日克己復禮，天下歸仁焉。」何故一日克己復禮，就有這麼大的效力？——天下歸仁焉。蓋克己就是克私，復禮就是復天理之本然，就是復仁的本體，私欲克去，則仁的障礙沒有了。仁的本體豁然大通，宛然萬物一體，上下與天地同流，處處以仁心待人，天下安得不樂而歸之？故學者對於仁的認識，可算是基本心力的第一步。認定了這個大道，向前進行，至少是不至於爲惡，故曰：「苟志於仁矣，無惡也。」（論語里仁）假如這個大前題沒有認定，則根基未正，其他一切都未免於支離破碎，禮不足以教，樂不足以化，失其所以爲人之理，這人就算完了。這是從仁的最細微處說起，可謂語小天下莫能破焉。

仁的本體，既如此的廣大精微，與莊子論道所謂「無乎不在」，正同一意；所以我感覺儒家之仁，與道家之道，簡直是異名同實的理想境界。不過儒家是以現有社會爲標準，故對一般人只告訴他日用尋常易知易行之大道，必賢如顏子，才告訴他：「一日克己復禮，天下歸仁。」孔子曰：「中人以上，可以語上也；中人以下，不可以語上也。」（論語雍也）就是這個道理吧？因此我們知道，儒家立了一個仁的大目標之後，還要立出許多下學上達的方法，教人「近取譬」，教人「强恕而行」，教人「善推其所爲」，都是存有維持現社會的苦心。至於道家則完全由超現社會着想，他們是要離開現社會去另組織小國寡民的烏託邦，所以不須要下學上達的工夫，亦不須由近及遠的途徑，他們是完全從理想立言，故能獨成其偉大。是故仁與道是兩家異名同實的理想境界，只以兩家對社會之觀點不同，故方法途徑亦因之而異。

五、兩家最後的境界

如上所述，兩家議論行爲，頗多相異；然而最後境界，我則以爲並無二致，而一歸於玄同。道家最後目標，在無爲而無不爲。而所謂無爲而無不爲者，又屬於視之不見，聽之不聞，搏之不得的玄境；故不可以有形之論，爲之表達，而其妙道之行，乃卽在此無從表達之中，能使萬化流行，各適其適。儒家思想不喜落空，行事立教，皆以人事爲歸。以孔子論，凡平時弟子之問，稍涉玄虛，去人事略遠者，輒不爲解答。是故以子貢之才，猶歎「夫子之言性與天道，不可得而聞也。」於此見孔子平時之不重空言，然亦於此見孔子並不是不談天道；不過不與諸弟子共言之耳。余意孔子見老子後，思想頗有轉變，言論行爲，多與道家冥契，而理想治道，亦在無爲。且不惟孔子，卽孟子荀子，雖大體上是重在力行，而說及最高境界，仍歸於無爲妙境。今摘其言論如左：

子曰：「賜也，汝以予爲多學而識之者歟？」曰：「然！非歟？」曰：「非也！予一以貫之！」論語衞靈

吾有知乎哉？無知也。有鄙夫問於我，空空如也。子罕

子絕四：毋意，毋必，毋固，毋我。子罕

大哉堯之爲君也！巍巍乎唯天爲大，唯堯則之，蕩蕩乎民無能名焉。巍巍乎其有成功也，煥乎其有文章。泰伯

無爲而治者其舜也歟？夫何爲哉？恭己正南面而已矣。衞靈

不見而章，不動而變，無爲而成。禮記中庸

萬物並育而不相害，道並行而不相背，小德川流，大德敦化，此天地之所以爲大也。同上

至禮不讓，至賞不費，至樂無聲。大戴記主言篇

尺蠖之屈，以求伸也；龍蛇之蟄，以存身也。易繫辭

旡思旡爲，寂然不動。同上

神旡方而易旡體。同上

君子所過者化，所存者神，上下與天地同流，豈曰小補之哉。孟子盡心

萬物皆備於我矣。同上

所惡於智者，爲其鑿也；如智者若禹之行水也，則無惡於智矣。禹之行水也，行其所無事也；如智者亦行其所無事，則智亦大矣。孟子離婁

惟天爲大，惟堯則之，蕩蕩乎民無能名焉。君哉舜也，巍巍乎有天下而不與焉。孟子滕文公

聰明聖智守之以愚，功被天下守之以讓，勇力撫世守之以怯，富有四海守之以謙。此所謂挹而損之之道也。荀子宥坐篇

以上僅就記憶所及引此數語，以見儒家最後見解與道家原自一致。孔子嘗曰：「予少也賤，故多能鄙事。」顏淵曰：「博我以文，」達巷黨人曰：「大哉孔子，博學而無所成名。」都可以見得孔子是一位博學多能的學者，大概中年以後，益注力「日損」的工夫，對於前此那些「日益」的學問都能一一貫串起來，歸於一本。顏子所謂「約我以禮，」正是這一路事。孔門弟子以顏子爲最好學，子貢爲最聰明，曾子爲最勤謹，故孔子曾把這個消息指示他們，深恐他們終以博學多能爲能事，而或流於知解

一方面去是以顏淵問仁，孔子告以克己復禮爲仁，克己就等於「日損，」復禮就等於「無爲，」至於「一以貫之」這一句話在論語中則凡兩見一次是告訴曾子的曰：「參乎？吾道一以貫之。曾子曰：唯！」這是見得曾子深能了解孔子的造境，故毫無游移的答個「唯」字。子貢是聰敏人，然惟其是聰敏人，乃歡喜在枝節上追逐，所以孔子問他「汝以予爲多學而識之者歟？」他的答案不但未能如曾子那樣毫無游移，並且疑孔子眞是「多學而識之者。」畢竟他是聰敏，故又問道：「非歟？」孔子乃告訴他：「非也！予一以貫之！」在此段問答中，我們見得多學是可以的，然無一物以爲貫串，全靠記憶力去識之，則終不免枝枝節節，一無是處。所謂貫串之一物是什麽呢？予謂儒家之「仁，」道家之「道，」都是這一回事。去此則只可叫做知解，不可叫做學問。有了此種本源之學，自然是浩然與天地同流，那裏還會拘執己見，而有意必固我之私？此時孔子已是盛德若愚，儼然不識不知，順帝之則，故雖鄙夫之問，亦覺空空如也。空空如也，正是描繪出沒有意必固我的氣象。朱子說：這一段是孔子謙辭，其實孔子何用謙爲？蓋孔子此時，如皓月當空，了無掛礙，事理之來，則就其本身情形而盡告之，自己胸中初無絲毫成見，故曰：「我叩其兩端而竭焉。」此時孔子造境，殆與老子無差異矣，所謂從（讀縱）心所欲不踰矩的時期。孟子贊他可以仕則仕，可以止則止，可以久則久，可以速則速，眞是深知孔子者。

以上是說孔子學養的本體，與老子殆同其境界，而其政治目標，亦正與道家同。道家尙無爲，孔子宗堯舜，似乎是有些不同；然觀其贊詞，一則曰「民無能名焉，」再則曰「無爲而治，」竟是與道家完全脗合，這便是儒家理想政治的最後目標。孟子贊堯舜亦曰「民無能名焉」「有天下而不與，」而荀子宥坐篇之所謂「挹而損之之道，」亦祗是「有而不與」之意耳。故儒家思想途徑，誠然與道家兩途，但是最後目標，則未嘗或異。所謂「一致百慮同歸殊途，」這也是一個實例吧。

平常人的眼光見解，專局於一隅者，忽聞道家之言，誠不免如莊子所云：「大而無當，往而不返，驚怖其言，猶河漢而無極也，大有逕庭，不近人情焉。」其實道家的偉大思想，和物化的境界，儒家何嘗不有？不過孔子是自認爲方內之人，所謂方內之人，就是要維持現有的社會，而在現有社會之中，加以改造。對方外之道，雖深察之而不輕與人言，前所引中庸大戴記易繫辭諸語，不都是純粹道家思想嗎？所謂不見而章，……無爲而成，與所謂至禮不讓，……至樂無聲，即是大仁不仁，大音希聲的意思。无思无爲，寂然不動，神无方而易无體，即是視之不見，摶之不得，不可道，不可名之玄境。尺蠖之屈，以求伸也，即是後其身而身先，外其身而身存的意思。而孟子所謂萬物皆備於我，正是物化之境。蓋凡此都是儒家過化存神，行所無事之表徵，亦即其所以合於道家之事實。是故儒道兩家之思想行徑，雖頗多相異，然其指歸，則均以合於自然法則爲準。不過儒家所要求的自然法則，是由人力奮鬥得來的，（殺身成仁，舍生取義）道家所要求的自然法則，是任自然力之支配，順應成功的。這是兩家異同的大較。

第十七章　結論

老莊哲學旣如以上各章之說明，綜其思想大端，可一言以盡之曰：自然就是眞理。

何謂自然就是眞理？老子曰「人法地，地法天，天法道，道法自然。」「自然」是最高的決定者，所以他們論宇宙，論人生，論踐履，論政治，皆以自然爲指歸。自然者，視之無形，聽之無聲，然却有至當不易之理的存在。且一物有一物之自然性，一事有一事之自然性，合整個之宇宙，則又有其宇宙之大自然性。舉天地間之事事物物，皆各有其自然性，而又與整個自然不相違背，所謂一本萬殊，萬殊一本，此之謂自然就是眞理。

因此他們對人物，則力求先天個性的發展，發展到與自然人合而爲一，乃是他們理想的人格。故凡後天的規矩繩墨，禮樂法度敎化之類，在他們看起來，簡直是人類之桎梏，戕賊自然之工具。所以說：「大道廢有仁義，」又曰：「道德不廢，安取仁義？性情不離，安用禮樂？」他們的意思，就是要說明人爲的工具，不但無補於人格絲毫，且適足以戕賊自然之樸，而導入於虛僞。他們的理想是把人類個性，都發展到「洽到好處」的位分，各安其分而不相侵亂，則無須這些工具，而各得其所，卽所謂「至德之世。」亦卽其理想社會。

自然的理想，是絕對的理想，無善惡是非賢愚貴賤……的對待。他們批評宇宙，批評人生，批評社會，都是運用這個理想。故凡拘於一隅固執一端者，都爲他們所不取。他們覺得常人拘於一時一地之所謂善惡是非，……都不是常道，常道是永久而普徧，卽是絕對的善惡是非。然而這種理想，終久只是理想，是不能呈現於現實社會的。一到現實社會，就不免有正負的對待。莊子曰：「古之人其知有所至矣，惡乎至？有以爲未始有物者，至矣盡矣，不可以加矣。其次以爲有物矣，而未始有封也。其次以爲有封焉，而未始有是非也。是非之彰也，道之所以虧也。」就是從絕對到相對的經過。自「有封焉」以上，都是絕對的，「有封焉」以下，就是相對的了。一到相對，大道便沒有那樣淳樸，而不免要受虧損了。在這種情形之下，他們是用一個明字去應付。老子所謂「襲明，」莊子所謂「以明，」都是同樣的超現實的應付法。因爲自己本身若沾滯了一邊，便不免有「是其所非而非其所是」的主觀成見，便沒有應付這種環境的資格。要使「彼是(卽是非)莫得其偶，以應無窮，」以歸到原本無是非——卽絕對的境界。說明白些，他們就是要用一個超是非的「明」字去籠罩一切是非，使歸於無是非的原頭境界。莊子所謂「兩行，」「道樞，」「天鈞，」「天倪，」「天府，」都是無是非的泉府。所謂「以明，」「葆光，」「滑疑之耀，」都是「明」字一方面事；故其對事物的應付，在自己一方面是「以明，」對事物一方面是「因是，」故能不凝滯於物，而與物推移。

且也，他們的願望，並不止於「不凝滯於物而與物推移，」是要與物合而爲一，而與物無分；不自知孰爲物，孰爲我，天地一指，萬物一馬，故不但是物我爲一，並且是天地萬物皆爲一，卽是合而爲一個整個的大自然的化境，乃是他最高之理想。既把物我天地都看做一個自然，當然無所謂物我，無所謂主客。莊子曰：「物無非彼，物無非是，自彼則不見，自知則知之。故曰彼出於是，是亦因彼。」這是說沒有一件事物不是客觀，也沒有一件事物不是主觀，主觀客觀是對待的，說到主觀，就有客觀，說到客觀，就有主觀。客觀主觀，是互相消長，互爲正負，客觀是出於主觀，主觀是由於客觀，故與其零零碎碎在枝節上摸索，不如還是在一切事物的總匯上多領會，便是所謂「道樞。」在這道樞裏面，有無窮的是非，無窮的眞僞，無窮的正負，如世俗所稱之賢愚大小……說不勝說，莫若聽其自明。怎樣自明呢？復反到自然統一的境界，就會自明了。他說：「以指喻指之非指，不若以非指喻指之非指也；以馬喻馬之非馬，不若以非馬喻馬之非馬也。天地一指也，萬物一馬也。」馬與非馬，統一於物；指與非指，亦統一於物。物與非物，統一於自然界。自然界根本沒有什麼不同。天地萬物都不過是世界單元性質具現的結果。世界的單元，具現於天地萬物，具現於一指，具現於一馬，而天地萬物以及指與馬，又具現於這性質。（參閱東方雜誌三十卷第五號李石岑老莊的辯證法）反覆說來，無非是要明瞭天地無窮，萬物亦無窮。且天地萬物，原是在一個無窮的自然中，展轉表現其作用，處處表現天地萬物是自然的一體，自然乃是天地萬物之最高原理，卽吾所謂老莊哲學可一言以盡之曰，自然就是眞理.

若問這個眞理靠得住嗎？便有些難於回答了。我們在研究這個問題之前，須自問是要拿什麽標準去評判。假如是拿現實的社會做標準，現有的文化做根據，那麽他們這個眞理，就怕有很多部分可以疵議了。譬如說：自然界的現象，是不是處處都合於人類的生活與要求？人類個性的自然發展，是否能與他人毫無妨礙？順個性的自然發展而不加以限制與化導，是否能如所期「人忘於道術」的境地？宇宙間固然沒有絕對善惡是非，但是若不假定一個當時此地的善惡是非，如何維持現有的社會？現有社會已經成爲固定模型了，用什麽方法才能達到小國寡民的烏託邦？苟無法以達到，而乃詛咒現代文明，於現代社會有無影響？彼所謂至德之世，究竟與現在未開化之民族，有無分辨？照這樣問下去，恐怕就是老莊復生也不容易給我們圓滿答覆。然而歷來批判老莊之學者，恐怕就很少能免掉拿現社會做標準吧？文獻通考經籍考卷三十八引晁氏曰：「古之君子應世也，或智或愚，或勇或怯，惟其當之爲貴，初不滯於一曲也；至於成敗生死，則以爲有命，非人力所能及，不用智於其間，以求全特隨其所遇而處之以道耳。是以臨禍福得喪而未嘗有憂懼之心焉。今耳之書則不然，畏明之易暗故守以昏，畏寵之必失故不辭辱，畏剛之折則致柔，畏直之挫則致曲，畏厚亡也則不敢多藏，畏盈溢也則不如其已。既貴矣畏其咎故退，功成矣畏其去故不居。凡所以知雄守雌，知白守黑，以弱懦謙下爲道者，其意蓋曰：不如是則將不免於咎矣。由此觀之，非所謂求全也哉？嗟夫！人惟有意於求全，故中懷憂，先事以謀，而有所不敢爲，則其蔽大矣。」其論莊子曰：「自孔子歿，天下之道術日散，老聃始著書垂世，而虛無自然之論起，周又從而羽翼之，掊擊百世之聖人，殫殘天下之聖法，而不忌其言，可謂反道矣。自荀卿揚雄以來，諸儒莫不闢之，而放者猶謂自游方之外，尊其學以自肆，於是乎禮教大壞，戎狄亂華，而天下遂橫流，兩晉之禍是已。自熙寧元豐之後，學者用意過中，見其書末篇論天下之道術，雖老聃與其身皆列之爲一家，而不及孔子，莫不以爲陽訕孔子而陰尊焉；遂引而內之，殊不察其言之指歸，宗老氏耶？宗孔氏耶？既曰宗老氏矣，詎有陰助孔子之理也耶？至其論道術而有是言，蓋不得已耳！夫盜之暴也，又何嘗不知主人之爲主人耶？顧可以其智及此，遂以爲尊我開關揖而進之乎？竊懼夫禍之過乎兩晉也！」朱子曰：「老子之術，須自家占得十分穩便方肯做，才有一毫於己不便，便不肯做。」又曰：「老子之學，只要退步柔伏，不與你爭，才有一毫主張計較思慮之心，這氣便粗了。」又曰：「老子說話，只是欲退步占姦，不要與事物接，如治人事天莫若嗇，迫而後動，不得已而後起，皆是這意思，故爲其學者，多流於術數，如申韓之徒是也。」照這一類的論調，過去學者多極了。我說他們都是根本認不透老莊的面目。他們不但拿現代社會做批評的根據，並且拿世俗心理做批評的根據。譬如所謂知雄守雌，知白守黑，其意豈是要苟求免咎；且在他心理中，恐怕就未看到什麼是禍福得喪，他自己的心境上也從沒有禍福得喪的痕跡；可以說他是居於超禍福得喪的境地。這種境地若對世俗之所謂寵貴煊赫，則只好名之曰辱，名之曰下；名之曲全，名之曰守雌守黑，其實這都是針對世俗之言，何嘗是有意求全？更何嘗是想占便宜？未免太看小老子了！至於晁氏所論莊子，則更是門戶之見；立言之間，滿臉都是火氣，更談不到學術的批評。老子曰：「爲而不有，」又曰：「既已爲人己愈有，既已與人己愈多。」難道朱子這一輩人，連這幾句話都看不清楚嗎？毋亦現世思想太充滿了！遂未免厚誣於老子耳！故凡以現社會做標準來批評老莊，則他們都有可疵議的地方；而况除了現社會的標準之外，還加上些門戶之見，則其可疵議之處，自然更多了。

疵議儘可疵議，却値不得他們的一顧。莊周之贊老子曰：「以本爲精，以物爲粗，以有積爲不足，澹然獨與神明居。」其自贊曰：「芴漠無形，變化無常，死與生與？天地並與？神明往與？芒乎何之？忽乎何適？萬物畢羅，莫足以歸。彼其充實不可以已，上與造物者遊，而下與外死生無終始者爲友。其於本也，弘大而辟，深閎而肆；其於宗也，可謂稠適而上遂矣。雖然，其應於化而解於物也，其理不竭，其來不蛻，芒乎昧乎，未之盡者。」（俱見莊子天下篇）這幾句話，可算老莊思想最具體而最深刻的描繪。所謂「澹然獨與神明居，」所謂「天地並，神明往，……上與造物者遊，下與外死生無終始者爲友，」就是顯然說他們精神是超過現社會，而另有他們的理想；故其立言，都不是爲現實社會打主意。現實社會是如何呢？（一）是僅以人類爲中心；而他們是要使萬物畢羅，與天地並。(二)既以人類爲中心，又只注意到人生末事的形骸；他們是要與天地精神往來，而不敖倪於萬物。(三)因爲現社會既專以人爲中心，而人又專以形骸爲主，所以物質環境得大顯其神通；使人憂，使人樂，使人蠅營狗苟，使人患得患失，不恤以整個的人生，葬送在物質環境的追求。由此種種情形而造成之現社會，安得不相爭相奪而成刼殺盜淫的世界？他們整個的思想，就是對針這刼殺盜淫的世界下總攻擊。驟然看去，誠未免大而無當，往而不返；但是他們目光確是要爲人類締造一個新生。新生最重要的條件，就是要能有超物質的精神生活。物質是養形骸的工具，沒有形骸，精神亦無所附麗，卽他們的小國寡民，亦不是完全脫離物質生活；不過應該自覺的，就是除開形骸的長養之外，還有更高貴的精神存在，不能爲七尺之軀，犧牲精神而不恤。且試問之所謂形骸的長養，是如何呢？美服啦，美味啦，好色啦，聲音啦……都不免是物質範圍內事。苟人生終日只在這幾件事上面奔走鑽營，則不但決無滿足願望之一日，縱令能滿足了，不過是做眼耳鼻舌的忠實奴隸；眼耳鼻舌驅我奔走鑽營，驅我喪失廉恥，喪失人格，以求其一刹那之歡，我乃不得不奉命維謹，不顧一切，以求達其所好。得之，則喜，則樂，則趾高氣揚，則手舞足蹈；不得，則憂，則戚，則怨天尤人，則垂頭喪氣。這是多麽可憐，多麽可鄙啊！所謂以本爲精，以物爲粗，以有積爲不足，就是要鄙棄那些卑下的物質生活，要澹然獨與神明居，獨與天地精神往來，都不過是超物質生活的充類至盡之言耳。莊子書中所謂藐姑射山之神人卽是超現世超物質的一個理想所以讀老莊書者若不深明其超現世與超物質的精神，事實上便難免格格不入。固然老莊的理想，不是容易實現，且是否有實現可能，都成問題；不過我確信能有些少老莊胸懷，與毫無其胸懷者，簡直是兩樣。以兩樣人所造成的社會自然也是兩樣的社會。

至於後世，因老莊自然主義，個性主義，而流爲楊朱派的個人享樂主義，與晉人之放蕩形骸，高視一切；更藉爲懶惰取巧的口實。又或因老莊反弱之理，而流爲申韓之慘覈寡恩。因其養生之術，而流爲方士道教。因翕張之說，而流爲權謀數術。則我以爲凡此都是學者之過，非學術本身之過。苟必欲歸過於學術本身，則王莽何嘗不是學周公孔子？曹操何嘗不是學伊尹霍光？因王莽曹操之姦僞，乃歸咎於周孔伊霍，天下有是理耶？

不過老莊硬要把道說得那樣神祕，要使普通民衆都大笑才算是道，似乎要大家都不懂了，才足顯其可貴。於是其結果亦正如所期，只最少數人可以了解，更難談到普遍的實踐。因此遂使他們學術發揚，生了許多障礙。卽後人剽竊他們學術以自炫者，亦未嘗不是乘的這個隙縫。

二十二年五月二十六日，成於彭城客次。

老莊哲學終

中華哲學叢書

老莊哲學

作　　者／胡哲敷　著
主　　編／劉郁君
美術編輯／中華書局編輯部

出 版 者／中華書局
發 行 人／張敏君
行銷經理／王新君
地　　址／11494 台北市內湖區舊宗路二段181巷8號5樓
客服專線／02-8797-8396　　傳　　真／02-8797-8909
網　　址／www.chunghwabook.com.tw
匯款帳號／華南商業銀行　西湖分行
179-10-002693-1　中華書局股份有限公司

法律顧問／安侯法律事務所
印刷公司／維中科技有限公司　海瑞印刷品有限公司
出版日期／2015年7月台七版、1993年3月台六版
版本備註／1993年3月台六版復刻重製
定　　價／NTD 350

國家圖書館出版品預行編目（CIP）資料

老莊哲學 / 胡哲數著. -- 台七版. -- 台北市:
中華書局, 2015.07
面； 公分
ISBN 978-957-43-0172-0(平裝)

1.道家

121.3　　82001742

NO.B0013
ISBN 978-957-43-0172-0（平裝）